# 成都国际交往
# 发展报告

## （2021-2022）

ANNUAL REPORT ON THE DEVELOPMENT
OF INTERNATIONAL EXCHANGES
IN CHENGDU

## （2021-2022）

《成都国际交往发展报告（2021—2022）》
编委会
●主编●

人民日报出版社
北京

**图书在版编目（CIP）数据**

成都国际交往发展报告. 2021—2022 /《成都国际交往发展报告（2021—2022）》编委会主编. —北京：人民日报出版社，2023.5

ISBN 978-7-5115-7494-7

Ⅰ.①成… Ⅱ.①成… Ⅲ.①国际交流－研究报告－成都－2021-2022 Ⅳ.①D827.711

中国版本图书馆CIP数据核字（2022）第178868号

书　　名：成都国际交往发展报告. 2021—2022

CHENGDU GUOJIJIAOWANG FAZHANBAOGAO：2021—2022

主　　编：《成都国际交往发展报告（2021—2022）》编委会

出 版 人：刘华新

责任编辑：林　薇　陈　佳

装帧设计：李尘工作室

出版发行：人民日报出版社

社　　址：北京金台西路2号

邮政编码：100733

发行热线：（010）65369527　65369509　65369512　65369846

邮购热线：（010）65369530　65363527

编辑热线：（010）65363486

网　　址：www.peopledailypress.com

经　　销：新华书店

印　　刷：三河市华东印刷有限公司

法律顾问：北京科宇律师事务所　010-83622312

开　　本：710mm×1000mm　　　1/16

字　　数：350千字

印　　张：21

版次印次：2023年5月第1版　　2023年5月第1次印刷

书　　号：ISBN 978-7-5115-7494-7

定　　价：68.00元

# 摘　要

　　2022年6月，习近平总书记亲临四川视察指导，对四川工作作出系列重要指示，为推动新时代治蜀兴川再上新台阶提供了方向指引和根本遵循，铸造了思想之旗、精神之魂。作为成渝地区双城经济圈核心城市，成都市在发展实践中，坚持以习近平新时代中国特色社会主义思想为指导，深入贯彻习近平总书记对四川及成都工作系列重要指示精神，自觉在国家发展战略中找位置、强担当、做贡献，奋力打造中国西部具有全球影响力和美誉度的现代化国际大都市。

　　成都市坚持以融入"一带一路"建设、服务新发展格局为引领，打造开放门户枢纽，共建国际性综合交通枢纽，巩固"两场两港"枢纽优势，优化拓展对外开放通道，发挥"四向拓展、全域开放"牵引作用，有力地服务国内国际双循环支撑作用。建强高能级开放平台体系，持续提升外资外贸能级，推动深层次改革、高水平开放，国际供应链体系更加完备，高端要素资源加速集聚，国际化服务持续完善，营商环境达到国内领先水平，国际影响力不断凸显。国际金融、互联互通、创新指数、城市竞争力、文化旅游、全球城市建设等多个具有世界影响的国际化指标跃进世界百强城市行列，在世界城市网络体系中的节点地位和枢纽功能全面提升，国际大都市建设取得显著成效，力争早日迈入世界级城市行列。

　　本书是由北京市社会科学院国际问题研究所和中共成都市委外事工作委员会办公室联合编撰的年度发展报告，内容聚焦过去一年来成都在产业建圈强链、"三个做优做强"、"四大结构"调整、智慧蓉城、数字经济、城市名片、国际会展、旅游名城、国际化服务、参与全球治理等方面的最新进展，全面呈现成都建设国际化大都市所取得的新成就，充分展现成都的新风貌、新气象。发展报告共设七个板块。"总报告篇"把握建党百年、成都大运会筹办、"十四五"开局、统筹推进疫情防控和经济社会发展等大背景，围绕建设改革开放新高地、国际高端要素集聚、国际一流高品质生活宜居地建设等内容，系统总结 2021 年成都市国际对外交往中心建设取得的重要成效、2021 年成都在全球城市体系中的表现，深入分析 2022 年国际对外交往中心建设面临的形势任务，并对下一步工作的开展进行展望。"成渝地区双城经济圈篇"探讨成渝地区双城经济圈建设路径以及长三角、珠三角和国外都市圈发展的经验。"功能设施篇"探讨成都市建设国际对外交往中心过程中的硬件基础设施、智慧城市建设、数字经济、世界旅游名城、夜间经济等内容。"国际要素篇"探讨成都构建世界文化名城话语体系、高端国际会展等内容。"对外交往篇"探讨成都城市国际形象构建以及参与全球治理情况。"国际服务篇"探讨成都市建设国际对外交往中心过程中的国际语言环境建设、市民国际化素养、城市外籍人口管理等国际化服务环境。"经验借鉴篇"主要选刊国内外相关城市在推进城市国际交往方面的经验做法。

本报告集聚了国内相关领域知名专家学者的前沿研究与最新思考，特别是围绕成都国际交往、城市国际化、成都都市圈建设、城市经贸发展、全球城市治理等问题，所凝练的经验借鉴与政策建议，相信会对成都建设国际化大都市大有裨益，体现以文咨政、以文辅政的重要价值。本报告将持续加强探索，力争推出新的精品力作，为成都全面建设践行新发展理念的公园城市示范区不断贡献更多智力成果。

# 目 录
## CONTENTS

## VII | 经验借鉴篇 / 213

# 总报告

I

# 在主动服务和融入新发展格局中勇开新局
## ——2021 年成都国际对外交往中心建设发展报告

课题组 *

2021 年是中国共产党成立 100 周年，是党和国家历史上具有里程碑意义的一年。成都国际对外交往中心建设紧紧围绕贯彻落实党中央、省委省政府及市委市政府决策部署，以建设践行新发展理念的公园城市示范区为统领，以统筹调动全市涉外力量为抓手，全面融入"一带一路"和成渝地区双城经济圈建设，开创建设泛欧泛亚有重要影响力的国际门户枢纽城市新局面。

## 一、2021 年成都国际对外交往中心建设状况

2021 年是我国开启全面建设社会主义现代化国家新征程、向第二个百年奋斗目标进军的第一年，是成都全面开启建设践行新发展理念的公园城市示范区、具有重要影响力的国际门户枢纽城市，加快向中国式现代化城市、可持续发展世界城市迈进的开局之年。2021 年，成都服务国家总体外交的能力和水平显著提升，国际对外交往中心功能建设实现新跃升，全球要素集聚能力迈上新台阶，城市对外交往影响力达到新高度，国际交往平台建设实现新突破，国际交往环境提升取得新成就，对外资企业、国际组织和国际化人才的吸引力不断增强，在世界城市体系中的地位和作用不断提升。

---

* 课题组组长：刘波（框架设计与统稿），北京市社会科学院国际问题研究所所长、研究员、博士；戴维来（执笔），复旦大学副研究员、博士；张力（执笔），北京市社会科学院国际问题研究所副研究员、博士；杨鸿柳（执笔），北京市社会科学院国际问题研究所助理研究员、博士；武香君（执笔），北京市社会科学院国际问题研究所助理研究员、在站博士后。

## （一）国际对外交往中心功能建设实现新跃升

成都国际门户枢纽建设更加完善，坚持以融入"一带一路"建设、服务新发展格局为引领，推动深层次改革、高水平开放，坚定不移建设国际门户枢纽，加快打造内陆改革开放新高地。

**双 4F 级国际机场格局正式形成。**双流国际机场截至 2021 年年底，已开通航线 374 条，其中国际（地区）131 条，国内 225 条，经停国内转国际 18 条。2020 年和 2021 年，在疫情冲击和航班转场等多重考验下，成都双流国际机场航空运输业务在国内率先触底反弹，先后创下"全国第一"和"全球第一"，旅客吞吐量分别以 4074.2 万人次、4011.7 万人次连续两年位列全国第二，是国内仅有的两家连续两年突破 4000 万人次的机场之一。[①]天府国际机场正式投运以来，面对疫情带来的巨大冲击和挑战，联合各单位共同保障旅客平安顺畅出行，圆满完成三次航班转场，已有 32 家航空公司驻场运营。双国际机场同时运作，成都"两场一体"运营模式初步形成。[②]

**国际铁路港建设深入推进。**成立中欧班列国际供应链联盟，该联盟联合CCTT（跨欧亚国际运输协调委员会）、CIFA（中国国际货运代理协会），组织韩国铁道公社、白俄罗斯铁路等国际铁路组织方，成都海关、Hatrans 等关务方和货运代理方，工商银行、中国银行等金融服务机构方，成都国际铁路港投资发展有限公司代表成都与重庆、西安、义乌等国内主要中欧班列运营方，进一步提升成都作为泛欧泛亚国际门户枢纽在全球的影响力，助推成都打造"一带一路"最具影响力供应链枢纽城市，成都物流枢纽城市的架构基本构筑完成。依托成都国际铁路港，联动西部沿边口岸，利用已经具备的运贸一体化服务能力，将成都建成西向南向通道中高效的物流分拨中心。自 2021 年 3 月开行中欧班列（成渝）10000 列之后，成都国际铁路港与重庆渝新欧、重庆万州港等深入探讨合作，逐步形成优势互补、高质量发展的态势，合力拓展市场空间，优化和稳定产业链供应链，共同促进中欧班列高质量及可持续发展。[③]

---

[①]《机场历史》，成都双流国际机场，https://www.cdairport.com/about.aspx?t=62.

[②]《突破！成都天府国际机场累计旅客吞吐量超过 1000 万人次》，锦观新闻，https://baijiahao.baidu.com/s?id=1736575676609414917&wfr=spider&for=pc.

[③]《第三届"亚蓉欧"全球合作伙伴大会在成都顺利举行》，成都港投，http://www.cdrport.com/#guanyu.

通信枢纽建设取得实效。成都坚持 5G 引领，快速推进"双千兆"建设。目前成都市城区室外 5G 覆盖率达 99%，为成都数字经济发展构建起牢固的底座和基石。在智慧家庭、5G 应用、终端生态、网信安全、现代供应链等领域，携手产业各方共赢共享，全面开放能力，全面对接需求，"5G+ 物联网"引领示范全国灌区现代化建设，"5G+ 汽车智能驾驶"全国首个示范线在简州新城落地，构建全国首个"5G+ 智慧医疗"远程诊疗服务模式，打造全国首个智能车联技术"5G+V2X 智能车联网"融合创新平台及课程，打造成都首个"5G+VR 智慧水务"体验区。①

**（二）全球要素集聚能力迈上新台阶**

成都打出政策"组合拳"，探索制度创新，对全球科技、人才、金融等优质要素的集聚能力不断增强。

外国领事机构数量增长、活跃度提高。尼泊尔、智利驻成都总领事馆正式开馆，土耳其在成都设立总领事馆获批准，外国获批在蓉设立领事机构达 21 家，数量居全国内地第三、中西部第一。2021 年，尼泊尔驻华大使马亨德拉·巴哈杜尔·潘迪、斯里兰卡驻华大使帕利塔·科霍纳、瑞士驻华大使罗志谊、西班牙驻华大使德斯卡亚、斯洛文尼亚驻华大使苏岚、巴西驻华大使保罗·瓦莱、阿根廷驻华大使古斯塔沃·萨宾诺·瓦卡·纳尔瓦哈、比利时驻华大使高洋、卡塔尔驻华大使穆罕默德·杜希米、智利驻华大使路易斯·施密特、孟加拉国驻华大使扎曼、阿富汗驻华大使卡伊姆、巴基斯坦驻华大使哈克、新加坡驻华大使吕德耀、新西兰驻华大使傅恩莱、挪威驻华大使白思娜、土耳其驻华大使阿布杜卡迪尔·埃明·约南到访成都，进一步深化成都与相关国家的友好交流和务实合作。2021 年，青白江区高标准推进对外交往引领区建设，高水平接待阿富汗、巴基斯坦、尼泊尔、斯里兰卡、孟加拉国、土耳其等国驻华使节、领事官员以及各类涉外团体共 18 批次 110 余人次。②11 国外国使节打卡都江堰，阿根廷、巴西、西班牙、卡塔尔等国驻华大使，泰国、澳

---

① 《为成都数字经济发展构建起牢固底座和基石》，成都日报，https://baijiahao.baidu.com/s?id=1735002123115202400&wfr=spider&for=pc.

② 青白江清泉镇，"太港了！这就是对外交往引领区青白江！"，https://www.sohu.com/a/530054340_100003060

大利亚、西班牙、德国、法国、捷克、日本等国总领事及领事官员到访都江堰市。奥地利、以色列、波兰、新加坡、泰国、韩国、捷克、巴基斯坦、澳大利亚、德国、新加坡、法国等国家的驻蓉总领事及领事官员们与比利时、斯洛文尼亚、卡塔尔等国驻华大使代表团外籍嘉宾参观高新区。"外国领团成德眉资同城行——走进眉山""外国领团成德眉资同城行——走进资阳"专场活动分别举行。多国驻蓉、驻渝总领事馆总领事、领事官员、领馆代表及香港特区政府驻成都经贸办、香港贸发局成都办事处、澳门贸促局成都代表处负责人等赴眉山市和资阳市参观访问，寻求成德眉资同城化发展带来的国际合作机遇。

**高能级企业不断增加。**在 2021 年刚刚迈入下半年的时间"门槛"，来自成都的企业——新希望控股集团有限公司榜上有名，由中国民营经济界的"老面孔"变为《财富》世界 500 强榜单的"新面孔"，这意味着成都乃至四川诞生了首家世界 500 强企业。①新增落户世界 500 强企业 7 家，总数超过 300 多家。

**国际友好城市合作不断加强。**2021 年是成都开启友好城市第 40 个年头，国际友城和友好合作关系城市总数达到 104 个。2021 年正值成都市与斯洛文尼亚首都卢布尔雅那市缔结友好城市关系 40 周年、成都市和法国蒙彼利埃市建立友好城市关系 40 周年、中国—东盟建立对话关系 30 周年、成都与俄罗斯伏尔加格勒共庆结好 10 周年，成都市同这些城市或组织举办多样庆祝活动。此外，各地区积极开展国际友好城市合作，彭州市与韩国堤川市通过邮寄签约的方式正式签署建立友好城市协议书；都江堰市与意大利普罗奇达市，彭州市与墨西哥瓜纳华托市、哥伦比亚派帕市、俄罗斯鞑靼斯坦共和国列宁诺戈尔斯科区分别建立友好合作关系。都江堰市光明团结小学与法国日索尔市贞德学校结为国际友好学校。②彭州市教育局与加拿大萨德伯里市公立教育局建立友好合作关系暨两市学校建立姐妹学校关系云签约仪式——双方教育局及下属的 2 所中学、4 所小学分别签署了合作谅解备忘录，就教育领域双方合作前景及规划达成了初步共识。③

**国际组织发展纵深推进。**亚舞联作为首个总部落户成都的国际组织，是成

---

① 《零的突破！成都诞生首个本土世界 500 强》，成都市新经济发展委员会，http://cdxjj. chengdu.gov.cn/xjjfzw/c001001/2021-08/03/content_ead29692af544bf8a482222e913e47b1.shtml.

② "国际蓉"，微信公众号。

③ 《彭州市与萨德伯里市教育局牵手，缔结 3 对姐妹学校》，"国际蓉"，微信公众号。

都体育跨越式发展取得的重大突破，是成都持续加大对外开放和国际化营商环境建设的典型成果，也充分表明了亚舞联对成都体育舞蹈和成都体育事业发展的高度认可。[①]

**高端人才不断聚集。**成都聚焦经济高质量发展和做优做强城市功能，提出打造一支涵盖科技领军人才、高水平工程师、高技能人才、专业城市治理和基层治理人才、乡村振兴人才等在内的人才队伍，形成支撑高质量发展的多层次人才体系。截至 2021 年，成都的人才总量已攀升至 587.6 万，其中包含各类重大人才计划专家 3788 人，累计吸引新落户的青年大学生数量接近 58 万。[②]

### （三）城市对外交往影响力达到新高度

成都聚力建设全面体现新发展理念的国家中心城市，实现了从区域中心城市到国家中心城市，进而冲刺世界城市的历史性跃升。

**高水平服务国家总体外交。**2021 年，即使在疫情背景下，成都市人民政府外事办公室官方网站发布的访问会见活动也仍达 42 次，访问会见的对象国（不含多边场合）涵盖全球 26 个国家，主要来自亚洲（19 次）、欧洲（13 次），以日本（4 次）、韩国（3 次）等周边国家居多。中国南亚国家应急物资储备库在成都正式启用。"2021 成都国际友城市长视频交流会"成功举行，来自亚洲、欧洲、美洲、非洲、大洋洲的 23 个国家 28 个国际友城（含友好合作关系城市及友好交流城市）的市长及市长代表参会。尼泊尔驻华大使马亨德拉·巴哈杜尔·潘迪、斯里兰卡驻华大使科霍纳、新西兰驻华大使傅恩莱、瑞士驻华大使罗志谊等相继访问成都。成都艺术剧院水袖舞、蹬技表演、川剧变脸等精彩节目线上参加墨西哥梅里达第七届"中国周"活动，获得墨西哥民众的广泛赞誉。蓉港合作·对话安仁活动、2021 在蓉港澳台侨大学生城市互动体验营春季和秋季活动、澳门投资优势座谈会等相继在成都举行。成都市政府外办与工行成都分行共同举办 APEC 商旅卡宣传推广活动暨"合作签约授牌仪式"。[③]在

---

① 《首个国际组织总部落户成都》，澎湃新闻，https://www.thepaper.cn/newsDetail_forward_12509080.

② 《成都人才新政 3.0 版要来了！587.6 万人才，需要什么样的成都》，齐鲁网，https://t.ynet.cn/baijia/32060771.html.

③ 《热腾腾的〈2021 成都外事〉新鲜出炉！》，"国际蓉"，微信公众号。

接下来 4 年，每年都有大赛、名赛的成都，以多层级、多元化、全龄段为特色的"民赛"将更加高质量蓬勃开展。大运会、世乒赛、汤尤杯、足球亚洲杯和世运会等重大赛事相继进入中国时间，名赛已然为成都体育事业发展开辟了新跑道。

**对外经贸逆势上扬。** 2021 年成都货物贸易进出口总额 8222 亿元，较上年增长 14.8%，占四川进出口总额的 86.4%。其中，出口 4841.2 亿元，增长 17.9%；进口 3380.8 亿元，增长 10.7%。2021 年成都外贸呈现出三大特点：一是一般贸易进出口总额达 1338.3 亿元，比重由 2020 年的 13% 上升至 16.3%；二是"宅经济"产品快速增长，如出口家用电器增长 30.8%，其中冰箱和洗衣机的出口增速分别达到 20.8% 和 80.5%；三是部分高附加值、高技术含量的商品出口快速增长，如液晶显示板等出口增速均高于成都 17.9% 的出口整体增速。[①]

**"三城三都"提速呈现。建设世界文化名城。** 2021 年，成都打造基层综合性文化服务中心示范点 46 个、"城市阅读美空间" 24 家。全市 22 个文化馆、22 个公共图书馆全部达到一级馆标准。全市博物馆达 160 座，其中非国有博物馆数量位居全国第一。全年举办展览 452 场、社教活动 843 场。建设世界文创名城。2021 年，成都全市文创产业增加值为 2073.84 亿元，首次突破 2000 亿元大关，同比增长 14.83%，占全市 GDP10.4%。全市拥有文化产业示范园区（基地）国家级 10 家、省级 23 家、市级 31 家。成都各类书店超过 3600 家，是过去五年中国电影票房总量最高的五个城市之一，《王者荣耀》《哪吒之魔童降世》等成都造文创产品引爆全球。建设世界旅游名城。截至 2021 年，成都共有 11 个冰场和 5 个雪场（其中 3 个旱雪场），冰场面积约 1.6 万平方米，雪场面积约 7 平方公里。冰雪场既覆盖高新区、锦江区等主城区，也覆盖都江堰市、金堂县等近郊区县。每年，成都有近 100 万人次走进冰雪场所体验各项冰雪运动。建设世界赛事名城。遍布全域的大运场馆群，"15 分钟健身圈"的构建，不断拓宽老百姓的健身半径，全市常年参加体育锻炼人口达到 742 万，体育人口比例提升至 48.6%，2021 年全市体育产业总规模预计超过 900 亿元，成为成都经济发展的重要增量。2021 年全年新增（含改建、提升）体育场地面

---

① 《2021 年成都外贸进出口总值 8222 亿元，较上年增长 14.8%》，成都商报，https://baijiahao.baidu.com/s?id=1722285248426119062&wfr=spider&for=pc.

积超过 38 万平方米，实现体育运动设施的全覆盖。建设国际音乐之都。2021年，成都全市新增注册音乐企业 170 余家，引进音乐产业项目 50 个，举办重点音乐演艺活动 1900 余场，全市音乐相关产业产值达 574.91 亿元，同比增长14.59%，增速较上年大幅回升，产值规模不断扩大，发展质量稳步提升。目前，成都市已有超 3000 家音乐文化企业机构，全市大中小各类演艺场馆已突破 70 个。建设国际美食之都。在国际美食之都的系列利好政策刺激下，成都市民的餐饮消费力持续释放。2021 年全年成都实现餐费收入 1619.2 亿元，同比增长 44.0%，其中限额以上餐费收入 343.8 亿元，同比增长 41.4%。值得关注的是，今年成都将继续指导企业做好科学防控，力争培育 5 家中国餐饮百强企业；引进海内外知名美食首店 30 个，加快推进 30 个美食消费场景建设；举办美食节会活动 30 个；以举办大运会为契机，打造一批赛事餐饮体验新消费供给，全面优化餐饮发展行业生态。建设国际会展之都。在疫情防控常态化的背景下，成都的会展经济依然保持平稳较快发展。2021 年，成都共举办重大会展活动 955 场，同比增长 8.3%；线上线下参与人数 10079.3 万人次，同比增长 7.7%；展出总面积 1105.1 万平方米，同比增长 15.2%；会展业总收入1231.6 亿元，同比增长 16.9%。①

**多措并举共同抗疫。**在友好城市和友好合作关系城市再次面临严峻抗疫形势之际，为助力渡过难关，以地方力量践行构建人类命运共同体理念，成都市积极响应国家号召，向友城伸出援助之手，迅速筹集到位抗疫医疗物资。10月 7 日，印度尼西亚棉兰市举办了成都市捐赠抗疫物资线上交接仪式。9 月 27日，成都捐赠友好合作关系城市——突尼斯苏塞市抗疫物资交接仪式在中国驻突尼斯大使馆举行。7 月 30 日，我驻玻利维亚圣克鲁斯总领事王家雷代表成都市政府第二次向圣克鲁斯市政府捐赠抗疫物资。②6 月 24 日，成都市人民对外友好协会、四川师范大学等主要负责人分别向巴基斯坦驻华大使哈克交接了捐赠物资和善款。③6 月 23 日，老挝琅勃拉邦省在省卫生厅举行成都市向琅省捐赠抗疫物资仪式。6 月 11 日，中资机构向印度地方红会和友协捐赠抗疫物

---

① 《用数据来告诉你，成都建设世界文化名城新成就》，成都日报，https://baijiahao.baidu.com/s?id=1727370816781908709&wfr=spider&for=pc.

② 《玻利维亚圣克鲁斯成功接收成都第二批抗疫捐赠物资》，"国际蓉"，微信公众号。

③ 《铁杆朋友合作抗疫，成都又为巴基斯坦捐赠抗疫物资啦！》，"国际蓉"，微信公众号。

资线上交接仪式举行，向印方交接了数批由包括成都市在内的中国各方捐赠印度的抗疫物资。除了上述捐赠外，成都还向俄罗斯、菲律宾宿务、印尼泗水等友好国家、城市捐赠了抗疫物资。① 与此同时，近年来，随着成都国际化程度日益提高，越来越多外籍人士来此生活。成都疫情发生后，不少外籍居民主动报名成为志愿者，用自己的方式为城市"康复"贡献力量。成都市高新区石羊街道盛华社区内的德国人何瑞，在成都市桐梓林社区的英国人丁一睿和来自南非的任博涵，在蓉居住超过 4 年的阿马尔等外籍人士积极为社区贡献力量；还包括 IN3 咖啡工厂、成都范德莱食品有限公司、漫画人、香料法等 9 家外籍商家为社区工作者、志愿者们应援。②

### （四）国际交往平台建设实现新突破

成都市前瞻性谋划涉外设施和能力建设，持续拓展对外开放的广度和深度，积极培育国际合作竞争新优势，努力打造国际交往活跃、国际化服务完善、国际影响力凸显的国际交往平台。

**自贸试验区建设稳步推进。**为充分发挥成渝地区双城经济圈建设极核城市对外商投资的吸引力，进一步扩大成都市外资规模、优化外资结构、提升外资利用水平，积极推动构建以国内大循环为主体、国内国际双循环相互促进的新发展格局，提出《成都市人民政府关于进一步促进高水平利用外资的若干意见》。截至 2022 年 3 月底，成都自贸试验区累计新登记企业 18.86 万余户，累计新增注册资本 18231.14 亿元，其中累计新登记外资企业 1685 户，累计新增外资企业注册资本 1787.29 亿元，在全市占比分别为 24.4%、43.8%，以不足全市千分之七的面积贡献全市四分之一的外商投资企业、近二分之一的外资企业注册资本，市场主体活力远超全市平均水平。③《中国（四川）自由贸易试验区总体方案》赋予成都区域的 155 项改革试验任务，已实施 154 项，实施率99%。④ 结合成都实际在全市范围内完成复制推广全国自贸试验区改革创新经

① 《聚力同行共抗疫，成都市捐赠抗疫物资持续涌向世界各地》，"国际蓉"，微信公众号。

② 《成都抗疫"洋"力量：为城市"康复"贡献力量》，"国际蓉"，微信公众号。

③ 中国新闻网官方账号，"成都自贸试验区五周年回眸：制度创新增强开放型经济活力"，https://baijiahao.baidu.com/s?id=1728887953030204135&wfr=spider&for=pc

④ 国际商报社官方账号，"成都自贸试验区：先行先试五载磨砺 改革创新精绘蓝图"，https://baijiahao.baidu.com/s?id=1728959413231070274&wfr=spider&for=pc

验 212 项。探索形成了 430 余个改革实践案例，13 项制度创新成果被国家层面采纳并面向全国复制推广，51 项制度创新成果推广到全省。①

**口岸开放平台体系持续健全。**2021 年，成都国际铁路港综合保税区、绵阳综合保税区、泸州综合保税区、宜宾综合保税区封关运行，四川综合保税区数量增至 6 个。其中，成都封关运行的综合保税区数量为 3 个，形成综合保税区开放平台载体"三足鼎立"发展态势。2021 年，3 个综合保税区占全市货物贸易进出口总额逾七成，区均进出口额是同期全国综保区进出口均值的 5 倍。如今，成都已形成"三区（四园）两中心"海关特殊监管区域（场所）体系。2021 年 6 月，成都天府国际机场通航投运。天府国际机场开放口岸于 2021 年 3 月获国务院批复设立，已完成口岸基础设施建设，相关部门正在积极推进通过国家正式验收。目前，成都拥有开放口岸 3 个、具备 10 项进境指定监管场地（口岸）功能，其中双流国际机场口岸是中西部地区进口口岸及海关指定监管场地功能最齐全的空运口岸。②高新西园综合保税区、国际铁路港综合保税区相继验收投运，形成"三区（四园）两中心"发展总体布局。

**积极推动国际合作示范区建设。**四川省商务厅牵头组织开展的 2021 年全省国际（地区）合作园区综合发展水平评价结果正式出炉。本次排名重点围绕园区管理、园区建设、开放型经济、对外交流合作 4 大类和 24 个分项指标，从总体评价结果看，中法成都生态园、中韩（成都）创新创业园、新川创新科技园（成都）包揽前三名，中意（成都）文化创新产业园排名上升。中法成都生态园以"公园城市"和"智慧城市"建设为核心，打造中法经贸合作中节能减排和绿色低碳发展典范；中韩（成都）创新创业园以人工智能、数字文创、科技服务等新经济产业和医美、现代装备制造为重点，构建新一代创新创业活力区和对韩经贸交流示范平台；新川创新科技园（成都）重点围绕 5G、人工智能、新医学，打造 5G 创新发展试验区、人工智能创新应用先导区、国际合

---

① 《累计新增注册资本近 2 万亿 成都自贸试验区亮出"五年成绩单"》，中国（四川）自由贸易试验区成都管理委员会，http://ftz.chengdu.gov.cn/cdftz/c112346/2022-04/01/content_602d56e54cb6460ea794d0fb8c879467.shtml.

② 《未来五年，成都着力建强开放合作平台》，潇湘晨报，https://baijiahao.baidu.com/s?id=1732871573537213129&wfr=spider&for=pc.

作示范园区。① 成功获批设立中日（成都）地方发展合作示范区，成为全国首批六家示范区之一。

**国际交流平台建设不断深入。**成功举办 2021 年四川—广岛友城青少年线上交流会、2021 成都·欧洲文化季、澜沧江—湄公河地方政府合作论坛、2021 中国巴基斯坦友好省市合作论坛、举办庆祝上海合作组织成立 20 周年油画雕塑陶艺国际作品展、2021 成都国际友城青年音乐周、四川·成都澳门周、2021 年 APEC 女性领导力论坛、第十一届中日韩青少年国际书画交流展、2021 成都—釜山消费品经贸视频洽谈会、2021 成都国际友城市长视频交流会、蓉欧产业对话、2021 中国（成都）·美国友城青少年英语辩论挑战赛，同步举行相约威尼斯人·澳门年度三大指标性展会。召开 2021 年泛珠三角区域合作行政首长联席会议、川港高层会晤暨川澳合作会议第二次会议。出席第五届东北亚市长论坛线上工作会议，参加首届中非未来领袖对话，出席由日本奈良县、印度尼西亚西爪哇省共同主办的 2021 年度"东亚地方政府会议"经济产业专题交流会，出席博鳌亚洲论坛 2021 年理事工作会议、中国—拉美和加勒比"合作共赢、共同发展"论坛。斩获世界智慧城市领域"奥斯卡"，成都获"2021 世界智慧城市大奖·宜居和包容大奖"全球冠军。值得一提的是，成都于 2021 年成功当选世界智慧可持续城市组织执委会副主席城市。

**积极用好国际组织资源。**推动成都广泛参与国际事务，在更多国际舞台充分亮相，讲好"成都故事"。成都市成功引入了世界可持续智慧城市组织（WeGO）东亚地区代表处、成都—东盟交流中心落户。成都积极融入国际话语体系，参与全球城市治理，先后加入世界历史都市联盟、世界科技城市联盟、亚太城市旅游振兴机构、世界城市和地方政府联合组织、世界大都市协会、联合国教科文组织全球创意城市网络组织、亚太旅游协会、世界可持续智慧城市组织、国际展览与项目协会、国际档案理事会东亚地区分会、世界文化名城论坛成员城市、C40 城市气候领导联盟、亚洲体育舞蹈联合会、宜可城—地方可持续发展协会等国际组织。参加世界历史都市联盟（LHC）的第十七届历史都市全球大会，就"新冠大流行下的历史与文化遗产"议题与全球各会员

---

① 《四川国际（地区）合作园区 2021 年排名出炉 成都园区包揽前三》，成都市人民政府，http://rank.chinaz.compdxcb.pidu.gov.cn/chengdu/home/2022−02/16/content_db611aedee4c47fa8d9f7793a591a201.shtml.

城市分享了主题为"新冠大流行中历史和文化遗产的旅游恢复措施"的都江堰经验。成都参加联合国教科文组织第五届国际学习型城市大会并做会议交流。分别就成都市作为学习型城市在后疫情时代的健康教育举措、成都市"创新创业"主题小组的目标任务、工作情况及项目成果等方面做了发言。通过网络线上云端相聚的方式，以成都、伦敦为双主会场，以巴黎、阿姆斯特丹等40余个城市为分会场，2021世界文化名城论坛全球大会举行。围绕"世界公园城市——文化与可持续发展"主题，来自全球城市规划、环境保护、可持续发展领域的专家学者、政府机构及企业代表进行了一场深刻的全球思想盛宴。在2021年度"东亚地方政府会议"经济产业专题交流会上，成都贡献经济振兴经验，为"在后疫情时代如何支持商贸发展、旅游业发展"献计献策。助力后疫情时代旅游业复苏，成都提出五大举措；针对支持商贸发展，成都以服务企业发展为核心，抢抓成渝地区双城经济圈建设发展机遇，积极融入"双循环"发展格局，一手抓防疫、一手抓经济运行。持续深化与国际大会及会议协会（ICCA）、全球展览业协会（UFI）、国际展览和项目协会（IAEE）等国际机构合作。目前，成都已有UFI认证项目13个、认证场馆2个、会员13家，内地城市排名第5；ICCA会员11个，内地城市排名第1；IAEE会员8个，内地城市排名第2；国际合作驻馆展会项目21个，国际领先知名会展企业6家。[①]国际航空运输协会（IATA）发布的全球连通性城市排名中，成都位列第4，成为中国为数不多的拥有4F级双机场的城市。[②]"成都第三机场"——淮州机场的三字码"HZU"近日已获国际航空运输协会（IATA）正式批复，此次三字码的获批，为淮州新城拓展机场通用航空业务奠定了良好的基础，也为机场下一步开通至洛带、彭山、乐山、自贡等地的通航短途运输航线创造了有利条件。[③]

---

① 潇湘晨报官方百家号，"成都国际会展之都建设蹄疾步稳"，https://baijiahao.baidu.com/s?id=1727220654318267603&wfr=spider&for=pc

② 搜狐，"2021中国（成都）国际会议发展大会蓄势待发"，https://www.sohu.com/a/495856601_121123704

③ 李自强，"成都淮州新城加快建设"，成都市人民政府网站，http://www.chengdu.gov.cn/chengdu/home/2021-10/08/content_1a4763fe96d64695954cd99a31e3a7ad.shtml

### （五）国际交往环境提升取得新成就

以建设践行新发展理念的公园城市示范区为统领，创新国际公共服务组织和供给方式，擦亮"雪山下的公园城市"名片，打造高品质生活宜居地。

**公园城市建设加快推进。** 2021 年年初，国际园艺生产者协会（AIPH）完成对成都的考察，成都市正式获得 2024 年世界园艺博览会举办权。此次世园会计划于 2024 年 4 月 26 日至 10 月 28 日举办，主题为"公园城市、美好人居"。2021 年，成都市完成大熊猫栖息地生态修复 5 万亩、龙泉山增绿增景 1.5 万亩，启动建设生物多样性博览园；以绿道为轴串联城乡社区、贯通公园林盘，绿道里程突破 5000 公里；环城生态公园成形成势，100 公里一级绿道全面贯通；锦江公园基本建成，220 公里锦江绿道全线贯通，都市滨水空间形态全面呈现。

**国际化营商环境不断优化。** 2021 年 12 月，《成都市强化创新突破建设稳定公平可及营商环境标杆城市实施方案》"出炉"。这一动作背后更大的意义在于，成都营商环境建设迎来"4.0 时代"。成都关区 2021 年进、出口整体通关时间分别为 44.48 小时和 0.5 小时，较 2017 年分别压缩 63.24% 和 86.49%，圆满完成国务院确定的目标任务。[①] 为促进成都外贸平稳发展，在协调督促做好口岸疫情防控工作的同时，成都市积极协调推动海关优化口岸营商环境，促进跨境贸易便利化各项举措落地，全面推广"提前申报""两步申报"等便利通关模式，综合运用"先放后检"等分类验放手段和差异化查验方式提升通关效能，跨境贸易指标首进全国先进行列，探索形成中欧班列运费分段结算估价管理改革等 13 项自贸创新成果。巩固拓展口岸提效降费成效，实现通关作业及海关相关事务审批 100% 网上办理，持续提升国际贸易"单一窗口"应用水平和口岸"7×24 小时"通关服务水平，推行口岸收费目录清单、口岸进出口货物通关流程、口岸作业时限标准"线上＋线下"双公示制度。[②] 成都市 APEC

---

① 成都市口岸物流办，"成都关区出口整体通关时间压缩至 0.5 小时，口岸营商环境进一步优化"，http://cdwl.chengdu.gov.cn/kawlb/c133578/2022–02/18/content_20dbd9cf3b224d4eba851e11507433d4.shtml

② 《成都关区出口整体通关时间压缩至 0.5 小时，口岸营商环境进一步优化》，成都市口岸与物流办公室，http://cdwl.chengdu.gov.cn/kawlb/c133578/2022–02/18/content_20dbd9cf3b224d4eba851e11507433d4.shtml.

商务旅行卡申办管理系统正式上线。①

国际化公共服务体系不断完善。2021 年，参与"家在成都"活动的在蓉外籍人士达 100 余人，来自 20 多个国家。每期活动设置特色主题，让外籍友人亲自动手体验，感受传统文化与现代生活的碰撞，了解中国文化，融入在蓉生活。聚焦涉外公共信息发布及外籍人士医疗、教育、境外人员管理服务等重点领域，通过"国际蓉"微信公众号，设置双语板块，纵深推进国际公共服务品质提升。全力打造国际化社区，举办"2021 成都国际化社区 BBKing"巅峰对决，包含四川天府新区麓湖公园社区、四川天府新区安公社区、锦江区汇泉路社区、武侯区桐梓林国际社区、金牛区新桥社区、新都区正因社区、邛崃市花园巷社区的成都市 7 个优秀国际化社区代表依次亮相，他们用亲身经历生动讲述成都市社区建设的最新成果，充分"展示"国际化社区党建引领共治、多元主体共建、全体居民共享、中外文化共存的特点。高新区晟珀外籍人员子女学校成为英国圣保罗女子公学首家海外直属分校，并于 2021 年首次招生。同时，正在筹备建设成都贝赛思国际学校保障外籍人员子女基础教育。2021 年，运营上线"成都外事服务"电子平台，实现企业和市民办理来华邀请函、领事认证等领事业务"网上办""掌上办"。②

## 二、2021 年成都在世界城市体系中的表现

2021 年，在多个全球权威城市评级中，成都市表现不俗，多次进入全球城市排行榜 100 强甚至排名更靠前，其中不少都有较大幅度的跃升。综合来看，成都成为区域性世界都市又迈进了坚实的一步，主要表现如下。

### （一）科尔尼全球城市指数中成都位居全球百强③

国际管理咨询公司科尔尼公司发布《2021 年全球城市报告》（2021 *Global Cities Report*），该系列研究是目前全球最为权威、覆盖城市最多、数据最为全面、研究时间最长的综合性全球城市排名之一，颇具参考价值。2021 年这份

---

① 《好消息！在蓉企业可以线上申办 APEC 商务旅行卡啦！》，"国际蓉"，微信公众号。
② 《回望 2021（下）| 外事惠民 + 外事服务》，"国际蓉"，微信公众号。
③ 资料来源：科尔尼，《2021 年全球城市报告》，https://www.kearney.com/global-cities/2021.

题为《全球城市：全球复苏中的不同前景和新需求》的报告重点分析新冠肺炎疫情和相关封锁措施对城市的影响，以及不同城市复苏的开端。一方面，一直处于领先地位的全球城市受新冠肺炎疫情冲击最大，但另一方面这些城市也显示出更强大的韧性和适应能力。《2021年全球城市报告》的数据分析表明，领先全球城市是最具复苏条件的城市，与全球的持续互联互通是它们疫情后重建和适应世界变化的基础。

　　《2021年全球城市报告》在综合分析全球230多个主要城市的基础上，评估上榜156个，其中包括31个中国城市①。今年新增入选的城市包括日本横滨，中国合肥、济南、昆明和中国台湾地区的高雄。北京、香港、上海等三个中国城市进入全球前十强，与美国上榜城市数量一致（纽约、洛杉矶、芝加哥），超过欧洲（2个）和亚太其他地区（2个）。从中国大陆城市评估和排名情况看，主要城市出现了明显分化。以杭州、成都、长沙、西安、苏州等为代表，具备更强的精细化治理能力、更优秀的营商环境、更具创意性的城市气质与格调、更韧性的互联互通能力的城市实现得分与排名的上升，而其他城市则出现了排名下降。

　　2021年，成都得分排名位列第86名，上升1名。从表1所示的综合排名来看，成都的综合实力在中国所有入选城市当中排名第八位，其中在中国内地城市排名第六位，且与上一年相比有显著进步。此外，从与国际城市的比较看，成都处于整个入选156座世界城市当中的中间层，特别是超过了被誉为"印度的硅谷"科技城班加罗尔，表明成都在科技创新领域有不俗的表现。

表1　全球城市综合排名中国入选城市前10名（2017—2021年）

| 城市 | 全球排名 | | | | | |
| --- | --- | --- | --- | --- | --- | --- |
| | 2021 | 2020 | 2019 | 2018 | 2017 | ▲ 2020—2021 |
| 北京 | 6 | 5 | 9 | 9 | 9 | −1 |
| 香港 | 7 | 6 | 5 | 5 | 5 | −1 |
| 上海 | 10 | 12 | 19 | 19 | 19 | +2 |

---

　　① 数据来源：2021年《全球城市指数》，https://www.kearney.cn/documents/1258856/264726063/%E7%A7%91%E5%B0%94%E5%B0%BC2021%E5%85%A8%E7%90%83%E5%9F%8E%E5%B8%82%E6%8C%87%E6%95%B0%E6%8A%A5%E5%91%8A.pdf/30df151a-c29b-48bc-33ee-a5c66f99afaf?version=1.0&t=1635329502000&download=true

续表

| 城市 | 全球排名 | | | | | |
|---|---|---|---|---|---|---|
| | 2021 | 2020 | 2019 | 2018 | 2017 | ▲ 2020—2021 |
| 台北 | 49 | 44 | 44 | 45 | 47 | −5 |
| 广州 | 61 | 63 | 71 | 71 | 71 | +2 |
| 深圳 | 72 | 75 | 79 | 79 | 80 | +3 |
| 杭州 | 80 | 82 | 91 | 117 | 116 | +2 |
| 成都 | 86 | 87 | 89 | 89 | 88 | +1 |
| 南京 | 90 | 86 | 86 | 88 | 87 | −4 |
| 苏州 | 92 | 98 | 96 | 115 | 112 | +6 |

资料来源：科尔尼《2021年全球城市报告》。

这主要得益于成都连续几年在人力资本维度的大幅进步，其背后是商业活动与文化体验维度的联动优化。成都开放、包容等特征使得整个城市颇具文化体验感，宜居的城市环境、人文、商业、艺术娱乐的综合发展与共同进步，正在不断帮助成都稳固其在新一线城市中的独特地位，在商业活动和人力资本两大指标上展现了中国整体城市在后疫情时代的可观潜力。这证明了中国对其城市长期成功的持续投资，为成都等新一线城市未来作为全球城市的地位创造了越来越有利的条件。

**（二）全球金融中心权威指数成都位列前五十** ①

2021年3月和9月，由中国（深圳）综合开发研究院与英国智库Z/Yen集团共同编制的第29、30期"全球金融中心指数"报告发布。全球金融中心指数共用了146个特征指标对全球金融中心进行评价，这些特征指标均来自权威的第三方机构，如联合国、世界银行、经济学人智库、经济合作与发展组织等。其中，第29期全球金融中心指数共研究了126个金融中心城市，包括116个进入评价榜单的金融中心和10个候补金融中心，纽约、伦敦、香港、新加坡、旧金山、上海、洛杉矶、北京、东京、巴黎进入全球金融中心前十强（见表2）。在中国其他城市中，上海（6）、北京（8）、深圳（16）、广州（32）、

① 资料来源：英国智库 Z/Yen 网站"Long Finance"，https://www.longfinance.net/documents/2607/GFCI_29_Full_Report_-_Chinese_2021.03.17.pdf。

成都（37）、青岛（38）、台北（67）位列前100强，杭州、天津、大连、南京、西安、武汉排在第111～第116位。其中，成都排名全球第37位，成都以较大的优势成为上北深广之后的第五城，继续领跑中西部，金融中心城市地位进一步巩固。值得注意的是，这一期排名中，中国内地金融中心排名出现整体下滑，上海从第3位跌至第6位，北京从第6位跌至第8位，深圳从第8位跌至第16位，广州从第22位跌至第32位，成都也从第35位跌至第37位。

第29期全球金融中心指数对109个金融中心的金融科技竞争力进行评价和排名，结果显示，中国金融中心金融科技竞争力领域表现突出，前十大金融中心中，中国（含香港）和美国各占4个。上海、北京和深圳金融科技竞争力排名分别为全球第2位、第5位和第7位。成都金融科技专项排名全球第25位，高于综合排名10位次，成都的发展越来越从要素驱动走向创新驱动，金融科技对金融中心排名的拉升赋能作用强劲。

表2　全球金融中心排名前四十强

| 金融中心 | GFCI 30 排名 | GFCI 30 评级 | 排名变化 | 评分变化 | 地区 |
|---|---|---|---|---|---|
| 纽约 | 1 | 762 | 0 | −2 | 北美 |
| 伦敦 | 2 | 740 | 0 | −3 | 西欧 |
| 香港 | 3 | 716 | 1 | −25 | 亚太 |
| 新加坡 | 4 | 715 | 1 | −25 | 亚太 |
| 旧金山 | 5 | 714 | 7 | −4 | 北美 |
| 上海 | 6 | 713 | −3 | −29 | 亚太 |
| 洛杉矶 | 7 | 712 | 6 | −4 | 北美 |
| 北京 | 8 | 711 | −2 | −26 | 亚太 |
| 东京 | 9 | 706 | −2 | −30 | 亚太 |
| 巴黎 | 10 | 705 | 15 | 6 | 西欧 |
| 芝加哥 | 11 | 704 | 4 | −10 | 北美 |
| 波士顿 | 12 | 703 | 12 | 0 | 北美 |
| 首尔 | 13 | 702 | 3 | −11 | 亚太 |
| 法兰克福 | 14 | 701 | −5 | −26 | 西欧 |
| 华盛顿 | 15 | 700 | −1 | −15 | 北美 |
| 深圳 | 16 | 699 | −8 | −32 | 亚太 |
| 阿姆斯特丹 | 17 | 698 | 11 | 3 | 西欧 |
| 迪拜 | 18 | 694 | 1 | −16 | 中东 |

续表

| 金融中心 | GFCI 30 排名 | GFCI 30 评级 | 排名变化 | 评分变化 | 地区 |
|---|---|---|---|---|---|
| 多伦多 | 19 | 693 | 10 | −1 | 北美 |
| 日内瓦 | 20 | 692 | 0 | −17 | 西欧 |
| 苏黎世 | 21 | 690 | −11 | −30 | 西欧 |
| 爱丁堡 | 22 | 689 | −1 | −19 | 西欧 |
| 卢森堡 | 23 | 688 | −6 | −24 | 西欧 |
| 马德里 | 24 | 687 | 9 | 4 | 西欧 |
| 悉尼 | 25 | 686 | −7 | −25 | 亚太 |
| 斯德哥尔摩 | 26 | 685 | 5 | −3 | 西欧 |
| 蒙特利尔 | 27 | 682 | 0 | −14 | 北美 |
| 温哥华 | 28 | 681 | −17 | −38 | 北美 |
| 墨尔本 | 29 | 680 | −6 | −25 | 亚太 |
| 汉堡 | 30 | 679 | 13 | 15 | 西欧 |
| 慕尼黑 | 31 | 678 | 18 | 31 | 西欧 |
| 广州 | 32 | 677 | −10 | −29 | 亚太 |
| 釜山 | 33 | 675 | 3 | −2 | 亚太 |
| 哥本哈根 | 34 | 674 | 0 | −6 | 西欧 |
| 惠灵顿 | 35 | 673 | 11 | 13 | 亚太 |
| 阿布扎比 | 36 | 672 | 2 | −3 | 中东 |
| 成都 | 37 | 670 | −2 | −8 | 亚太 |
| 青岛 | 38 | 668 | 4 | 3 | 亚太 |
| 斯图加特 | 39 | 667 | −9 | −22 | 西欧 |
| 布鲁塞尔 | 40 | 666 | −3 | −10 | 西欧 |

资料来源：第 30 期全球金融中心指数（GFCI）报告。

　　此外，在金融中心分类中，成都继续被纳入"深度较好的全球专业性金融中心"类别，显示出在投资管理、资本市场、政府监管等体现行业深度的专业领域具备一定优势和潜力。从所处全球金融中心城市的位置可以看出，成都作为中国西部金融中心的金融综合实力不断增强，知名度和影响力逐渐得到全球认可。成都市统计局数据显示，2021 年金融业实现增加值 2271.6 亿元，比上年增长 6.1%，占服务业增加值比重为 17.2%，拉动服务业增长 1.1 个百分点。12 月末，金融机构人民币存、贷款余额分别增长 10.4%、13.7%。① 截至 2021 年 10 月底，成都市辖内有境内外上市公司 124 家，其中 A 股上市公司 97 家，A 股过会待发企业 11 家，成都上市公司数量、在审企业数量等重要指标稳居中西部第一。②

### （三）全球创新指数成都位列四十强③

世界知识产权组织（WIPO）发布《2021 年全球创新指数》报告，《2021 年全球创新指数》强调政府决策和激励措施对于促进创新的重要性。全球科技集群的排名依据有两个：国际合作专利（PCT）和科技出版物（论文发表量）在全球的占比。通过制度、人力资本与研究、基础设施、市场成熟度、商业成熟度、知识与技术产出、创意产出等 7 大类 81 项指标，对全球 132 个经济体的综合创新能力进行系统衡量。中国排名第 12 位，较上一年上升 2 位，在专利申请、商标申请、工业设计、高新技术出口、创意产品出口和国内市场规模等 9 项指标中排名第一。

在最新全球创新指数中，成都排名全球第 39 位，较上一年提升 8 位，获得十分显著的成绩，城市创新策源能力进一步提升（见表 3）。成都市在全球科技创新指数表现优异得益于该市在科技创新领域的持续强投入和庞大的现有科技产业规模。2021 年，科学城已聚集国家级科研机构 25 家，国家级"双创"示范基地 5 个、市级以上科技企业孵化器及众创空间 268 家，国家重点实验室增至 12 家，国家级创新平台达 130 家；国家高新技术企业预计突破 7800 家，入库国家科技型中小企业 7016 家，不久前建成投运的成都超算中心被纳入国家超算中心序列，成为西部首个国家超算中心。技术合同登记金额预计超 1220 亿元，增幅超 6.5%；成都科创板上市及过会企业 15 家，位居西部城市第一。④

---

① 资料来源：成都市统计局网站，2022 年 3 月 17 日，https://www.sc.gov.cn/10462/10464/10465/10595/2022/3/18/1191f146594e49e69351c436cab73583.shtml.

② 资料来源：中国新闻网，2021 年 10 月 21 日，https://www.chinanews.com.cn/cj/2021/10-21/9591581.shtmlhttps://www.chinanews.com.cn/cj/2021/10-21/9591581.shtml.

③ 资料来源：（1）世界知识产权组织，https://www.wipo.int/edocs/pubdocs/zh/wipo_pub_gii_2021_exec.pdf，（2）《成都 2021 科技创新"答卷"出炉国家级创新平台达 130 家》，《成都日报》，2022 年 1 月 21 日。

④ 数据来源：《成都 2021 科技创新"答卷"出炉 国家级创新平台达 130 家》，《成都日报》，2022 年 1 月 21 日。

表3 中国城市（集群）在全球创新指数排名的前十强

| 全球排名 | 城市 | 全球排名 | 城市 |
|---|---|---|---|
| 2 | 香港广州深圳集群 | 25 | 武汉 |
| 3 | 北京 | 28 | 台北新竹集群 |
| 8 | 上海 | 33 | 西安 |
| 18 | 南京 | 39 | 成都 |
| 21 | 杭州 | 52 | 天津 |

资料来源：世界知识产权组织《2021年全球创新指数》报告。

## （四）"一带一路"互联互通指数位列第十[①]

中国国家发展和改革委员会城市和小城镇改革发展中心与世界经济论坛、科尔尼咨询公司共同启动"一带一路"城市互联互通指数项目研究，评估沿线城市之间各类关键要素的流动情况。该报告从政策沟通、设施联通、贸易畅通、资金融通、民心相通和信息互联6个维度，针对首批选取的22座共建"一带一路"典型城市，总结了"一带一路"沿线城市互联互通建设方面的显著特征。

如表4所示，在22个城市中，新加坡位列共建"一带一路"城市互联互通的首位，紧随其后的依次为上海、北京、曼谷和首尔。位列前10的城市以沿海城市为主，其中仅有北京、莫斯科、成都3座内陆城市入选。在新一线城市中，成都表现突出，综合排序位列第十名，充分显示出成都作为内陆城市对外沟通交往的强劲韧性。

综合排序第六至第十名的城市，成都在单项上有较为领先的表现——在六大评估维度中，至少有1项处于前五名。成都位列第十，主要优势在于政策沟通维度。与该项评估研究中的13个国际城市已建立4个双边友好城市关系，仅次于上海、北京，且成都在国际合作参与上，通过积极参与各类多边城市交流平台，得分高于上海、北京，可见成都在国际化道路及在共建"一带一路"中发挥核心作用。受益于过去5年国家级、国际性区域通信枢纽的战略建设目标，成都在信息互联方面具备优势。

---

① 资料来源：世界经济论坛，https://www3.weforum.org/docs/WEF_The_Belt_and_Road_Cities_Connectivity_Index_2021.pdf.

表4 "一带一路"城市互联互通指数综合排序一览

| 综合排序 | 城市 | 政策沟通 | 设施联通 | 贸易畅通 | 资金融通 | 民心相通 | 信息互联 |
|---|---|---|---|---|---|---|---|
| 1 | 新加坡 | 10 | 1 | 1 | 1 | 5 | 1 |
| 2 | 上海 | 2 | 2 | 2 | 3 | 3 | 2 |
| 3 | 北京 | 1 | 10 | 3 | 8 | 6 | 3 |
| 4 | 曼谷 | 4 | 6 | 6 | 5 | 1 | 14 |
| 5 | 首尔 | 5 | 12 | 5 | 2 | 4 | 20 |
| 6 | 迪拜 | 11 | 5 | 10 | 4 | 2 | 4 |
| 7 | 莫斯科 | 3 | 4 | 7 | 6 | 7 | 18 |
| 8 | 伊斯坦布尔 | 9 | 9 | 9 | 10 | 8 | 12 |
| 9 | 深圳 | 20 | 3 | 4 | 12 | 13 | 7 |
| 10 | 成都 | 7 | 7 | 17 | 11 | 15 | 5 |
| 11 | 天津 | 15 | 16 | 11 | 9 | 18 | 6 |
| 12 | 罗马 | 6 | 12 | 19 | 19 | 9 | 11 |
| 13 | 青岛 | 14 | 8 | 12 | 18 | 11 | 9 |
| 14 | 开罗 | 6 | 18 | 16 | 17 | 10 | 22 |
| 15 | 卡拉奇 | 13 | 17 | 13 | 15 | 17 | 15 |
| 16 | 维也纳 | 16 | 15 | 20 | 13 | 12 | 13 |
| 17 | 西安 | 12 | 20 | 15 | 16 | 21 | 10 |
| 18 | 郑州 | 22 | 14 | 14 | 7 | 14 | 8 |
| 19 | 阿拉木图 | 17 | 11 | 18 | 14 | 19 | 18 |
| 20 | 约翰内斯堡 | 19 | 19 | 8 | 21 | 16 | 21 |
| 21 | 内罗毕 | 18 | 21 | 22 | 22 | 20 | 17 |
| 22 | 乌鲁木齐 | 21 | 22 | 21 | 20 | 22 | 16 |

资料来源：世界经济论坛《"一带一路"城市互联互通指数》。

成都在设施联通方面已具备一定优势，尤其作为中欧班列集结中心的铁运能力，同时依托未来国际铁路及全球航空的规划布局，成都将进一步提升设施联通性。通达全球的国际航空客货运骨干航线网络全面实现，已开通国际（地区）客货运航线131条，其中定期直飞航线79条。民航局发布的《2021年全国民用运输机场生产统计公报》显示，成都双流国际机场排名位居第二，旅客吞吐量达到4011.7万人次，成为疫情之下仅有的两座客流吞吐量超过4000万人次的机场之一，客流情况已恢复至2019年的71.8%。设施联通方面，成都市排在国际枢纽的第七位、国内的第四位。持续完善国际班列网络布局，累计开行成都国际班列突破13000列，开行量连续4年保持全国第1位。莫斯科—中国全部城市在铁路货运直达方面领先，其中莫斯科至成都的中欧班列开行次数最多，每周往返接近50班次。[1]

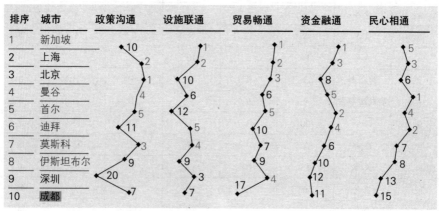

**■国际城市 ■中国城市**

图1　中国城市与国际城市"五通"维度分析

资料来源：世界经济论坛《"一带一路"城市互联互通指数》。

以"政策沟通、设施联通、贸易畅通、资金融通、民心相通"为主要内容的"五通"成为"一带一路"建设的强大助推器。世界经济论坛在评估中加入"信息互联"维度后，中国城市综合排序提升，成都、深圳、天津、郑州等城市均因"信息互联"优势综合排名显著上升。

## （五）世界游客向往中国城市排名第五[2]

中国旅游研究院（文化和旅游部数据中心）发布《2021世界旅游城市蓝皮书》与《国际城市旅游投资报告》。论坛上同时发布了《世界游客向往的中国城市榜单》，成都上榜成为排名第五位的令世界游客向往的中国城市（见表5）。

---

① 资料来源：《"一带一路"城市互联互通指数》，《世界经济论坛报告》，2021年11月，https://www3.weforum.org/docs/WEF_The_Belt_and_Road_Cities_Connectivity_Index_2021.pdf

② 资料来源：《2021世界旅游城市蓝皮书》，新华社，2021年4月21日，http://www.ha.xinhuanet.com/news/2021-04/22/c_1127358933.htm.

表5 世界游客向往中国城市榜单前十位

| 排名 | 城市 | 省份 | 排名 | 城市 | 省份 |
|------|------|------|------|------|------|
| 1 | 北京 | 北京 | 6 | 西安 | 陕西 |
| 2 | 上海 | 上海 | 7 | 杭州 | 浙江 |
| 3 | 广州 | 广东 | 8 | 南京 | 江苏 |
| 4 | 深圳 | 广东 | 9 | 天津 | 天津 |
| 5 | 成都 | 四川 | 10 | 哈尔滨 | 黑龙江 |

资料来源:《2021世界旅游城市蓝皮书》。

作为国家旅游枢纽城市,成都一直以来都是旅游的热门地。四川省纳入统计的A级旅游景区有709家,游客接待排名前5位的景区中,就有4个在成都。成都排名"中国古都城市国际影响力"全国第三位,以最高分通过"2023年东亚文化之都"终审。成都"百个文旅融合新项目""千处城市消费新场景"不断涌现,融入价值链中高端、优化旅游空间布局、延长产业链条、提升旅游产业能级、完善基础配套设施、强化旅游营销、优化旅游环境等方面持续发力,建设具备公园特质、天府蜀韵、国际风范的世界文化名城取得明显成绩,不仅彰显成都旅游业发展的强劲动能和新气象,同时也表明成都正从"中国最佳旅游城市"迈向"世界旅游名城","三城三都"特别是"世界旅游名城"建设实现骄人进展,已成为巴蜀文旅走廊的创新策源地、重要增长极。

成都作为世界旅游名城,得到一些国际知名媒体宣传赞扬。美国有线电视新闻网刊文阐述当中国重新开放时访问成都的几大理由。[①]自2009年起,成都市已连续13年被评为中国最具幸福感城市;拥有中国最美的书店之一;有一个壮观的新机场;是全球美食之都;位于成都市中心、40万平方米的天府艺术公园是一座以艺术为主题的城市公园,将新增成都天府美术馆和成都当代艺术馆两个博物馆;在携程集团最近的一项研究中,成都被评为中国十大最受欢迎的夜间旅游目的地之一;成都也是一座着眼于未来的城市,参观"科学城"的游客可以看到许多由世界上最知名的公司创建的具有生态意识和前卫建筑的例子。成都作为国际知名旅游城市已享誉国内外。下一步,成都应当利用第31届世界大学生夏季运动会的难得机会,把成都旅游名城的名声打得更响、

---

① Maggie Hiufu Wong, "9 reasons to visit Chengdu when China reopens", CNN, December 17, 2021, https://edition.cnn.com/travel/article/chengdu-china-guide-cmd/index.html.

品牌擦得更亮。

## （六）城市竞争力位居中国大陆城市前十位[1]

赛迪工业和信息化研究院城市经济研究中心2021年11月发布《2021城市综合竞争力百强研究》，对我国293个地级/副省级城市（不包括直辖市及港澳台地区）高质量发展水平进行评估。主要评估指标为城市重点经济发展指标，围绕经济规模、发展质效、综合活力、创新势能、共富共享、城市能级等维度。成都市在全国百强市中排名第4位，在经济规模等关键指标上表现亮眼（见表6）。从经济实力看，2020年成都地区生产总值达到1.77万亿元，2021年实现地区生产总值1.99万亿元，即将突破2万亿元大关，占成渝地区双城经济圈的比重达33.8%，充分反映了成都市经济发展的总量动能。[2] 成都的发展还具有广阔的腹地，成都都市圈依托"三区三带"，加强产业分工协作，实施产业建圈强链行动，整合构建电子信息、医药健康等跨区域产业生态圈和重点产业链，引领带动作用突出，发展水平实现新突破，人均GDP迈上8万元台阶达1.3万美元，达到国际中等收入地区水平。

### 表6 赛迪顾问百强市（2021）榜单

| 排名 | 城市 | 排名 | 城市 |
| --- | --- | --- | --- |
| 1 | 深圳 | 6 | 武汉 |
| 2 | 广州 | 7 | 南京 |
| 3 | 苏州 | 8 | 青岛 |
| 4 | 成都 | 9 | 宁波 |
| 5 | 杭州 | 10 | 无锡 |

资料来源：《2021城市综合竞争力百强研究》。

中国社会科学院财经战略研究院与中国社会科学出版社2021年11月共同发布《中国城市竞争力报告No.19：超大、特大城市：健康基准与理想标

---

① （1）赛迪工业和信息化研究院，https://www.ccidgroup.com/info/1096/34092.htm，（2）商务部，http://tradeinservices.mofcom.gov.cn/article/difang/tongjisj/202111/123050.html.

② 数据来源：2020、2021年《成都市国民经济和社会发展统计公报》以及《2021年成都都市圈GDP破2.5万亿元》，《四川日报》，2022年3月11日。

杆》。① 该评估详细评价了中国 291 个城市的竞争力，形成了中国城市综合经济竞争力及分项报告，中国城市可持续竞争力及分项报告，34 个省（自治区、直辖市）的区域竞争力报告。中国城市竞争力排名报告综合评估显示，成都城市综合经济竞争力排名位居所有省份城市的第 12 位（包括香港、台北），位居大陆（内地）城市综合竞争力的第 10 位。

## 三、今后成都国际对外交往中心建设形势展望

在世界正经历百年未有之大变局之际，中国也迎来实现中华民族伟大复兴的关键时期。值此，成都也开启加快实施"十四五"规划、全面建设成渝地区双城经济圈和践行新发展理念的公园城市示范区重要时期，成都将始终坚持以习近平新时代中国特色社会主义思想和习近平外交思想为指导，深入贯彻党的二十大精神，落实好习近平总书记对四川及成都工作系列重要指示精神和省委重大决策部署，坚持稳中求进，把握世界发展大势，服务好国家战略全局和全省发展大局，把握国际对外交往中心建设的加速提质机遇期，更加奋发有为，守正创新。

### （一）世界政治经济格局仍面临多重考验，全球经济进入复苏关键期

2020 年开始席卷全球的新冠肺炎疫情不仅给全人类的生命健康安全形成前所未有的威胁，对世界政治经济格局也产生极为深远的冲击和影响，国际体系迎来冷战结束后最为严峻的考验期，面临多重挑战。

新冠肺炎疫情影响的长久不退使全球经济发展的主要议题集中在经济复苏。在 2021 年，随着各国抗疫经验的积累和有条件国家疫苗的大范围投入，令部分国家的复工复产水平较 2020 年有较为明显的提升，但疫情对生产生活产生的负面影响依然难以彻底消除。并且由于发达国家疫苗接种率较高，融资条件好，国家财政支持尽管有所减弱但仍发挥出对经济的支持作用，因此这些国家总体经济复苏表现较好。相比之下，新兴市场和发展中经济体（EMDE）受疫情影响更明显。由于供应链持续受到干扰，全球贸易增长回落，供应链中

---

① 倪鹏飞，徐海东. 中国城市竞争力报告 No.19：超大、特大城市：健康基准与理想标杆 [M]. 北京：中国社会科学出版社，2021 年。

断叠加大宗商品价格飙升加剧全球通胀压力，尤其是新兴市场和发展中经济体的通胀迅速提高；持续存在的价格压力和主权信用利差扩大，令新兴市场和发展中经济体融资条件趋紧。

根据世界银行的预测，世界主要发达经济体和新兴市场及发展中经济体在2022年和2023年基本都能继续保持GDP的正增长，但是相较2021年多会降低增幅。整体上，新兴市场和发展中经济体的增幅会略高于发达经济体。在新兴市场和发展中经济体中，南亚地区的增幅最大，2022年可达到7.6%，2023年也有6%；东亚太平洋地区则位列第二，2022年和2023年的增长都保持5%以上；中国在2022年的预测增幅为5.1%，2023年则为5.3%，在世界经济整体增幅放缓的趋势下，根据预测，中国是为数不多仍能保持增速增长的经济体，可见中国经济发展的强劲势头（见表7）。

虽然根据世界银行的专业预测，全球经济在2022年和2023年将继续保持降速增长，但是新冠肺炎疫情造成的全球经济衰退是一个世纪以来最大规模的全球经济危机，[1] 要重视其对财政、货币、金融、商业等经济领域产生的综合影响，警惕疫情导致的高水平债务引发长期金融危机和宏观经济风险，由此带来对国家经济、世界经济新一轮的破坏性打击。

表7 全球主要经济体增长率及预测（%）

|  | 2019 | 2020 | 2021e | 2022f | 2023f |
|---|---|---|---|---|---|
| 世界 | 2.6 | −3.4 | 5.5 | 4.1 | 3.2 |
| 发达经济体 | 1.7 | −4.6 | 5.0 | 3.8 | 2.3 |
| 美国 | 2.3 | −3.4 | 5.6 | 3.7 | 2.6 |
| 欧元区 | 1.6 | −6.4 | 5.2 | 4.2 | 2.1 |
| 日本 | −0.2 | −4.5 | 1.7 | 2.9 | 1.2 |
| 新兴市场和发展中经济体（EMDEs） | 3.8 | −1.7 | 6.3 | 4.6 | 4.4 |
| 东亚太平洋地区 | 5.8 | 1.2 | 7.1 | 5.1 | 5.2 |
| 中国 | 6.0 | 2.2 | 8.0 | 5.1 | 5.3 |
| 印度尼西亚 | 5.0 | −2.1 | 3.7 | 5.2 | 5.1 |
| 泰国 | 2.3 | −6.1 | 1.0 | 3.9 | 4.3 |

---

① World Bank, World Development Report 2022: Finance for an Equitable Recovery, Washington, DC: World Bank, p.xiii, https://openknowledge.worldbank.org/bitstream/handle/10986/36883/9781464817304.pdf.

续表

| | 2019 | 2020 | 2021e | 2022f | 2023f |
|---|---|---|---|---|---|
| 欧洲中亚地区 | 2.7 | −2.0 | 5.8 | 3.0 | 2.9 |
| 俄罗斯 | 2.0 | −3.0 | 4.3 | 2.4 | 1.8 |
| 土耳其 | 0.9 | 1.8 | 9.5 | 2.0 | 3.0 |
| 波兰 | 4.7 | −2.5 | 5.1 | 4.7 | 3.4 |
| 拉美加勒比地区 | 0.8 | −6.4 | 6.7 | 2.6 | 2.7 |
| 巴西 | 1.2 | −3.9 | 4.9 | 1.4 | 2.7 |
| 墨西哥 | −0.2 | −8.2 | 5.7 | 3.0 | 2.2 |
| 阿根廷 | −2.0 | −9.9 | 10.0 | 2.6 | 2.1 |
| 中东北非地区 | 0.9 | −4.0 | 3.1 | 4.4 | 3.4 |
| 沙特阿拉伯 | 0.3 | −4.1 | 2.4 | 4.9 | 2.3 |
| 伊朗 | −6.8 | 3.4 | 3.1 | 2.4 | 2.2 |
| 埃及 | 5.6 | 3.6 | 3.3 | 5.5 | 5.5 |
| 南亚地区 | 4.4 | −5.2 | 7.0 | 7.6 | 6.0 |
| 印度 | 4.0 | −7.3 | 8.3 | 8.7 | 6.8 |
| 巴基斯坦 | 2.1 | −0.5 | 3.5 | 3.4 | 4.0 |
| 孟加拉国 | 8.2 | 3.5 | 5.0 | 6.4 | 6.9 |
| 撒哈拉以南非洲地区 | 2.5 | −2.2 | 3.5 | 3.6 | 3.8 |
| 尼日利亚 | 2.2 | −1.8 | 2.4 | 2.5 | 2.8 |
| 南非 | 0.1 | −6.4 | 4.6 | 2.1 | 1.5 |
| 安哥拉 | −0.6 | −5.4 | 0.4 | 3.1 | 2.8 |

资料来源：世界银行，《全球经济展望》，2022 年 1 月 11 日，https://www.shihang.org/zh/news/press-release/2022/01/11/global-recovery-economics-debt-commodity-inequality。

## （二）随着"区域全面经济伙伴关系协定"（RCEP）生效，亚太区域经济一体化开启新篇章

2020 年 11 月 15 日，东盟提出并主导的 RCEP 由东盟十国、中国、日本、韩国、澳大利亚、新西兰等十五国正式签署。2022 年 1 月，RCEP 在包括中国的 10 个缔约国正式生效，2 月在韩国正式生效。这一大规模的高水平自贸协定预示了亚太地区的贸易投资自由化、便利化水平将达到前所未有的高度。RCEP 作为一项高规格自贸协定，以统一的区域自贸规则减少贸易壁

垒；以高水平的市场开放和准入，增进地区内的投资便利程度，极大促进亚太地区的贸易和投资往来，给受疫情影响艰难复苏的亚太区域经济注入一股强劲动力。

RCEP重整和简化了亚太地区复杂的自贸体系格局，以东盟、中国、日本、韩国、澳大利亚、新西兰的六方多边自贸安排机制取代区域内原有的多个双边自贸安排，将原先存在的4个东盟"10+1"自贸协定进行了整合与升级，进一步减缓亚太区域经贸合作"碎片化"趋势，并以独具特色的原产地规则即"区域积累原则"和成员国之间达成的亚太目前规模最大的贸易和投资自由化、便利化协定等实现区域生产网络的重构，打造亚太特色的生产链、供应链、产业链及价值链，对于受到疫情影响的区域生产网络带来重要利好。RCEP有着巨大的发展潜力，未来回报丰厚。据美国彼得森国际经济研究所（PIIE）测算，到2030年，RCEP有望带动其成员国出口净增加5190亿美元，国民收入净增加1860亿美元；另据亚洲开发银行（ADB）发布的报告，到2025年，RCEP将为全球创造6440亿美元的经济增长额。[①]

RCEP的签署和生效，给成渝地区双城经济圈建设扩大对外开放带来重要机遇，做好对RCEP贸易投资领域规则对接和落地，进一步拓展与RCEP成员方的贸易投资联系，大力发展以成都为中转枢纽的货物贸易和以成都为承载平台的转口贸易，为成渝地区双城经济圈的建设以及成都的外经外贸发展注入强劲动力，助力成渝相向发展新格局。

**（三）俄乌冲突直接影响世界经济，给欧亚地缘政治格局造成更多不确定性影响**

2022年2月24日，俄罗斯在顿巴斯地区发起特别军事行动，乌克兰随即宣布进入战时状态，并宣布与俄罗斯断交。俄乌冲突直接给世界经济造成负面影响：2月21日，俄罗斯承认顿巴斯地区的顿涅茨克人民共和国和卢甘斯克人民共和国为独立国家，俄罗斯股市遭遇重挫，暴跌17%，是2008年国际金融危机以来最大单日跌幅，同日欧洲股市暴跌，国际油价飙升。除了对全球股市和原油价格带来的即时影响，俄罗斯和乌克兰作为国际能源与粮食的重要供

---

① 樊莹：《RCEP：重塑亚太经济合作与筑基新发展格局》，《当代世界》2021年第8期，第54-55页。

应国，两国之间这场冲突还会给全球的能源和粮食供应带来紧张局面。而能源与粮食价格的上涨，会进一步加剧新冠肺炎疫情导致的已经较为危险的全球通胀水平，特别是依赖俄乌能源与粮食供应的欧洲，通胀水平的持续走高会增加欧洲社会的不稳定。

俄乌冲突不仅给世界经济带来诸多波动与影响，对欧亚大陆的地缘政治格局也带来不可低估的影响。面对俄罗斯的军事行动，美国、欧盟、英国、日本等都立刻在政治、能源、金融等多个领域进行制裁，这使得俄罗斯与美国、欧盟等的关系再度恶化。同时，俄乌冲突导致乌克兰许多民众入境波兰、匈牙利等乌克兰周边国家，对欧盟的边境管理再度形成多重挑战。

另外，俄乌冲突也给中欧贸易笼上阴霾。2020 年 12 月，中欧签订了《中欧全面投资协定》，推动中国和欧盟在投资领域进入"精耕细作"时期，为中欧经济合作走深走实带来契机。但是俄乌战事进一步阻断本就受疫情影响的中欧物流。在中欧贸易运输中，铁路是重要的贸易走廊，而中欧贸易有接近80%通过乌克兰领土，乌克兰作为最早响应"一带一路"倡议的国家之一，是中欧贸易的关键国家。在这场冲突的影响下，途经乌克兰的货运列车不得不进行改道，运输成本与时效的增加都对中欧贸易造成直接影响。①

## （四）在实施"十四五"规划承上启下之年，成都开启高质量发展新阶段

"十四五"时期是我国开启全面建设社会主义现代化国家新征程、向第二个百年奋斗目标进发的第一个五年，极具里程碑意义。在"十四五"开局之年，即便新冠肺炎疫情影响犹存、世界依旧处于变动不居的状态之中，但是中国的经济发展继续保持稳定态势，是鲜有的在疫情影响下仍能保持经济正增长的国家（见图 2）。在 2022 年这一"十四五"规划实施的承上启下之年，中国市场空间广阔，发展韧性强、潜力足，国内国际双循环新发展格局构建有条不紊，以上有利环境成为成都建设社会主义现代化城市、国内大循环战略腹地和国内国际双循环门户枢纽，实现高质量发展的最可靠依托。

---

① 齐纳尔·德第亚，陈俊安 译，《俄乌战事如何影响欧中贸易》，《环球时报》，2022 年 2 月 28 日，第 006 版。

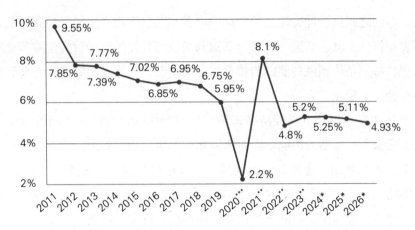

图 2　中国国内生产总值增长率及预测（2011—2026 年）

资料来源：世界货币基金组织。

随着成都在"十三五"时期实现从区域中心城市到国家中心城市，进而冲刺世界城市的历史性飞跃，成都全面贯彻落实习近平总书记对四川及成都工作的系列重要指示精神和省委各项重大决策部署，城市竞争优势得到全方位提升，国家赋予成都建设新发展理念公园城市示范区、建设成渝地区双城经济圈等重大使命，打造成都都市圈、推进西部大开发等战略部署，推动成都率先探索具有中国特色和时代特质的新型城镇化道路，发挥出成都中心城市的极核引领作用。同时，成都作为我国的战略腹地和西向开放桥头堡，是我国对外开放的新支点，对于拓展我国对外交往战略回旋空间和助推西部地区形成国际合作竞争新优势与全方位开放新格局极为重要。在"十四五"规划实现良好开局、成都发展势头强劲、取得系列成就之后，继续奋发有为，稳步推进城市全方位高质量发展，在向世界城市迈进征程上坚实前进。

### （五）在城市深入参与全球治理的大势之下，成都城市国际化跃能升级迎来更多机遇

随着全球性挑战增多，单个国家对于这些挑战应对乏力，全球治理的重要性更加凸显。作为国际体系最主要行为体的国家在全球治理中发挥了协同合作的主要作用，但是依然留有治理空白，这为城市参与全球治理带来机遇。城市伴随自身外事外交功能的拓展，已经成为全球治理不可或缺的参与者，扮演

着越发重要的跨境外交执行者角色，对化解不断出现的人类共同危机起着至关重要的作用。[①]

中国作为负责任的大国，在应对气候变化、加强环境保护、抗击新冠肺炎疫情等全球治理议题中，始终发挥积极作用，参与全球治理，切实践行人类命运共同体理念，也越来越接近世界舞台的中心。成都作为国家中心城市、成渝地区双城经济圈的极核城市，积极参与全球治理相关多边机制，顺应城市深度参与全球治理之势，从城市维度向世界展示中国智慧、宣传中国方案、贡献中国力量，当好人类命运共同体沟通节点义不容辞。

近年来，成都在世界各类权威城市排行榜中的表现不俗，城市的国际交往能力、国际服务水平、科技创新能力、城市宜居程度等都不断攀升。成都以外事外资外经外贸外宣"五外联动"的融合发展与升级，全面持续提升城市的国际化水平，培育国际合作和竞争新优势，以发达的国际物流体系、丰富的涉外资源、良好的城市海外品牌宣介等，从硬件和软件两方面协同推进成都国际对外交往中心建设，取得的成效颇为显著。

接下来，成都应乘势而上，紧抓机遇，通过国际机制与平台，更加积极有为地参与全球治理，在国际舞台上展现成都的风采，增强对高端国际经济、政治资源的吸引力；不断拓展成都国际友城地图，进一步扩充成都的涉外资源；着力将成都建设成承担国家重大外交外事活动的舞台、聚焦全球高端资源要素的开放高地，全方位提升成都的对外交往能力，促进成都向着国际门户枢纽城市和可持续发展世界城市行列扎实迈进，实现城市国际化的跃能升级。

## 四、开启成都国际对外交往中心建设新征程

2022 年是成都"十四五"规划全面深入实施的关键时期。成都从西部区域中心城市跃升为国家中心城市之后，正在向世界城市体系迈进，发展目标定位于打造国内大循环战略腹地、建设国内国际双循环门户枢纽，长期目标致力于全面建成中国西部具有全球影响力和美誉度的现代化国际大都市。习近平总书记对四川及成都工作系列重要指示精神，以及党中央、国务院、省委省政

---

① 汉德睿：《城市参与全球治理的路径探析——以中国城市为视角》，《区域与全球发展》2019 年第 5 期，第 44 页。

府的战略部署，明确了贯彻绿色低碳和内涵提升的新发展理念，以及在深化改革开放中坚持创新驱动发展，坚持高质量发展的总体思路。当前新形势新发展格局为成都国际对外交往中心建设提出新的工作目标和要求，同时也为成都城市国际化发展提供了重要机遇和大有可为的发展空间。成都建设国际对外交往中心，要主动融入成渝地区双城经济圈、成都都市圈、公园城市示范区建设等重大战略的实施中，落实在智慧蓉城建设、产业建圈强链、"三个做优做强"、"四大结构"优化调整、"五个走在前列"以及继续做好大运会筹办等工作中，实现"五外联动"大幅提升，提升国际门户枢纽建设水平，推动城市高水平国际化发展，增强城市对外开放优势，加快建设国际对外交往中心，凸显成都市创新驱动发展和高质量发展水平。

第一，**服从服务国家对外工作大局，深入落实重点工作部署**。从服务国家战略全局着眼，立足建设现代化国际大都市，加快落实国家重大部署，圆满完成国家赋予的战略使命。配合与服务国家整体外交战略，积极争取承办国家主场外交及重大外事、重要国际会议等涉外活动，提升国际交往规格和水平，将成都打造为国家级国际交往重要承载地。积极参与中国与中亚五国建交30周年庆祝活动、"第五届东北亚市长论坛"等多边活动。寻求更多的对外交往平台机遇，不断推动成都市国际化建设走向开放前沿，主动寻求对接，积极争取包括博鳌亚洲论坛城市绿色发展、乡村振兴论坛大会等在内的国际性论坛落户成都，增强成都国际话语权。特别要提到的是，2022年5月6日，国际大体联宣布，第31届世界大学生夏季运动会延期至2023年举办，要继续做好筹备工作，确保赛事筹办工作稳步推进。学习和借鉴北京冬奥会赛事组织及国际传播经验，确保2023年大运会安全举办，确保城市和人民安全，赢得良好国际声誉和社会反响。与此同时，加强与国际体育组织、国际体育企业、国际体育传媒机构的交流沟通，推动建设世界一流国际赛事之都、具有国际吸引力的户外运动休闲中心落实与落地。此外，主办和承办好各类国际会议和国际会展，不断扩大成都城市的国际辐射力。

第二，**加快建设国际门户枢纽城市，扩大对外开放合作领域**。成都从西部中心城市升级为国家中心城市后，随着"一带一路"、西部陆海新通道、长江经济带等多项工作的展开，扮演着更加重要的角色，开始从内陆腹地走向开放前沿，面临全面推进城市国际化进程，参与全球国际城市竞争的发展趋势。尤其是要在"一带一路"中担负起使命，利用好机遇，积极创建内陆开放型经济试验区，建设好"一带一路"进出口商品交易与展示中心、进出口商品集散中心，大力促进国际高端资源要素集聚，更好地发挥城市枢纽连接、资源运筹和要素适配的作用。创造机遇促进对外合作交流，开展领事官员"园区行""产业行"考察参观活动，举办高水平"成都·欧洲文化季"等重要国际活动等。与此同时，加强成都国际门户枢纽功能建设，健全与完善国际化立体交通体系。充分利用双机场优势，打造国家级国际航空枢纽，稳妥推进与拓展国际客运航线、国际货运航线，建设航空货运转运（分拨）中心。加快建设中欧班列成都集结中心，增强国际班列运力，提升国际班列互联互通的带动力。此外，争取尽快打通连接新加坡的西部陆海新通道西线主通道，共同推进成都国际性综合交通枢纽建设。

第三，开展优化国际营商环境行动，多举措促进对外招商引资引智。在推动成都涉外经济发展方面，全面实施营商环境4.0版政策，深入落实"放管服"改革措施，加快实施通关、外汇结算等便利措施，为外贸企业开拓市场营造有利的政策环境。充分发挥对外开放平台优势，增强外贸、投资和消费的综合效应，推动成渝地区双城经济圈建设。多措并举推动与RCEP成员国、共建"一带一路"倡议沿线国家以及欧盟等经贸合作走向深化，同时大力拓展日韩与东南亚市场等。加快推动国家服务贸易创新发展试点建设，深入推进中日（成都）城市建设和现代服务业开放合作示范项目建设，将成都打造成服务贸易发展高地之一。此外，还要协同推进一系列重点工作，包括建设中国（成都）跨境电商综合试验区、建设自贸试验区协同开放先行区、创建国际消费中心城市、建成天府国际保税商业中心、设立天府国际空港综保区等。与此同时，打造成都国际仲裁中心，提高涉外法律服务能力与水平，为国际贸易经济发展提供法律服务保障。

第四，高标准打造世界文化名城，广渠道扩大成都城市国际影响力。以高品质城市文化形象向世界展现开放姿态，进一步打造世界文创名城、旅游名城、赛事名城和国际美食之都、音乐之都、会展之都，用城市历史文化、城市记忆和当代城市生活，讲好成都故事，彰显城市悠久的人文底蕴，提升城市文化软实力。聚焦有实力有潜力的文化领域，比如，数字音乐、音乐演艺、美食文化等，挖掘整合资源打造国际文化品牌。特别是将已有国际名气的川菜、川茶、川酒等餐饮业做大做强，将"老字号"打造成具有国际声誉度的名店，面向世界推广川菜美食文化。办好"第八届中国成都国际非遗节""第28届蓉城之秋国际音乐季""成都国际友城青年音乐周""成都·欧洲文化季"等重要国际性文化活动。开创外宣新局面，提升国际传播能级，紧紧围绕建设国际门户枢纽、公园城市示范区、熊猫之都、成都大运会等主题，引领设置国际议题，利用好多种数字媒体传播方式，构建具有文化魅力的成都城市形象。进一步拓展友城地图，争取与更多国外经济中心城市缔结友好城市，扩大海外"朋友圈"。主动沟通联系国际组织，积极参与共建世界创新城市合作组织，举办世界大都市协会成都研修中心年度项目活动等。

第五，围绕建成公园城市示范区的重要目标，大幅提升城市国际环境品质。践行新发展理念，重点关注与推动城市内涵式发展，注重发挥城市国际交流往来、高端要素集聚、现代服务发展、文化传承发扬、时尚消费引领等核心功能，不断提升与优化城市国际化环境。在全市范围内开展宜业环境优化行动、高品质生活城市建设行动，加快推进公共场所外语标识规范化建设，提升成都城市宜居宜业国际化水平。切实落实建设公园城市示范区的重大使命，着手推进未来公园社区建设。按照 2022 年工作计划，全面建成"百个公园"示范工程项目，推进锦江公园、环城生态公园建设，增加绿地 1800 公顷、立体绿化 20 万平方米，建成各级绿道 800 公里。[①] 在推进城市有机更新过程中，注重优化城市空间结构，提升城市空间品质，做强做优中心城区，合理利用城市空置场所、闲置空间等"金角银边"区域，激活社区小微经济，增加城市生活"烟火气"，彰显世界文化名城的城市文明水平。与此同时，推进国际教育、国际医疗、国际化社区等设施的建设完善，助推"创新、开放、绿色、宜居、共享、智慧、善治、安全"城市品质建设。

第六，不断提升涉外管理服务水平，全力服务国际化城市建设。增强国际教育优质资源供给，提升针对外籍人员子女的教育服务能力，筹划建设中外人文交流教育实验区、成都职业教育国际合作新高地、国际合作教育园区和国际职教城等，布局建立全周期教育对外开放新格局。不断提升涉外医疗服务水平，为国际人士打造良好的就医条件，推动形成全国高水平医疗健康服务"引

---

① 参见《2022 年成都市政府工作报告》，成都市人民政府网站，http://www.chengdu.gov.cn，2022 年 1 月 30 日。

领极"。实施外籍人士"家在成都"工程,建设高水平国际化社区,吸引优秀国际人才来蓉工作生活。依托"外籍人士社区服务中心"等平台资源,探索设立基层综合涉外服务中心,并编印《外籍人士在蓉生活指南》,为外籍人士提供周到的资讯服务。按照国务院、外交部相关要求,为外交领事人员开通"快捷通道"提供入境便利等服务。

第七,加快完善国际人才配套制度,引聚多元国际人才共促发展。推进实施"天府实验室全球高端人才招引计划""成都城市猎头行动计划",加快组建国际人才资源服务联盟。探索建立"共育、共引、共用"的国际人才引进管理机制,配套出台国际人才协同发展专项政策。建立健全各类国际人才职称申报、专业晋级认证等机制,提升高知识高技能国际人才的人口比例。不断探索项目合作、联合培养、创业引智等多种国际人才引进模式,加强引进基础研究人才、高技能人才等。推动实施国际人才"成都工匠"培育工程,培养符合国际化高端产业要求的专业技能人才。以建设"赛事之都"承办国际赛事为契机,大力培养多语种人才、知识复合型国际交往人才。

# 成渝地区双城

# 经济圈篇

Ⅱ

# 长三角都市圈建设经验对成渝地区双城经济圈发展的启示

程兆君*

【摘要】推动成渝地区双城经济圈建设，是以习近平同志为核心的党中央着眼构建新发展格局、完善区域经济布局做出的重大决策部署。近年来，作为我国经济发展的第四增长极，成渝地区双城经济圈深入扎实推进，在产业协作、创新协同、公共服务联动、生态环境联防联控等方面取得了显著成绩，同时也面临着一些突出的问题和短板。为了更好地推进成渝地区双城经济圈高质量发展，重点分析研究长三角地区南京都市圈、苏锡常都市圈等我国发达地区都市圈的成功经验，总结成渝地区双城经济圈可以复制和借鉴的现实路径，以期为成渝地区双城经济圈未来更高质量发展提供借鉴。

【关键词】长三角；都市圈；双城；成渝地区双城经济圈

## 一、成渝地区双城经济圈发展基础和成效

### （一）发展成效

近年来，成渝地区常住人口规模、地区经济总量占全国比重持续上升，呈现出重庆和成都双核相向发展、联动引领区域高质量发展的良好态势，已经成为我国西部地区经济社会发展、生态文明建设、改革创新和对外开放的重要引擎。

极核效应明显，成渝"双中心"驱动能力强劲。成渝地区双城经济圈基本形成以成都、重庆为核心，以1小时通勤圈为基本范围的都市发展结构体系，双城核心的极化效应较为明显，在全国范围内首屈一指。根据国家统计局发布

---

* 程兆君，扬州市九届政协常委，扬州市发展和改革委员会二级调研员。

的《经济社会发展统计图表：第七次全国人口普查超大、特大城市人口基本情况》显示，全国共有 7 个超大城市分布在四大城市群，成渝有成都和重庆两个，两者均为我国 GDP 十强城市[①]，近年来对城市群 GDP 贡献率持续达到 70% 左右[②]，城镇化进程贡献率超过 40%[③]，是成渝地区双城经济圈发展的绝对驱动者和重要战略引擎。

设施加快衔接，构建形成综合立体交通体系。成都天府国际机场投入使用，成都和重庆两座城市的双流国际机场和江北国际机场共开行国内外航线632 条，年旅客吞吐量合计超 1 亿人次；成渝两地中欧班列累计开行量突破16000 列，已连接境外 61 个城市及境内 20 个城市。成渝城际交通通道也更加畅通，已经构筑形成包括"6 条铁路 +4 条高速公路"在内的枢纽型综合交通走廊，实现两座城市以及经济圈内重点城市之间铁路 1 小时通达、高速公路3 小时通达。未来一段时期内，随着经济圈内成达万高铁、成渝高速扩容等项目的建成，川渝省际高速公路通道达 13 条、在建 6 条，[④]成渝地区双城经济圈内部的交通组织联系会越发密切，为经济圈经济社会一体化发展提供了坚实基础。

产业体系协同，夯实成渝经济一体发展基础。2020 年，成渝地区双城经济圈地区生产总值高达 6.6 万亿元，占全国经济总量的比重超过 6%[⑤]。在电子信息、汽车等领域已经形成一体化协作发展趋势，成为具有全国竞争力和战略影响的先进制造业基地和产业创新高地。据不完全统计，目前成渝地区电子信息产业规模已经达到全球规模的 1/3[⑥]，2020 年成都电子信息产业产值成功破万亿，区域内初步建成了涵盖元器件、模组、软件、系统整机等较为完整的产业

---

① 国家统计局城市社会经济调查司：《中国城市统计年鉴 2021》，北京：中国统计出版社，2022 年，第 13—20 页。

② 国家统计局城市社会经济调查司：《中国城市统计年鉴 2021》，北京：中国统计出版社，2022 年，第 61—68 页。

③ 国家统计局城市社会经济调查司：《中国城市统计年鉴 2021》，北京：中国统计出版社，2022 年，第 13—20 页。

④ 成都日报：《"总施工图"已定"总任务书"明确——《规划纲要》加快推动成渝地区双城经济圈建设成势见效》，成都市人民政府 http://www.chengdu.gov.cn/chengdu/home/2021-10/21/content_aa5a1aa084c443419d62509e9de3ee52.shtml # 。

⑤ 国家统计局城市社会经济调查司：《中国城市统计年鉴 2021》，北京：中国统计出版社，2022 年，第 61—68 页。

⑥ 成都日报：《做强极核 迈向新时代中国经济发展"第四极"》，四川省大数据中心 http://www.scdsjzx.cn/scdsjzx/xinwenredian/2020/8/3/867474e8c75a410b832826d0cd4d6b2d.shtml # 。

链条，是我国除了长三角、珠三角以外的重要电子信息生产基地。①汽车产业方面，成渝地区共有汽车整车企业45家，汽车年产量近300万辆，全国占比近12%，年产值超过6000亿元②。

共建科创中心，区域协同创新能力稳步提升。近年来，围绕四川省和重庆市共同发展的产业链和产业集群，以集群协作创新为重点，两地主动联合建立行业技术创新联盟，共同攻克技术难题，共建集原始创新、集成应用、成果产业化、产品商业化于一体的创新产业链。2021年，重庆市、四川省共建具有全国影响力的科技创新中心举行集中开工，共计40个项目总投资1054.5亿元③，将聚焦未来科技和产业发展的制高点，围绕电子信息、生命科学、生态环境三大领域的4个方向规划组建。同时两地启动国家川藏铁路技术创新中心、四川省碳中和技术创新中心建设，推动川渝高校共建协同创新中心和重点实验室，高校与科研院所人才交流愈加频繁。

生态联防联控，共同筑牢长江上游生态屏障。围绕服务长三角经济带发展，按照生态优先、绿色发展的要求，成渝地区双城经济圈内在发展经济的同时加大了生态保护的联控力度。2020年，成渝地区双城经济圈建设联合办公室发布《深化四川重庆合作推动成渝地区双城经济圈生态共建环境共保2020年重点任务》，就共同争取国家支持、共同开展调查研究、共同推进生态建设、共同治理跨界污染等内容进行了明确。重庆市生态环境局与成都市生态环境局签订了战略合作协议，成都生态环境系统已有8个派出机构分别与重庆市10个区签订了合作协议，就加强生态环境保护开展了深入务实的交流与合作。

持续深化改革，联手打造内陆改革开放高地。改革是推动经济一体发展的动力，规则对接的一流营商环境是促进经济圈经济发展的基础。成渝两地在改革开放领域做出多方探索，川渝自由贸易试验区协同开放示范区建设加快推进，多式联运"一单制"等率先在省内自贸试验区平台试行推广，逐步统一两

---

① 四川日报：《10065.7亿元！成都首个"万亿版图"已绘就》，四川省人民政府 https://www.sc.gov.cn/10462/12771/2021/1/29/c8d23c00b61f4bdba0ca6f58b491e878.shtml

② 重庆商报：《川渝携手打造世界级万亿汽车产业集群》，重庆市人民政府 http://admin.cq.gov.cn/zt/cydqscjjq/chscjjhjjq/202101/t20210118_8811302.html

③ 四川日报：《川渝共建具有全国影响力的科技创新中心40个重大项目集中开工，总投资1054.5亿元》四川省人民政府 https://www.sc.gov.cn/10462/10464/10797/2021/5/28/0aee7bdab93449ba95e43103e4d9b9fa.shtml

地中欧班列运行标准，共同探索经济区与行政区适度分离、推进城乡融合发展改革示范等重大改革，研究建立跨区域合作财政协同投入机制和财税利益分享机制，共同设立 300 亿元成渝地区双城经济圈发展基金。同时，两地加快推动全方位发展规则对接，对接文化、产业生态和商务生态等，高标准推动市场环境、文化环境接轨，打造一流的营商环境。

公共服务联网，民生福祉得到充分保障。成渝积极开展跨省异地就医直接结算、实施户口迁移、就业社保、医疗卫生、交通通信等 16 项便民举措，实现养老保险关系转移 APP "零跑路" 办理或就近异地一次性办理，推动跨省通办事项线上 "全网通办" 或线下 "异地可办"，开行川渝省际公交 8 条，实现重庆中心城区和成都主城区公共交通 "一卡通" "一码通乘"，推动通信资费一体化，实现川渝两地亲情号互设、异地补卡等服务。

### （二）存在问题

从西部地区来看，成渝地区双城经济圈发展成效显著，但与我国长三角、珠三角、京津冀等地都市圈城市群发展相比，无论是经济总量、结构体系，还是一体化的制度环境，成渝地区还存在着较为明显的差距，经济圈内部发展质效有待进一步提升。

综合实力竞争水平较低。从经济体量来看，目前长三角、粤港澳大湾区和京津冀三大增长极在我国经济总量中的占比分别为 23.49%、12.2% 和 8.08%，而成渝地区双城经济圈占比仅有 6.9%。在人均 GDP 方面，2020 年成渝地区双城经济圈为 7.18 万元，明显低于长三角城市群（10.78 万元）、珠三角城市群（14.85 万元）。

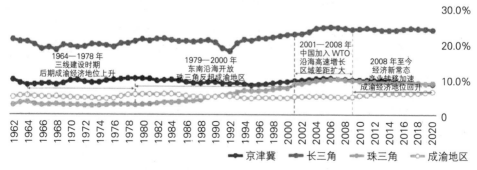

图 1 不同城市群 GDP 占全国比重变化

经济圈内发展极不平衡。经济圈内部人口和经济的空间分布差异显著，成渝两大核心城市人口规模超过千万，其他124个城市中100万以上的大城市仅6个，二级城市发育不足，小城市数量众多，大中小城市协调发展的网络化格局有待进一步培育。

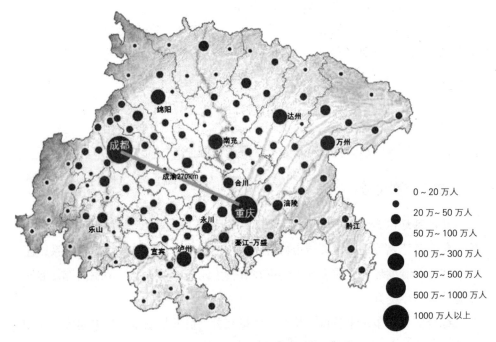

图2　成渝地区双城经济圈城镇体系结构

基础设施瓶颈依然明显。基础设施互联互通程度不高，重庆、成都与其他城市间的快速轨道交通仍在建设中，沿江港口建设缺乏统筹，三峡枢纽通过能力不足，以重庆、成都等为起点的中欧班列运输有待优化。

表1　不同都市圈、城市群核心城市间高铁通达最短时间

| 都市圈 | 核心城市1 | 核心城市2 | 高铁最短时间 |
|--------|-----------|-----------|--------------|
| 成渝地区双城经济圈 | 成都 | 重庆 | 1小时16分钟 |
| 长三角城市群 | 苏州 | 上海 | 23分钟 |
|  | 杭州 | 上海 | 54分钟 |
| 珠三角城市群 | 广州 | 深圳 | 29分钟 |
|  | 广州 | 珠海 | 57分钟 |

产业同质化竞争严重。产业大而不强、大而不优的问题突出，多数产业主要发展环节集中在附加值较低的生产制造、加工组装环节。经济圈内各城市主导产业布局相似，发展重点方向大同小异，成都、重庆两地产业结构相似系数达到 0.96，产业竞争大于合作（见表2）。

表2 成渝地区双城经济圈各城市产业结构相似系数

| | 重庆 | 成都 | 自贡 | 泸州 | 德阳 | 绵阳 | 遂宁 | 内江 | 乐山 | 南充 | 眉山 | 宜宾 | 广安 | 达州 | 雅安 | 资阳 |
|---|---|---|---|---|---|---|---|---|---|---|---|---|---|---|---|---|
| 重庆 | 1.00 | — | — | — | — | — | — | — | — | — | — | — | — | — | — | — |
| 成都 | 0.96 | 1.00 | — | — | — | — | — | — | — | — | — | — | — | — | — | — |
| 自贡 | 0.96 | 0.97 | 1.00 | — | — | — | — | — | — | — | — | — | — | — | — | — |
| 泸州 | 0.94 | 0.92 | 0.93 | 1.00 | — | — | — | — | — | — | — | — | — | — | — | — |
| 德阳 | 0.96 | 0.94 | 0.97 | 0.90 | 1.00 | — | — | — | — | — | — | — | — | — | — | — |
| 绵阳 | 0.95 | 0.97 | 0.98 | 0.93 | 0.98 | 1.00 | — | — | — | — | — | — | — | — | — | — |
| 遂宁 | 0.95 | 0.94 | 0.97 | 0.95 | 0.97 | 0.97 | 1.00 | — | — | — | — | — | — | — | — | — |
| 内江 | 0.94 | 0.91 | 0.95 | 0.94 | 0.97 | 0.96 | 0.98 | 1.00 | — | — | — | — | — | — | — | — |
| 乐山 | 0.88 | 0.86 | 0.91 | 0.81 | 0.94 | 0.91 | 0.93 | 0.94 | 1.00 | — | — | — | — | — | — | — |
| 南充 | 0.94 | 0.94 | 0.98 | 0.94 | 0.98 | 0.99 | 0.98 | 0.97 | 0.91 | 1.00 | — | — | — | — | — | — |
| 眉山 | 0.96 | 0.92 | 0.96 | 0.90 | 0.99 | 0.96 | 0.96 | 0.95 | 0.93 | 0.97 | 1.00 | — | — | — | — | — |
| 宜宾 | 0.88 | 0.88 | 0.95 | 0.86 | 0.95 | 0.94 | 0.92 | 0.94 | 0.93 | 0.94 | 0.94 | 1.00 | — | — | — | — |
| 广安 | 0.96 | 0.94 | 0.97 | 0.95 | 0.97 | 0.97 | 0.99 | 0.98 | 0.95 | 0.97 | 0.97 | 0.94 | 1.00 | — | — | — |
| 达州 | 0.89 | 0.85 | 0.92 | 0.85 | 0.93 | 0.89 | 0.92 | 0.95 | 0.98 | 0.90 | 0.92 | 0.95 | 0.96 | 1.00 | — | — |
| 雅安 | 0.97 | 0.91 | 0.94 | 0.91 | 0.92 | 0.91 | 0.92 | 0.91 | 0.89 | 0.90 | 0.94 | 0.90 | 0.95 | 0.93 | 1.00 | — |
| 资阳 | 0.93 | 0.94 | 0.96 | 0.91 | 0.97 | 0.97 | 0.99 | 0.97 | 0.96 | 0.97 | 0.95 | 0.93 | 0.98 | 0.93 | 0.89 | 1.00 |

科技创新水平仍待加强。成渝地区双城经济圈全社会 R&D 经费投入总量仅占全国总体投入的 5.8%，远低于长江中游地区的 9% 和长三角地区的 30%。经济圈内高端发展平台的谋划和建设竞争大于合作，与全国各地的高校、科研院所合作相对较少。

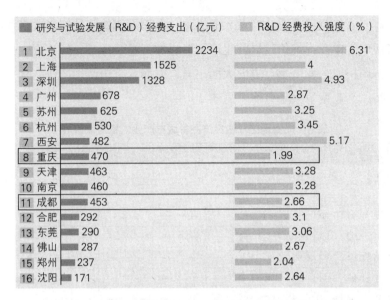

图3　2019年我国重点城市R&D经费支出与投入强度

## 二、长三角都市圈建设经验

综合考虑成渝地区双城经济圈发展实际，特别是成渝地区双城经济圈内表现出的"双极"效应和成都、重庆两市之间的联动发展特征，专门选取南京都市圈（南京是都市圈内核心城市，极化和扩散作用较为明显）与苏锡常都市圈（苏锡常三市联动协作效应较为突出）两种不同类型的都市圈，总结相关发展经验，以期针对性提出对成渝地区双城经济圈的相关启示和对策建议。

### （一）南京都市圈

南京都市圈以南京为中心、联系紧密的苏皖周边城市共同组成，在体制共建、设施联通、产业协同、环境共治等方面打造跨省融合发展典范。

体制机制。2013年，八市共同成立了南京都市圈城市发展联盟，明确了都市圈决策层、协调层、执行层三级运作机制。经济发展方面成立了南京都市圈智能制造发展联盟、城市广电协作联盟、新媒体联盟、公共博物馆合作联盟、物流标准化联盟、律师协会、城市印刷行业协会等。特别在合作区机制方面，就毗邻区域融合发展进行沟通衔接，研究了宁句特别合作区共建方案，启动了宁淮特别合作区建设。

基础设施。南京都市圈积极织密交通网络，南京与镇江、扬州、芜湖、马鞍山、滁州等市实现高铁或动车 1 小时内直达。宁句城际轨道交通工程等项目加快建设，宁马、宁合高速公路等国省干道快速化改造加快推进，建成宁滁快速通道，滁州市中心到南京河西新城只需 40 分钟车程。南京禄口机场在都市圈 7 市均建立异地候机楼，宁滁公交换乘中心投入运营，开通南京至马鞍山、镇江句容、扬州仪征的城际公交。

产业体系。加强创新资源辐射，南京大学、东南大学、南京邮电大学等多所高校在镇江、扬州、淮安、马鞍山、滁州等地设立高新技术研究院。优化产业分工体系，与滁州市加强制造业产业链分工协作，滁州汊河轨道交通装备产业园引进南京车辆零配件企业 112 家；与扬州市共同打造"宁扬绿色化工产业带"，加强高性能合成材料、高端专用化学品等领域合作；与淮安共建现代服务业集聚区，涵盖总部经济、电子商务、软件开发等产业。突出商贸物流合作，新街口商圈节假日客流量 40% 来自都市圈城市。

民生服务。基础教育方面，南京外国语学校、南京市琅琊路小学等分别在淮安、滁州设立分校。医疗卫生方面，南京多家三甲医院采取集团化运营、设立分院等形式与都市圈城市开展合作，南京都市圈统一预约挂号服务平台已全部完成 8 个城市对接工作，实现都市圈城市医学检验检查报告的异地查询。智慧民生方面，实现南京、镇江、扬州、马鞍山四市公交一卡通。社会保障方面，宁镇扬三市，居家养老购买服务取消了户籍限制，宁镇扬淮四市医疗保险结算平台与省医疗保险异地就医结算平台实现联网并投入使用。

## （二）苏锡常都市圈

苏锡常都市圈三地发展阶段相似、水平相近、文脉相通，积极构建空间融合、利益协调、价值认同的区域一体化发展新格局，携手打造具有国家功能和重要影响的大都市区。

联合推动区域重大政策制定协同互动。三地共同签署了《苏锡常一体化发展合作备忘录》，建立了一体化发展工作机制，并成功举办两届苏锡常一体化发展合作峰会，共同发布了《苏锡常一体化重点领域近期拟推进的主要工作牵头分工方案》。建立政策协同调控机制，共同推出各类人才引育、教育高质量发展等方面的重大政策意见。

联合推动区域科技创新资源协同共享。全面启动太湖湾科技创新带建设，做实做强苏南国家自主创新示范区，共同推动姑苏实验室、太湖实验室、龙城实验室等重大科技创新载体与超算中心、中科院纳米所、石墨烯创新中心等重大创新平台的资源共享。统筹整合区域内科教资源，共同发布关键共性技术需求，统一科技优惠政策。

联合推动区域产业发展机会协同互补。三地聚焦智能装备、物联网、集成电路、新材料、新医药等新兴产业，加快上下游产业衔接配套，增强核心技术自主可控能力。探索打造贯通苏锡常的文旅线路产品，加大常州太湖湾与无锡大拈花湾、苏州东太湖合作力度，首台（套）互认、"苏锡常畅游卡"、共建企业商会联盟等合作事项正在加速推进。

联合推动区域基础设施建设协同对接。三地统筹推动"路、水、空、管、光"五网衔接，建设覆盖城乡的高速铁路—城际铁路—市郊铁路—城市轨道联通融合的现代化快速交通体系。三市交通运输局联合签订《苏锡常综合交通运输一体化发展战略合作协议》，干线公路、轨道交通和快速路规划建设加快推进，普通公路启动互通。

## （三）长三角相关都市圈建设的相关经验启示

从发展模式来看，南京都市圈积极强化南京枢纽地位和辐射带动作用，推动南京作为特大城市与都市圈内大中小城市优势互补、协同发展。苏锡常都市圈则是多中心城市连绵区一体化发展，全面提升区域经济发展质量和能级。都市圈内的协同合作主要围绕体制机制、基础设施、产业体系、科技创新、民生服务等方面开展。

成渝地区双城经济圈的发展，一方面要借鉴南京都市圈的发展经验，考虑成都、重庆各自如何发挥极核作用带动成都都市圈、重庆都市圈发展。即成都、重庆要考虑整合区域资源、信息、资金、人才等要素，凭借强劲的经济实力、便捷的交通通信条件、高能级的开放合作平台等优势与周边区域形成经济共同体，共同参与区域乃至全球经济合作。同时，成渝通过自身产业迭代升级，对周边区域进行产业输出，形成具有影响力的产品或服务优势，探索建立"总部—制造基地"的区域合作链条。另一方面也要借鉴苏锡常都市圈的发展经验，以成渝联动推动成渝主轴节点城市强化功能协作，强化重庆都市圈和成都都市圈互动，推动渝东北、川东北地区一体化发展，推动川南、渝西地区融合发展，强化双城经济圈对促进川渝地区特色产业发展、基础设施建设、公共服务均等化的引领带动。探索建立重大政策协同、重点领域协作、市场主体联动机制，在产业发展、公共服务、生态环保等领域探索建立符合高质量发展要求的利益共享机制。

## 三、推动成渝地区双城经济圈高质量发展的相关建议

全面贯彻习近平新时代中国特色社会主义思想，深入学习贯彻习近平总书记关于推动长三角一体化发展重要讲话指示批示精神，把握新发展阶段、完整准确全面贯彻新发展理念，服务构建新发展格局，以促进成渝地区双城经济圈一体化发展为导向，以推动成渝地区双城经济圈高质量发展为主要目标，以打造两地富有竞争力融合发展载体、平台为着力点和突破口，深入学习借鉴南京都市圈和苏锡常都市圈的相关经验，做好"能、通、峰、融"四篇文章，着力提升经济圈城市发展能级，推进基础设施互联互通，着力提升产业协同创新水平，着力完善一体化的融合环境，为更好地推进成渝地区双城经济圈发展夯实基础。

### （一）立足于"能"，加快构建一体化的区域协同新格局

经济圈发展的重点在于核心城市，核心城市发展的重点在于如何与经济圈内相关城市进行协作联动。成渝地区双城经济圈一是要学习南京都市圈的经验，在城市极化的过程中加大要素的扩散，着力塑造双核引领的多中心、多层级、多节点网络型城市群结构。不断提升成都和重庆主城发展能级，以人为本推动新型城镇化，助力乡村振兴，优化国土空间格局，提升居民幸福感。二是要学习苏锡常都市圈经验，增强经济厚度，发挥城市辐射带动作用，以建设现代化都市圈为抓手，深入推进成渝相向发展战略，串联带动成渝中部地区发展，切实解决成渝"中部塌陷"问题。推动渝东北、川东北一体化以及川南、渝西地区融合发展。着力推动次中心区域建成支点，推动城市协同发展，实现城市功能、城市韧性与都市圈扩容。

### （二）立足于"通"，着力完善支撑一体化的基础设施新布局

经济发展，交通先行。成渝地区双城经济圈未来发展需要以更高站位和视野，树立"大交通"理念，加大成都、重庆以及经济圈内相关城市之间的合作，加快构建形成高效便捷的互联互通交通体系，打造我国西部地区重要的区域一体发展示范样板。一是围绕核心城市、都市圈和城市圈三个层面，不断增强核心城市枢纽能级，推动建立"点对点、门对门"的城市生活交通圈。二是构建直连直通的都市圈一体化通勤网，推进都市圈地铁同城化和城铁、客运公交化。构建"轨道上的经济圈"，改造"成渝高速水路"、合力建设"世界级机场群"，持续打造城市群立体化、多层次、内联外引的快速运输网络。三是瞄准数字新基建，推进骨干网、城域网、接入网等升级改造，部署建设下一代互联网（IPv6）、5G应用试点、云计算等新一代信息基础设施，推动基础设施智能化、绿色化发展，加大基础设施数据的集成应用，构建现代化基础设施体系。

### （三）立足于"峰"，全面构建一体化的现代产业新体系

都市圈城市群一体化发展，核心在产业，关键在产业链，只有产业的区域协作分工、产业链供应链的区域组织，才有区域一体化的发展，进而形成规模效应。成渝地区双城经济圈需要围绕两地电子信息、汽车、装备制造以及其他新兴产业，按照产业链发展思维，推动区域城市间产业深化合作，对接、嵌入都市圈产业链。一是要强化城际产业链分工，整合成渝共有优势的汽车、电子信息、装备制造等产业资源，深化产业链、产品链合作，形成水平型的产业分工格局。推进联合研发和配套协作，提升信息设备终端产品在全球的市场地位，提高装备设计、制造和集成能力，形成区域间产业垂直分工体系。二是要发挥重庆配套产业体系全的优势，打造成渝汽车零部件配套产业体系；发挥成都研发创新能力强的优势，打造成渝汽车产业研发中心，构建不同类型和层次的城际产业链。三是要以成都、重庆为中心，强化现代服务业与先进制造业融合发展，打造现代物流、现代金融、商贸服务、科技服务等现代服务业集群。

### （四）立足于"融"，营造形成一体化的区域发展体制机制

聚焦成渝地区双城经济圈的一体化高质量发展，加快推动经济圈内相关

城市积极探索、创新实践，推动成都、重庆两座核心城市，以及与经济圈内大中小城市之间深化联动，推动区域在产业协作、平台协作、人才协作、交通协作以及规则对接等方面的融合发展，构建形成融合发展、一体发展的协商、规划、决策机制。一是主动营造"蛋糕做大"的合作契机，在规划对接、交通互联、信息互通、产业互补、生态共治、平台共建、市场共享等领域，共同策划跨区域合作重大项目库，并积极争取区域性重大基础设施项目、产业化项目、生态环保项目纳入川渝省级和国家级重点项目库。二是建立跨区域产业协作平台和企业家联盟，促进总部经济发展，支持企业跨区域兼并重组，促进跨区域项目联合推动，深化园区合作共建，鼓励飞地经济发展。三是推动经济圈内基本公共服务标准化、便利化，共享教育文化体育资源，推动公共卫生和医疗养老合作，健全应急联动机制。

## 【参考文献】

①毛中根，卢飞.打造中国经济"第四极"的逻辑及建议 [N].参考经济报，2022-01-18.

②成都市经济发展研究院.以都市圈建设为突破推动成渝地区双城经济圈城镇体系优化[EB/OL].http://www.cdeic.net/go-a718.htm.

③成都市经济发展研究院.以集群化发展为抓手推动成渝地区双城经济圈产业协同共兴[EB/OL].http://www.cdeic.net/go-a719.htm.

④中规智库.成渝地区高质量发展与高品质生活年度观察 [EB/OL].http://www.caupd.com/think/zixun/detail/891.html.

⑤肖金成，汪阳红，张燕.成渝城市群空间布局与产业发展研究 [J].全球化，2019(8)：30-48.

⑥陈林.成渝双城经济圈何以成为第四极 [EB/OL].http://www.urbanchina.org/content/content_8123366.html.

⑦阎星，姚毅.高质量建设成渝地区双城经济圈 [EB/OL].http://cddrc.chengdu.gov.cn/cdfgw/ztlm032001001/2020-04/01/content_8b0cb2db578f49819bf2c5b3d6762487.shtml.

⑧姚作林，涂建军，牛慧敏，哈琳，李剑波.成渝经济区城市群空间结构要素特征分析 [J].经济地理，2017,37(1)：82-89.

⑨史育龙，潘昭宇.成渝地区双城经济圈空间格局优化研究 [J].区域经济评论，2021(4)：127-134.

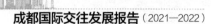

成都国际交往发展报告（2021—2022）

⑩群众杂志社调研组．构建苏锡常一体化高质量发展新格局 [J]．群众，1998(3)：167-173.

⑪刘西忠．南京提升首位度中心度的战略选择 [J]．应用研究，2019(2)：167-173.

⑫南京市发展和改革委员会．南京都市圈：从区域协同走向区域一体化 [EB/OL].http://www.tzzzs.com/type_qycz/39755.html.

# 粤港澳大湾区都市圈建设经验对成渝地区双城经济圈的启示

戴永红　付　乐　张　琳[*]

【摘要】成渝地区双城经济圈位于"一带一路"和长江经济带交汇处，是西部陆海新通道的起点，具有连接西南西北，沟通东亚与东南亚、南亚的独特优势。区域内生态禀赋优良、能源矿产丰富、城镇密布、风物多样，是我国西部人口最密集、产业基础最雄厚、创新能力最强、市场空间最广阔、开放程度最高的区域，在国家发展大局中具有独特而重要的战略地位。走在全国发展前列的粤港澳大湾区是我国开放程度最高、经济活力最强的区域之一，其位于长江经济带的尾部，也是海上丝绸之路的起点。发达的港口城市圈内连长江之源，外接东欧、北美、东南亚等地，在交通发展、城市合作、产业集群、人才汇纳、科学管理以及区域协同等各方面都有极其宝贵的经验与成就，对成渝地区双城经济圈的建设具有重要启示意义。

【关键词】粤港澳；大湾区；高质量发展；区域一体化

## 一、粤港澳大湾区基本情况概述

粤港澳大湾区（Guangdong–Hong Kong–Macao Greater Bay Area，GBA），位于中国华南地区，由香港、澳门两个特别行政区和广东省广州、深圳、珠海、佛山、惠州、东莞、中山、江门、肇庆9个珠三角城市组成，总面积5.6万平方公里。"粤港澳大湾区"从学术界的讨论到地方政策的考量，再到2019年国家战略的提出，历时20余年。1994年，时任香港科技大学校长吴家玮首倡对标

---

* 戴永红，深圳大学外国语学院、区域国别与国际传播研究院、中国海外利益研究中心教授；付乐，深圳大学传播学院政治传播学博士研究生；张琳，四川省社会科学院新闻传播学硕士研究生。

旧金山，建设深港湾区。此后 20 多年以来，粤港澳地区一直作为我国改革开放的最前沿地带，引领我国经济发展。

2019 年 2 月 18 日，中共中央、国务院印发《粤港澳大湾区发展规划纲要》。随后，各级政府相继出台 231 部粤港澳大湾区相关政策，主要分布在就业创业（23%）、财税支持（13%）、科技创新（11%）等领域，以支持大湾区的发展①。按照规划纲要，粤港澳大湾区发展有了更加清晰明确的目标与前进方向，也因此迅速成长。据 2020 年《全球创新指数报告》发布的创新集群百强中，"深圳—香港—广州创新集群"，排名全球第 2 位，仅次于"东京—横滨"。2021 年粤港澳大湾区经济总量约 12.6 万亿元人民币，比 2017 年增长约 2.4 万亿元人民币；进入世界 500 强企业 25 家，比 2017 年增加 8 家；广东省现有高新技术企业超过 6 万家，其中绝大部分都在粤港澳大湾区，比 2017 年净增加 2 万多家。②2021 年广东省高技术制造业增加值增长 6.9%，占规模以上工业增加值比重 29.9%；其中，受疫情影响，国内外对防控物资的需求仍处于高位，生物药品制造、卫生材料及医药用品制造分别增长 44.3%、28.0%。先进制造业增加值增长 6.5%，占规模以上工业增加值比重 54.2%③。2021 年广东省工业机器人增长 56.5%，集成电路增长 30.3%，新能源汽车增长 155.6%，电子及通信设备制造业投资增长 34.4%。④

大湾区综合实力在近两年显著增强，粤港澳地区间合作更加深入，三地民众获得感更加充实。粤港澳大湾区建设取得阶段性显著成效，不仅使得区域内飞速发展，还促使中国区域经济建设朝国际一流湾区和世界级城市群建设迈出坚实步伐。

---

① 光明时政，《数说粤港澳大湾区政策数据分析报告》，2021-04-23.[EB/OL].https://politics.gmw.cn/2021-04/23/content_34789318.htm.

② 新华社广州，《2021 粤港澳大湾区经济总量约 12.6 万亿元人民币》，2022-04-19.[EB/OL].http://www.news.cn/gangao/2022-04/19/c_1128575423.htm.

③ 广东统计信息网，《2021 年广东经济运行情况分析》，2022-02-22.[EB/OL].http://stats.gd.gov.cn/tjfx/content/post_3817611.html.

④ 广东统计信息网，《2021 年广东经济运行情况分析》，2022-02-22.[EB/OL].http://stats.gd.gov.cn/tjfx/content/post_3817611.html.

## 二、粤港澳大湾区建设基本经验

### （一）战略定位

按照《粤港澳大湾区发展规划纲要》，粤港澳大湾区不仅要建成充满活力的世界级城市群、具有全球影响力的国际科技创新中心、"一带一路"建设的重要支撑、内地与港澳深度合作示范区，还要打造成宜居宜业宜游的优质生活圈，成为高质量发展的典范[①]。

粤港澳大湾区以香港、澳门、广州、深圳四大城市为核心引擎，将香港定位为全球离岸人民币业务枢纽、国际金融、航运、贸易中心并加以强化；将澳门定位为世界旅游休闲中心、中国与葡语国家商贸合作服务平台、中华文化与世界文化的交流基地；将广州定位为国家中心城市和综合性门户城市、国际商贸中心、综合交通枢纽、科技教育文化中心、国际大都市；将深圳定位为经济特区、全国性经济中心城市和国家创新型引领城市、现代化国际化城市、具有世界影响力的创新创意之都。以此为基础，加强香港—深圳、广州—佛山、澳门—珠海三组城市强强联合，深化港深、澳珠合作，加快广佛同城化建设。同时联动广州南沙、珠海横琴和深圳前海三大自贸区，辐射珠三角九市，促进区域内协同发展与国内外合作共赢。

### （二）产业集群

粤港澳大湾区深化供给侧结构性改革，着力培育发展新产业、新业态、新模式，支持传统产业改造升级，加快发展先进制造业和现代服务业，瞄准国际先进标准提高产业发展水平，促进产业优势互补、紧密协作、联动发展，培育若干世界级产业集群。

湾区依托香港、澳门、广州、深圳等中心城市的科研资源优势和高新技术产业基础，充分发挥了国家级新区、国家自主创新示范区、国家高新区等高端要素集聚平台作用，联合打造一批产业链条完善、辐射带动力强、具有国际

---

① 中华人民共和国中央人民政府，《中共中央、国务院印发〈粤港澳大湾区发展规划纲要〉》，2019-02-18.[EB/OL].http://www.gov.cn/zhengce/2019-02/18/content_5366593.htm#1.

竞争力的战略性新兴产业集群，增强经济发展新动能。继传统支柱产业制造业后，推动新一代信息技术、生物技术、高端装备制造、新材料等发展壮大为新支柱产业。大湾区协同重点发展高端制造业、新兴产业，同时利用产业链的互利互补实现城市间的分工协同发展。①

以广佛同城为例，近年来两地大力共建先进装备制造、汽车、新一代信息技术、生物医药与健康4个万亿级产业集群，凸显了"广州服务+佛山制造"的协同效应。在汽车领域，广佛重点发挥广汽集团、一汽大众（佛山）等龙头企业引领作用，在整车及零部件产业链开展合作，重点培育出了小鹏汽车等造车新势力，促进了汽车产业创新能力的提升。以东莞和深圳为例，松山湖科学城与光明科学城携手共建综合性国家科学中心，这意味着，莞深两城的产业合作已从传统的工厂协同迈向了更高层次的科创合作。

此外，联动物流、制造等行业大力发展海外贸易。2021年，广东外贸进出口总额82680.3亿元，同比增长16.7%，两年平均增长7.5%。总量从7万亿元上升到8万亿元只用了4年时间，比总量从6万亿元上升到7万亿元的时间缩短了3年，外贸第一大省地位进一步稳固。在海运运力紧张的情况下，粤港澳大湾区中欧班列开行数创历史新高辐射亚欧15个国家20余个城市，运送物资涵盖数码产品、家用电器、纺织服饰等上千种产品，为广东外贸发展保驾护航、贡献力量。

## （三）人才战略

目前，粤港澳大湾区的人才集聚优势主要体现在香港和澳门等地，以高等学校、科研院所和产业发展等优势因素吸引现代化国际化的高端精英人士，内地珠三角城市群的人才集聚水平相对较低。从人才分布密度来看，粤港澳大湾区人才密集区也主要集中在香港、澳门、广州、深圳四大中心城市，湾区内其他城市人才辐射功能尚待加强。

人才聚则产业兴，产业旺则人才聚，粤港澳地区的产业汇聚离不开各行各业人才的支撑。湾区内各地政府也不断出台政策吸引人才"留湾""来湾"。其中，横琴粤澳深度合作区制定吸引和集聚国际高端人才的政策措施，大力吸引

---

① 李振：《粤港澳大湾区万亿城市圈集结成型 互联互通与产业协同双向进击》，《南方财经》，2022年2月18日。

"高精尖缺"人才，对符合条件的国际高端人才给予进出合作区高度便利。广州南沙出台《广州南沙新区创建国际化人才特区实施方案》，打造全国首个"国际化人才特区"。通过高校、科研院所、跨国公司吸引国际科研人才。依托港澳两大国际化平台，吸引全球科技领军人才积极参与大湾区科技合作计划或学术研讨活动。以建设粤港澳大湾区综合性国家科学中心为契机，加强与全球的科技合作，聘请全球顶尖科学家到湾工作。据《粤港澳大湾区数字治理研究报告2022》指出，粤港澳大湾区人才受教育水平丰富且受教育水平普遍较高，人才储备实力雄厚。湾区内高等院校170所，其中世界百强大学5所，人才平均数字化程度达26.98%，具有国际教育背景的人才超过25%，30%以上具有研究生及以上学历①。

### （四）科学管理

设立统一的"湾区标准"。2021年，广东省在市场监管领域出台服务粤港澳大湾区建设16条创新举措；发挥粤港澳大湾区标准化研究中心作用，制定食品、粤菜、中医药、交通、养老等23个领域共70项首批"湾区标准"；牵头召开反不正当竞争执法、公平竞争审查、扶持个体工商户发展、消费者权益保护、计量工作等联席会议，实现了部分领域高频政务服务事项"省内通办、湾区通办、跨省通办"②。

营商环境向好变化。自《粤港澳大湾区发展规划纲要》实施以来，粤港澳大湾区各城市间的营商环境正在发生向好转变。营商环境随着各种优化粤港澳大湾区营商环境政策的落实不断"便利化"。精简办事材料，政务数据共享等便民措施使其办税与外商投资都更为便利。创业环境不断优化。珠海横琴新区出台的《关于进一步支持澳门青年在横琴创新创业的暂行办法》，32条优惠政策，从资金扶持、平台搭建、人才奖励、创业环境优化等方面支持港澳台青年在横琴创新创业。

---

① 普华永道，中山大学数字治理研究中心：《粤港澳大湾区数字治理研究报告2022》[EB/OL].https://www.pwccn.com/zh/research-and-insights/greater-bay-area/digital-governance-report-2022.pdf，第11页。

② 央广网，《广东2021年制定70项"湾区标准"》，2022-01-10.[DB/OL].http://www.cnr.cn/gd/guangdongyaowen/20220110/t20220110_525711586.shtml.

建设服务型数字政府。依托 5G 等先进技术，粤港澳大湾区积极打造高效数字政府，简化项目申报、涉税服务的办理流程，提高办事效率；建设阳光政府，项目办理和审批流程实施公布、方便群众查阅与监督；建设整体政府，破除区域内各政府壁垒，建设城市社区；搭建智慧政府，全局感知区域内建设，打通区域内数据库，将都市圈动态一目了然。

## （五）区域协同

不断完善的区域协同制度环境。粤港澳大湾区不断整合与完善跨境协作机制，设置专责小组进一步完善三地规则衔接，协商制定统一的制造技术标准、行业规范、财政金融政策、环境友好政策等，从而为湾区内要素自由流动扫除障碍。与此同时，推进"互联网＋政务服务"模式，打破"信息孤岛"，提高行政服务效率。逐步推动实施针对港澳在金融、教育、电信、中医药、建筑等领域的特别开放措施，研究进一步取消或放宽对港澳投资者的资质要求、行业准入等限制，进一步刺激粤港澳三地的融通发展。

差异化的产业集群协同效应。粤港澳大湾区深入区域产业规划，在同步发展制造业与新兴产业之际做好区域内差异化发展，规避城市之间的产业同质恶性竞争，建立起区域协同、错位发展的统一大市场，促进要素流动，降低交易成本。近年来，三地基于各自的优势产业，寻求产业的结合与分工，培育基于利益共享的产业价值链，协调区域产业利益，实施差异化战略，错位发展。通过高效的产业集聚和完善的产业配套带动区域协同发展。

愈加便利的基础设施网络建设。伴随着港珠澳大桥、广深港高铁、虎门二桥、穗莞深城际隧道、深中通道（预计 2024 年通车）先后通车，实现区域内"1 小时"往来。此外，三地围绕建设世界级机场群的目标，打造"5+4"骨干机场体系，适当增加支线机场布点，形成了以珠三角机场群为核心，粤东粤西机场为两翼，覆盖粤北的民用运输机场体系。粤港澳大湾区将继续整合优化粤港澳大湾区内铁路、公路、水路、民航等基础设施，形成湾区内互联互通、协同发展，区域外辐射国内外的综合交通运输网。

## （六）总结

粤港澳大湾区是我国进一步改革开放的最前沿地带，自 2019 年以来，其建设发展取得了一定成果。从营商环境来看总体向好，湾区一体化、标准化、数字化管理效果显著，但特殊的实际情况要求更进一步建设法治政府。在产学研方面，湾区借鉴港澳经验，利用港澳科研优势，推动了高校与企业发展更多合作模式。在人才集聚方面，粤港澳大湾区可利用产业转型建设人才高地，并重视引进国际化人才。在区域协同方面，要致力打造完善的制度环境，为湾区内要素自由流动扫除障碍，区域内做好产业规划，错位发展，通过高效的产业集群带动区域协同发展，为成渝地区双城经济圈建设提供了宝贵经验。

## 三、粤港澳大湾区建设经验对成渝地区双城经济圈的启示

### （一）成渝地区双城经济圈建设的现状及挑战

#### 1. 现状

当前，成都正加快构建以电子信息、装备制造、医药健康、会展经济、现代物流等为主导的"5+5+1"现代化产业体系。重庆正加快推动汽车、摩托车、生物医药、消费品等支柱产业迭代升级，加快壮大"芯屏器核网"全产业链。

具体而言：一是电子信息技术产业各有优势，但存在竞争。成都基本形成了"集成电路—新型显示—整机终端—软件和信息技术服务"的产业链，而重庆则构建起芯片、软件、整机、系统、信息服务全产业链。尽管成都在软件方面更胜一筹，重庆的优势则在于硬件制造方面，但两市在产业链嵌入环节方面仍然存在直接竞争。二是汽车产业，重庆产业基础扎实体系完备。成都虽然已初步形成汽车五大总成配套体系，并加快发展新能源和智能网联汽车整车产业，但与重庆相比差距相对较大。目前，重庆正加快向中高端、电动化、智能化、共享化方向转型，汽车产能规模、本地配套率等指标大幅领先成都。三是高端装备制造业，成渝两地错位发展特征明显。成都在航空航天、轨道交通、装备制造、智能制造、能源环保等领域具备技术优势，加快推动15个装备制造产业相关功能区专业化、差异化、高端化发展，力争打造万亿级高端装备制造产业基地。重庆则在数控机床、3D打印、激光制造装备等领域处于领先地位，大力发展高端化、智能化、成套化装备产品，推动机器人批量生产和数控机床提档升级。四是生物医药产业，成都发展势头迅猛。成都已成为全国

第4个拥有获批进口生物制品（含批签发品种）口岸的城市，目前正大力支持新药研发、医疗器械研发、仿制药发展以及药品新增适应证等，加快完善要素供给和服务保障体系，打造国际生物医药供应链中心。五是生活性服务业，成都仍然占据中心地位。

### 2. 挑战

产业发展集中大城市且同质化。产业协同更多局限于重庆、成都两大中心城市与周边次级城市之间，区域内产业发展不均衡。此外，成渝两地之间产业同构化、同质化特征仍然较为明显，从两地重点发展的主导产业领域看，电子信息、汽车制造、生物医药等产业竞争日益激烈。

高新技术人才储备不足。成渝两地深入我国西部内陆地区，相对于东部沿海地区而言，高等院校分布不均、高水平院校较少，且国际化人才稀缺，区域内人才培养能力有待提高。同时区域内人才集中在成都、重庆主城区，区县人流稀少、经济发展不均，无论是人才培养能力还是人才吸引力度上，都缺乏竞争力。

联盟过多缺乏科学管理。自成渝地区双城经济圈建设以来，成都、重庆两地形式快过内容，纷纷搭建合作平台，先后成立成渝地区双城经济圈高校联盟、时尚产业联盟、中医药发展联盟、高校艺术联盟、物流供应链联盟、区县文旅联盟、国家高新区党建联盟等诸多联盟。一方面暴露出联盟杂多、分散且不易管理的弊端；另一方面大部分联盟内部管理机制缺失，缺乏统一的、科学的、便于项目开展与实施的管理体系。

交通网络建设压力较大。成渝地区由于地理因素，交通网络等基础设施建设存在一定难度。成渝地区群山环绕且邻近青藏高原，地形地势复杂。成渝地区双城经济圈内各城市间交通建设工程难度较大，交通网络尚未完全联通。此外，西部地区海拔较高、地势起伏较大，经济发展相对落后，成渝地区双城经济圈内部发展与带动区域发展的重任首先落在打通西部交通网络上。

## （二）粤港澳大湾区建设经验对成渝地区双城经济圈的启示

### 1. 发挥地缘优势的战略定位

加强顶层设计和统筹协调，牢固树立一体化发展理念，唱好"双城记"，共建经济圈，合力打造区域协作的高水平样板，将成渝地区双城经济圈建设成具有全国影响力的重要经济中心和科技创新中心。在推进新时代西部大开发中发挥支撑作用，在共建"一带一路"中发挥带动作用，在推进长江经济带绿色发展中发挥示范作用，促成其成为改革开放新高地和高品质生活宜居地。

依据成渝两地特色，对两地分别定位，其中：

重庆。以建成高质量发展高品质生活新范例为统领，在全面深化改革和扩大开放中先行先试，建设国际化、绿色化、智能化、人文化现代城市，打造国家重要先进制造业中心、西部金融中心、西部国际综合交通枢纽和国际门户枢纽，增强国家中心城市国际影响力和区域带动力。以长江、嘉陵江为主轴，沿三大平行槽谷组团式发展，高标准建设两江新区、西部（重庆）科学城等，重塑"两江四岸"国际化山水都市风貌。

成都。以建成践行新发展理念的公园城市示范区为统领，厚植高品质宜居优势，提升国际国内高端要素运筹能力，构建支撑高质量发展的现代产业体系、创新体系、城市治理体系，打造区域经济中心、科技中心、世界文化名城和国际门户枢纽，提升国家中心城市国际竞争力和区域辐射力。高水平建设天府新区、西部（成都）科学城等，形成"一山连两翼"城市发展新格局。

### 2. 形成产业集群强效应模式

规划产业集群，引导差异化发展。成渝地区双城经济圈需进一步做好区域产业规划，规避城市之间的产业同质恶性竞争，建立起区域协同、错位发展的统一大市场，促进要素流动，降低交易成本。一方面，推动成都、德阳共建重大装备制造基地，打造成德临港经济产业带。加快天府新区成都片区和眉山片区融合发展，打造成眉高新技术产业带。促进成都空港新城与资阳临空经济区协同发展，打造成资临空经济产业带。推动成都东进，以促进制造业高质量发展为重点将成都东部建成与重庆联动的重要支点。另一方面，支持永川建设现代制造业基地和西部职教基地，支持合川加快发展网络安全产业、推动建成区域性公共服务中心，推进綦江、万盛一体建设西部陆海新通道渝黔综合服务区和渝黔合作先行示范区，打造重庆中心城区辐射带动周边的战略支点。

长短期规划，促成优势产业合作。短期内，两地应基于各自的优势产业，寻求产业的结合与分工，培育基于利益共享的产业价值链，协调区域产业利益，实施差异化战略，错位发展。通过高效的产业集聚和完善的产业配套带动区域协同发展。积极主动融入全球创新网络，创新数据管理机制，在国家标准和行业标准中发挥行业联盟的优势，指导产业集群的优化升级。长期来看，在发展各自优势产业的同时注意避免同质化与区域内竞争，有意识地发展产业集群带。培育竞争优势突出的现代产业体系，发展富有巴蜀特色的多元消费业态，打造西部金融中心、国际消费目的地，共建全国重要的先进制造业基地和现代服务业高地。

### 3. 深化人才引进与培养方案

人才是社会经济发展的第一资源，粤港澳大湾区针对其人口特点，发挥高素质国际化人力资源作用，使跨国精英成为湾区发展的重要阶层，为湾区带来了庞大的人力资本，大大加快了粤港澳大湾区的国际化进程。

成渝地区双城经济圈人才培养能力与吸引政策相对匮乏，因此需要加大对这两方面的投入。一是政府通过优惠政策吸引区域内人才就地就业、吸纳国内外优秀人才来渝、入川。一方面，通过资金、住宿等物质支持，采取合理且具有发展前景的职业规划与晋升机制吸纳人才；另一方面，充分发挥成都、重庆的网红城市效应在吸纳国内外人才中的作用，积极推动创新创业人才的培育和相关平台的发展。二是解决区域内教育发展不平衡、发展能力待提高的现实问题，通过与国内外高校、教育机构、培训机构合作，共建高水平技术研发机构和人才培养机构，促进区域内人才专业化、可持续化发展。三是与企业合作，推动区域内产学研深入发展。一方面，鼓励在校学生利用寒暑假积极实习，将理论与实践融会贯通、学以致用；另一方面，促使企业贡献就业岗位、配合企业培训高素质人才，实现高素质人才迅速高效就业。形成区域内企业投入资金、政府积极支持、高校立足研发的政校企联合模式，促进人才可持续发展，推动创新成果转化和科技研发水平提高。

### 4. 建设现代政府科学管理体系

法律法规建设。目前成渝地区双城经济圈营商法治化建设仍须努力。政府要构建起以信用为核心的新型市场监管体制，建立守信联合激励和失信联合惩戒制度；要完善综合行政执法和行政检查制度，着重解决多头执法、重复执法等问题；要把握好行政执法中的自由裁量权，推行柔性执法制度，避免行政权力的滥用，避免地方保护主义；要进一步完善行政权力监察监督与刑事司法衔接制度，及时纠正违法行政行为，避免权力滥用导致的地方保护主义破坏成渝地区双城经济圈的营商环境建设。

科学管理体系。设置成渝地区双城经济圈双城办，将各个联盟统一管理、科学规划，避免分散、单打独斗。建立统一管理权威平台，分工业、科技、文旅等板块，将项目申报到实施一体化管理。制定统一的"成渝地区双城经济圈标准"，抓好资格互认等政策的落地，加快探索并实施经成渝两地协同一致、社会普遍认可的专业服务"成渝地区双城经济圈标准"，为人才引进与发展、项目活动落地与开展、区域内外的经济发展等提供统一的管理办法与优惠政策。

服务型管理模式。加快成渝地区双城经济圈政府协同管理，破除壁垒，加强跨省、跨区域合作。促进服务型政府建设，深化"放管服"，进一步优化政务服务大厅功能。强化末端执行力建设，突出"以结果体现执行力"的实干导向，建立健全重点项目、重点工作高效办理机制，优化办事服务流程。

智慧都市圈建设。依托5G、人工智能等新兴先进技术，实时收集和管理成渝地区双城经济圈内各城市发展数据，打通各城市间数据壁垒，实时呈现区域内发展动态，将数据成果反馈给区域内各级政府、企业与民众，促成多方资源高效匹配与长期合作，在便利日常生活、经济合作以及对外发展的同时减少不必要的资源浪费。

### 5. 引领区域协同发展

一是双城协同、权责分明。精准协调成渝及周边区县定位，按照当地发展态势与优势，做好资源分配，按照地区发展状况适当倾斜资源。避免"大城市病"，以重庆都市圈、成都都市圈为核心，一方面推进重庆向西发展，提升荣昌、铜梁、大足、潼南特色化功能，建设与成都相向发展的桥头堡；另一方面推动成都东进，推动广安全面融入重庆都市圈，打造川渝合作示范区，同时以促进制造业高质量发展为重点将成都东部建成与重庆联动的重要支点。加强川渝合作，推动渝东北、川东北地区一体化发展，促进川南、渝西地区融合发展。

二是打通联系脉络。首先，搭建全域城市社区，促进区域内各城市共同发展；向东依托长江沿岸、"一带一路"培植内陆的城市网，联通国内市场；向西打通"一带一路"走向欧亚国际市场。其次，区域内数字化管理，内部人才流动、资金往来、办事流程简便，高效协作。经济层面，打造成渝地区双城经济圈"经济共同体"，建立开放、共同的商品和要素市场，减少各种有形和无形的经贸壁垒，促进区域内资源的优化配置和产业分工，成为各种生产要素自由流动最畅通、最活跃的地区。社会层面，区域内各市在社会、教育、文化、卫生、公共服务等方面逐步相互融合，融为一体，使两地全体居民都能分享经济发展的成果，成为人民富裕程度最高、文明程度最高、公共服务最完善的区域。在对外层面，带动成渝及周边城市进一步在经济、社会等方面与港澳接轨、与世界接轨，尽快融入世界经济体系，成为全球贸易、服务、电子信息技术、制造业、先进材料业、农业发展高地，成为我国走进西欧、南亚、非洲，联系世界的连接地带。

三是加强内外合作，携手打造国际一流营商环境。探索推动行政审批事项互通互认，打破市场准入、人才流动、资本流通等行政壁垒，加快建立成渝两市企业自由注册、迁移服务机制。推动东数西算，联动粤港澳大湾区，加强长江流域沿途合作，做好"一带一路"合作发展的起点工作。进一步优化口岸营商环境，建立健全成渝两地间大通关机制，优化国际贸易服务功能，发展多式联运物流支撑，加强信息互换、监管互认、执法互助，探索促进成渝两地协同开放的新路径。

四是推动重庆、成都都市圈相向发展。依托成渝北线、中线和南线综合运输通道，夯实成渝主轴发展基础，强化重庆都市圈和成都都市圈互动。支持遂宁与潼南、资阳与大足等探索一体规划、成本共担、利益共享的建设模式。强化都市圈辐射作用，带动成都平原一体化发展，把绵阳、乐山打造为成都平原区域中心城市，支持雅安建设绿色发展示范市，支持黔江建设渝东南区域中心城市。

## 四、总结

成渝地区双城经济圈有特殊的区位优势，既是中国西部改革开放高地、"一带一路"的重要起点、长江经济带的源头区域，更是一个可到达西欧、连接南亚、深入非洲的核心枢纽。因此，成渝地区双城经济圈的建设应积极把握"一带一路"建设的契机，长江经济带地理机缘，发挥其区位优势与早期的产业积累，构筑丝绸之路经济带和21世纪海上丝绸之路对接融汇的重要支撑区。

目前成渝地区双城经济圈的发展规划正处于不断调整修正的过程中，政府在制订规划时，可适当向第三方机构寻求专业科学的建议，听取多方意见，使规划和决策具有科学性和参与性。与各世界性区域协同发展相比，成渝地区双城经济圈的营商环境仍有较大的进步空间，其开放程度、基础设施条件、社会服务状况、法律法规制定等营商环境指数需要逐步提高，仍需要进一步打造开放和竞争的市场环境，稳定透明的政务环境以及公平公正的法治环境。与东部经济活跃的都市圈相比，我国西部经济发展潜力巨大，但同时面临的挑战亦是加倍，需要从人才吸纳、交通网络建设、科学管理以及协同各方面入手，一方面以国内粤港澳大湾区等区域发展的成功经验为基础，另一方面因地制宜，根据成渝地区双城经济圈内部实际情况，做好战略规划，又快又好发展。

# 成都都市圈建设的现状、问题及对策

程　翔*

【摘要】作为国家层面正式批复的第三个都市圈，成都都市圈承担着重大的历史使命，既是四川经济核心区，也是推动西部地区经济社会发展的重要增长极。成都都市圈的经济发展优势明显，在基础建设、产业协作、对外开放等领域保持着紧密合作，但在要素分布、县域经济发展以及体制机制协同发展等方面仍存在不足。成都都市圈应从促进要素自由流动、发挥成都极核与主干功能、扩大产业分工以及积极融入成渝地区双城经济圈等方面加强建设，抢抓重要发展机遇，建成西部最具活力的都市圈。

【关键词】成都都市圈；同城化；成渝地区双城经济圈

2013 年 4 月 16 日，四川省政府出台的《四川省主体功能区规划》指出，2020 年前四川省基本形成主体为"一核、四群、五带"的城镇化战略格局，"一核"即成都都市圈。成都都市圈作为四川经济核心区，是推动西部地区经济社会发展的重要增长极，承担重大的历史使命，在整个西部地区，是关键的经济中心，在全国范围内，承担着金融中心、商贸物流中心、综合交通枢纽等重要职责。除此之外，成都都市圈还是农产品加工基地、科技创新产业化基地和先进制造业基地。

2021 年 11 月 29 日，经国家发改委正式批复，四川省政府正式印发《成都都市圈发展规划》。成都都市圈是以成都为中心，和德阳、眉山、资阳共同组成，是国家层面继南京都市圈和福州都市圈后，正式批复的第三个都市圈。该规划将作为指导成都都市圈高质量发展的纲领性文件及制定相关规划、政策的依据，标志着成都都市圈建设站在新起点、进入新阶段。

---

* 程翔，四川大学国际关系学院助理研究员，经济学博士。

## 一、都市圈的概念界定与研究综述

"都市圈"的概念最早源自美国，其运用最早出现在日本。日本将美国"都市区"概念和自身城市特色相结合，形成了都市圈，成为城市功能的地域概念（李国平等，2004；许学强等，2009）。1956 年，日本发布《首都圈整备法》，[①]对都市圈的定义、概念进行阐述；1990 年，美国将 1910 年提出的"都市区"最终命名为"都市圈"（陈红艳等，2020）；2014 年，我国出台《国家新型城镇化规划》，首次明确提出"都市圈"这一概念。[②]综观全球范围，都市圈已成为带有普遍意义的城镇群体空间组合类型，也是国家或地区参与全球竞争的基本单元（顾朝林等，2007；薛俊菲，2008）。都市圈的实力、效用总和，会明显超出都市圈各个城市实力、效用的总和。未来，全球竞争很有可能不再局限于城市间的竞争，而是转变为都市圈的相互竞争。随着都市圈的建设日臻成熟、协同发展更加完善，都市圈作为有机整体会带来更多收益，达到低投入、高回报的效果。

我国很多学者围绕都市圈开展了大量的研究工作，做了较为详尽的阐述。张京祥等（2001）、陈小卉（2003）指出，都市圈是由一个或数个核心城市，以及在经济、社会发展方面与核心城市存在密切关联的城市组成，是有效衔接地区、城镇的圈层式结构，带有明显的一体化倾向。2019 年，发改委出台《关于培育发展现代化都市圈的指导意见》[③]，给出了"都市圈"的定义，即城市群内部以超大、特大城市或辐射带动功能强的大城市为中心、以 1 小时通勤圈为基本范围的城镇化空间形态。2020 年 9 月，自然资源部发布《市级国土空间总体规划编制指南（试行）》[④]，明确提出，都市圈的核心是中心城市，在功能组织、日常通勤等方面和周边城镇的联系非常紧密，通常情况下，指的是 1 小时通勤圈，是生态、设施、产业等空间布局一体化发展的重要单元。

---

[①] 资料来源：中国青年网，http://news.youth.cn/jsxw/201704/t20170405_9414617.htm.

[②] 资料来源：中华人民共和国中央人民政府。

[③] 资料来源：中华人民共和国中央人民政府，http://www.gov.cn/xinwen/2019-02/21/content_5367465.htm.

[④] 资料来源：中华人民共和国自然资源部，http://gi.mnr.gov.cn/202009/t20200924_2561550.html.

现阶段，在我国整个学术界，普遍认可的"都市圈"概念为：以一个或多个中心城市为核心，以发达的联系通道为依托，由核心城市及外围社会经济联系密切的地区所构成的城市功能地域（张京祥等，2001；张伟，2003；黄亚平和吴挺可，2021）。

## 二、成都都市圈建设的现状

2020 年，成德眉资同城化发展推进会召开后，成德眉资携手合作，逐步推进重点工作落地，实现良好开局，成都都市圈建设取得初步成效。根据四川省第七次全国人口普查公报[①] 相关数据来看，到 2020 年 11 月 1 日零时，在全省范围内的常住人口数量为 8367.5 万人。其中，成都都市圈常住人口达 2965.8 万人[②]，在全省常住人口总数中所占比例为 35.4%。2021 年，成都都市圈地区生产总值为 25011.91 亿元[③]，在全省所占比例为 46.45%，同比增长 11.9%。如果成都都市圈按照这个增速来算，2024 年年底有望超过 3.3 万亿元，提前实现规划目标。

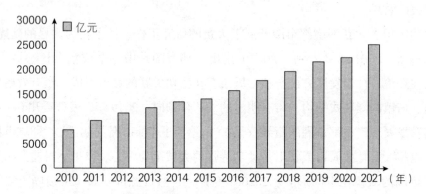

图 1　2010 年至 2021 年成都都市圈经济总量变化情况

成都都市圈的经济发展优势非常明显，在基础建设、产业协作、对外开

---

① 数据来源：四川省统计局，http://tjj.sc.gov.cn/scstjj/tjgb/2021/5/26/68cf8ce902a44c389e72591bd5a31ca2.shtml.

② 根据第七次全国人口普查结果，四川省常住人口总数为 8367.5 万人，其中成都市常住人口为 2093.8 万人，德阳市常住人口为 345.6 万人，眉山市常住人口为 295.5 万人，资阳市常住人口为 230.9 万人。

③ 笔者通过各市统计局手动收集整理。

放等领域也保持着紧密合作，共同提升都市圈整体发展水平。

在基础建设方面。按照《成都平原城市群轨道交通规划》《成渝城市群多层次轨道交通体系规划》等文件精神，成都都市圈的轨道交通线路主要涉及S3 线（成都—资阳）、S5 线（成都—眉山）、S11 线（成都—德阳）。现阶段，S3 线已投资 18 亿元，并于 2020 年 11 月 27 日正式动工建设，S5 线和 S11 线均已组建项目公司，成都都市圈环线铁路完成项目可研报告编制。都市圈内日开行动车 119 对、日均客流 2.4 万人次，分别是动车公交化运营前的 2.9 倍、2.2 倍[①]。同城交通服务日渐深化，10 条跨市公交稳定运行，在成都都市圈内，凭借"天府通"可以一卡通刷、一码通乘，共享优惠。

在产业协作方面。成都都市圈正在积极推进产业协作体系的构建，加速搭建产业协作创新平台。作为都市圈核心城市，成都充分激发企业主体活力，在现代商贸、医药健康和电子信息等领域组建 15 个产业生态圈联盟，组织召开都市圈产业生态建设企业供需对接大会，将供需清单定向发布至 3000 多家规上企业。与此同时，成德眉资携手推进"三区三带"建设，464 个重大项目已完成投资 1096 亿元；加强交界地区产业协作，在彭（州）什（邡）川芎产业园中，所生产的川芎中药材占据全国 75% 以上的市场；金堂—中江蔬菜（食用菌）产业园已成为成渝现代高效特色农业带合作试点园区；联合推出 11 条都市圈精品旅游线路，如三星堆、大熊猫、东坡文化等。

在对外开放方面。成都都市圈拟搭建共享功能平台，实现双枢纽机场投运势能的共享。都市圈内定期直飞国际货运航线多达 15 条，针对成都航空货运枢纽制定扶持性政策，使得都市圈外向型企业在国际航空货运方面的需求得到满足；共同推进国际班列运营，德阳、眉山、资阳的化工类、橡胶制品和工业装备等优质货源，搭乘成都中欧班列出口欧洲，德阳—成都—钦州港海铁联运班列驶向东南亚，国际班列共开的成效逐步显现；共同提升开放水平，自贸试验区成都片区联合德眉资协同改革先行区共同发展，在都市圈开创"一单制""铁银通"等创新金融模式，加强项目招引，发挥跨境电商创新优势和叠加效应，逐步提升保税物流中心（B）型、综保区等平台的承载能力。2021 年，成都实现进出口总额为 8222 亿元，在四川进出口总额中所占比例为 86.4%。

---

① 资料来源：成都市人民政府，http://www.chengdu.gov.cn/chengdu/c137429/2021-12/01/content_01bbd63f389942b2890c7d8c60373dab.shtml。

此外，都市圈在深化体制改革、共享公共服务、共治生态环境等领域取得了显著的成效。

## 三、成都都市圈建设存在的问题

和南京都市圈、福州都市圈相比，成都都市圈正处于起步阶段，都市圈建设面临诸多问题。本文主要分析成都都市圈在要素分布、县域经济发展以及体制机制协同发展等方面存在的问题。

1. 人口、经济等要素分布不均

到 2022 年 2 月底为止，国家层面共审批通过四个都市圈，分别是南京都市圈、福州都市圈、成都都市圈和长株潭都市圈。本文主要从经济总量、增长率、常住人口以及人均 GDP 等指标着手，对四个都市圈进行对比分析。相关数据见表 1。

表 1　四大国家级都市圈经济实力对比

| 城市 | 2021 年 GDP（亿元） | 增长率（%） | 2020 年常住人口（万人） | 2021 年人均 GDP（万元） |
|---|---|---|---|---|
| 南京都市圈 | | | | |
| 南京市 | 16355.32 | 7.5 | 931.47 | 17.56 |
| 镇江市 | 4763.42 | 9.4 | 455.98 | 10.45 |
| 扬州市 | 6696.43 | 7.4 | 321.04 | 20.86 |
| 淮安市 | 4550.13 | 10.0 | 455.62 | 9.99 |
| 马鞍山市 | 2439.33 | 9.1 | 364.44 | 6.69 |
| 滁州市 | 3362.10 | 9.9 | 398.71 | 8.43 |
| 芜湖市 | 4302.63 | 11.6 | 215.99 | 19.92 |
| 宣城市 | 1833.90 | 10.1 | 250.01 | 7.34 |
| 溧阳市 | 1261.30 | 10.1 | 78.51 | 16.07 |
| 金坛区 | 1101.09 | 9.5 | 58.51 | 18.82 |
| 合计 | 46665.65 | 11.8 | 3530.28 | 13.22 |
| 福州都市圈 | | | | |
| 福州市 | 11324.48 | 8.4 | 829.13 | 13.66 |
| 宁德市 | 3151.08 | 13.3 | 314.68 | 10.01 |

续表

| 城市 | 2021 年 GDP（亿元） | 增长率（%） | 2020 年常住人口（万人） | 2021 年人均 GDP（万元） |
|---|---|---|---|---|
| 福州都市圈 | | | | |
| 莆田市 | 2882.96 | 6.4 | 321.07 | 8.98 |
| 南平市 | 2117.58 | 6.5 | 268.06 | 7.90 |
| 平潭综合实验区 | 339.20 | 5.8 | 38.60 | 8.79 |
| 合计 | 19815.30 | 12.6 | 1771.54 | 11.19 |
| 成都都市圈 | | | | |
| 成都市 | 19916.98 | 8.6 | 2093.78 | 9.51 |
| 德阳市 | 2656.56 | 8.7 | 345.62 | 7.69 |
| 眉山市 | 1547.87 | 8.4 | 295.52 | 5.24 |
| 资阳市 | 890.50 | 8.1 | 230.86 | 3.86 |
| 合计 | 25011.91 | 11.9 | 2965.78 | 8.43 |
| 长株潭都市圈 | | | | |
| 长沙市 | 13270.70 | 7.5 | 1004.79 | 13.21 |
| 株洲市 | 3420.26 | 8.3 | 390.27 | 8.76 |
| 湘潭市 | 2548.35 | 7.8 | 272.62 | 9.35 |
| 合计 | 19239.31 | 9.4 | 1667.68 | 11.54 |

注：①各市（区）增长率为该市（区）统计局公布的按可比价格计算的同期增长率，合计中的增长率为名义增长率；②2020 年常住人口指标为第七次人口普查结果；③鉴于 2021 年各地区常住人口指标数据公布不全或统计口径不一致，本表中的 2021 年人均 GDP 指标为该地区 2021 年 GDP 总量与 2020 年常住人口之比。

数据来源：①2021 年 GDP 指标以及增长率由笔者通过各市统计局手动收集整理；②常住人口数据根据各市（区）公布的第七次人口普查公报整理；③人均 GDP 指标通过计算得到。

从都市圈经济总量分析来看，在这四个国家级都市圈中，成都都市圈排在第二的位置，但其人均经济总量最低；对比都市圈核心城市，发现虽然成都的经济总量在南京、福州、长沙之上，但人均 GDP 的排名垫底；对成都都市圈内部进行分析，成都对都市圈 GDP 的贡献为 79.6%，德阳的贡献为 10.6%，眉山的贡献为 6.2%，资阳的贡献为 3.6%，而且德眉资的常住人口之和比不上成都常住人口，成都都市圈的人口、经济等要素过度集中。

从都市圈内产业发展角度来看，成都的技术密集型产业具有非常夯实的基础，计算机与电子设备、专用设备的产值占比远远高于德阳、眉山和资阳的总和。虽然德阳的化工产业、眉山的有色金属产业、资阳的化纤纺织产业基础非常雄厚，但从空间层面上来看，都市圈内的生产性服务业高度集中于成都。《成都都市圈建设蓝皮书（2021）》明确提出，在成都都市圈的四个城市中，虽然制造业分工相对合理，但城市间专业分工水平仍然较低。根据克鲁格曼产业分工指数来分析，都市圈内的产业分工指数处于 0.61～1.04 这一区间范围，明显低于产业结构完全不同的理想值 2。从这个层面上来看，目前成都都市圈的跨市域产业集群很少，亟须进一步加强内部产业协作配套建设。

成都作为国家推进实施"一带一路"和长江经济带等战略的重要支点城市，在成都都市圈内，成都发展遥遥领先，因此，在推动都市圈和核心城市高质量发展的过程中，应该让核心城市更好地发挥辐射作用，带动其他城市快速发展，促进都市圈内各个城市良性互动，在错位竞争中实现优势互补、协同发展。

2. 都市圈内县域经济发展水平较低

根据《成都都市圈发展规划》文件精神，成都都市圈的范围包括成都、德阳、眉山以及资阳全域。本文收集都市圈包含的中心城区、18个县市的经济发展、常住人口等相关数据，对都市圈内县域经济发展情况进行对比分析。相关数据见表2。

表2　2021年成都都市圈及都市圈内县域经济发展概览

| 地区 | 常住人口（万人） | 生产总值（亿元） | 人均GDP（万元） | 地区 | 常住人口（万人） | 生产总值（亿元） | 人均GDP（万元） |
|---|---|---|---|---|---|---|---|
| 四川省 | 8367.49 | 53850.79 | 6.44 | 德阳市 | 345.62 | 2656.56 | 7.69 |
| 都市圈 | 2965.78 | 25011.91 | 8.43 | 中心城区 | 103.73 | 970.28 | 9.35 |
| 圈内市县 | 1110.13 | 6529.51 | 5.88 | 广汉市 | 62.61 | 480.20 | 7.67 |
| 成都市 | 2093.78 | 19916.98 | 9.51 | 什邡市 | 40.68 | 409.20 | 10.06 |
| 中心城区 | 1541.94 | 16335.99 | 10.59 | 绵竹市 | 44.00 | 376.85 | 8.57 |
| 都江堰市 | 71.01 | 484.28 | 6.82 | 中江县 | 94.60 | 420.03 | 4.44 |
| 彭州市 | 78.04 | 601.99 | 7.71 | 眉山市 | 295.52 | 1547.87 | 5.24 |
| 邛崃市 | 60.30 | 386.31 | 6.41 | 中心城区 | 123.26 | 726.60 | 5.89 |
| 崇州市 | 73.57 | 442.59 | 6.02 | 仁寿县 | 111.00 | 501.40 | 4.52 |
| 简阳市 | 111.73 | 620.09 | 5.55 | 洪雅县 | 29.57 | 140.62 | 4.75 |
| 金堂县 | 80.04 | 524.38 | 6.55 | 丹棱县 | 14.88 | 79.21 | 5.32 |
| 大邑县 | 51.60 | 317.41 | 6.15 | 青神县 | 16.80 | 100.04 | 5.96 |

续表

| 地区 | 常住人口<br>（万人） | 生产总值<br>（亿元） | 人均 GDP<br>（万元） | 地区 | 常住人口<br>（万人） | 生产总值<br>（亿元） | 人均 GDP<br>（万元） |
|---|---|---|---|---|---|---|---|
| 浦江县 | 25.56 | 203.94 | 7.98 | 资阳市 | 230.86 | 890.50 | 3.86 |
| | | | | 中心城区 | 86.71 | 449.53 | 5.18 |
| | | | | 安岳县 | 95.09 | 225.82 | 2.37 |
| | | | | 乐至县 | 49.06 | 215.15 | 4.39 |

注：截至 2022 年 2 月 28 日，资阳市的安岳县与乐至县未在官方渠道公布 2021 年两县的地区生产总值，为此笔者对安岳县和乐至县的地区生产总值进行预估，即按照资阳市 2021 年地区生产总值的增长率与 2020 年安岳县和乐至县的地区生产总值相乘，得到 2021 年两县的地区生产总值。

数据来源：常住人口数据根据四川省第七次人口普查数据整理所得；除安岳县、乐至县外，其他县域的地区生产总值笔者根据各地区人民政府或统计局统计公报整理所得；人均 GDP 数据由地区生产总值与常住人口数据相比得到。

对表 2 的数据进行分析可知，2021 年，成都都市圈的县域常住人口在都市圈常住人口中所占比例为 37.43%，在全省常住人口中所占比例为 13.27%；县域地区生产总值在都市圈生产总值中所占比例为 26.11%，在全省地区生产总值中所占比例为 12.13%；在人均 GDP 方面，县域人均 GDP 只有 5.88 万元，而都市圈人均 GDP 为 8.43 万元，四川人均 GDP 为 6.44 万元。对比县域城市和中心城区，发现成德眉资管辖的县域人均 GDP 明显低于中心城区的人均 GDP。县域经济不发达，导致中心城区和周边地区的经济发展存在较大的落差，对社会治理、公共服务、城乡建设等方面的协同发展极其不利。

怎样让县域小城镇充分发挥多点支撑效应、提升县域承载能力，也是成都都市圈建设需要突破的难题。

**3. 体制机制创新突破不够**

在现有国家正式批复的四个都市圈中，只有南京都市圈横跨江苏省、安徽省，由两个省级行政区共同建设。虽然成都都市圈内的城市都处于四川省行政区内，但涵盖了四个市级行政区，即成都市、德阳市、眉山市和资阳市。在不同行政区共同推进都市圈建设的过程中，不可避免地会遇到体制机制障碍、行政壁垒等问题，对不同区域间资源要素的自由流动、高效配置产生了一定的影响。

《成都都市圈建设蓝皮书（2021）》指出，当前成都都市圈建设存在"体制机制创新突破不够"的问题。如成都制定的政策标准，明显高于德眉资三市，这样一来，在成都和其他三市交界的地区，政策很难实现完全统一。除此之外，成德眉资在跨区域协作中的执法标准不一致，在推动产业、公共服务等领域协同发展时，协同机制的统筹力度不够。

成德眉资在推动同城化发展的同时，必须创新体制，破解行政区划壁垒。在培育现代化都市圈的过程中，除了对基础设施进行改造升级之外，还需要共同推进制度现代化。怎样突破行政区划壁垒、打造一体化区域发展共同体，让都市圈产生"1+3 > 4"的效应，是成都都市圈建设的改革重点。

## 四、对策建议

**深化体制机制改革，促进都市圈要素自由流动**。成德眉资四个城市的行政区划不同，管理权限和财政体系也存在较大的差异，这些现实问题是成都都市圈建设必须破解的难题。在成德眉资同城化建设中，创新一体化的体制机制是当务之急。建设成都都市圈时，应该探索出适度分离行政区、经济区的科学路径，跨行政区构建一体化运营的组织管理机制，在市场监管、项目审批和招商引资等方面，逐步探索行政区和经济管理权限分离的有效方式。构建经济统计分算机制，完善独立考核指标体系。探索建立完善统一编制、联合报批、共同实施的成都都市圈规划管理体制。

**发挥成都在都市圈中的极核和主干功能**。作为成都都市圈的核心城市，成都应该充分发挥国家中心城市功能，推动经济发展在总量扩张的基础上转变为实施高端引领战略，提升其作为经济主干的辐射作用。紧密配合国家战略，积极布局国家实验室、大科学装置，强化科研基础设施资金分配，建立双创中心和科技中心，大力发展创意产业。围绕战略性新兴产业重点布局，不断优化工业结构，推动高端产业高质量发展。通过碳交易、生猪期货交易、发电权交易等特色交易，和重庆加强合作，共同建设西部金融中心。在西部地区加快建设首个超算中心，在信息经济时代提升产业核心竞争优势。借助天府国际机场，吸引高端物流和商务客流，带动临空经济发展，形成开放新格局、新高地。推动"三城三都"建设，大力发展成都平原优势产业和经济特色。充分挖掘文旅产业的发展潜能，提升城市的吸引力和影响力。

**发挥比较优势，扩大产业分工。**成都的技术密集型产业具有非常坚实的基础，德阳的化工产业、眉山的有色金属产业、资阳的化纤纺织产业优势突出，基于此，要发挥都市圈内不同城市的优势和特色，通过优势互补和错位竞争，实现协同发展。抓住成都设立东部新区和举办大运会的良好契机，加快成都"东进"步伐，构建西部地区最富有活力的都市圈，增强经济实力，凸显竞争优势。推进成德眉资同城化发展，深化城市功能分工，将成都部分产能转移至德眉资，形成"成都产业主导，德眉资产业配套"发展的新格局。在文旅教育、医药食品和装置制造等领域，成都和德阳要加强协作。在先进材料、电子信息等领域，成都和眉山要强化合作，共同推动成眉天府新区高新技术产业带建设。在医药、食品、汽车制造等领域，成都和资阳要提升产业协作配套水平，联合推动天府国际空港新城、资阳临空经济区发展，携手共建成资临空经济产业带。

**积极融入成渝地区双城经济圈建设。**成渝地区双城经济圈建设与"一带一路"、长江经济带、新一轮西部大开发、军民融合等国家战略高度契合，给四川经济社会发展带来了重大机遇。中共中央、国务院印发的《成渝地区双城经济圈建设规划纲要》明确了成渝地区双城经济圈的发展定位——"两中心两地"，即"把成渝地区双城经济圈建设成为具有全国影响力的重要经济中心、科技创新中心、改革开放新高地、高品质生活宜居地"①。成渝两地依托科学的城际产业链分工，在产业链和产品链方面加强合作，形成具有区域带动力的水平型产业分工格局。除此之外，还应积极融入长江经济带建设，优化产业格局、产业链延伸和要素流动，提升制造业外向化发展水平，加快培育具有国际竞争力的长江经济带产业集群。

## 【参考文献】

[1] 陈红艳，骆华松，宋金平.东京都市圈人口变迁与产业重构特征研究 [J].地理科学进展，2020(9).

---

① 资料来源：中华人民共和国中央人民政府，http://www.gov.cn/zhengce/2021-10/21/content_5643875.htm.

［2］陈小卉.都市圈发展阶段及其规划重点探讨[J].城市规划，2003(6).

［3］顾朝林，俞滨洋，薛俊菲.都市圈规划：理论·方法·实例[M].北京：中国建筑工业出版社，2007.

［4］黄亚平，吴挺可.我国都市圈研究的综合述评与展望[J].华中建筑，2021(4).

［5］李国平等.首都圈：结构、分工与营建战略[M].北京：中国城市出版社，2004.

［6］许学强，周一星，宁越敏.城市地理学[M].北京：高等教育出版社，2009.

［7］薛俊菲.都市圈发展的新背景、新趋势及其规划响应[J].人文地理，2008(3).

［8］张京祥，邹军，吴启焰，陈小卉.论都市圈地域空间的组织[J].城市规划，2001(5).

［9］张伟.都市圈的概念、特征及其规划探讨[J].城市规划，2003(6).

# 打造具有巴蜀特色的国际消费目的地
## ——以东京都市圈为鉴

王宏禹　林思颖 *

【摘要】国际消费中心是现代化国际性大都市的核心功能之一。成渝地区双城经济圈正以打造具有巴蜀特色的国际消费目的地为未来城市群重要发展目标之一，但目前面临产业同质化、消费汇聚力不强等问题。东京都市圈与成渝地区双城经济圈同为"区域中心＋港口城市"的空间结构模式，两个经济圈都着眼于提升在财富和价值创造、分配、交流等方面的城市商业能力，带动圈内城市协同发展。东京都市圈在城市规模体系建设、区域分工、城际连接等方面拥有十分丰富的经验，其优质的服务和独特的自然、社会环境吸引着国内外的消费者前往。成渝地区双城经济圈在需求、供给和消费环境三个层面都能不同程度地吸取日本建设东京都市圈的经验，提高经济圈内的消费水平、消费聚集力和消费推动力，建设国际消费中心城市。

【关键词】成渝地区双城经济圈；国际消费中心城市；东京都市圈

## 一、引言

2021 年 7 月 19 日，经国务院批准，上海市、北京市、广州市、天津市、重庆市率先开展国际消费中心城市培育建设①。2021 年 10 月 26 日，商务部发布了《培育国际消费中心城市总体方案》，提出了国际消费中心城市的评估指标体系，为消费中心城市建设指明了方向，但目前总体来说仍处于破题阶段。

---

* 王宏禹，对外经济贸易大学国际关系学院教授、博士生导师；林思颖，对外经济贸易大学经济外交研究中心研究助理。

① 新华社，《五城市率先开展国际消费中心城市培育建设》，[EB/OL]，（2021-07-19）[2022-09-16]，http://www.gov.cn/xinwen/2021-07/19/content_5625957.htm.

在语义范畴和逻辑结构上对"国际消费中心城市"进行定义，第一个关键词是"国际"，即界定了消费中心城市的服务区域和尺度，城市需要服务的对象不再局限于本地或本国的消费者，而是世界范围内的群众。第二个关键词是"消费中心"，即界定了该城市相对而言最主要的功能是消费服务。消费服务不仅需要包括个人消费品，也需要涵盖公共消费品。第三个关键词是"消费城市"，即该城市应当具有高消费水平、消费聚集力和消费推动力。高消费水平呈现出丰富的城市消费活动，能够满足消费者的多样化需求；消费聚集力表现为该城市吸引消费者前往；消费推动力则表现为会聚的消费者在进行生产与消费的过程中推动城市经济可持续发展。综上所述，本文将国际消费中心城市定义为具有较强消费引领能力的城市在全球范围内为个人和社会提供满足人们需求的消费品，具体应当包括良好的自然和社会消费环境、优质的消费体验、充实的社群消费和独有的消费符号。[1]

我国已有5个国家级城市群，成渝城市群便是其中之一。2021年10月21日，中共中央、国务院印发了《成渝地区双城经济圈建设规划纲要》，规划了现阶段至2025年的发展方向，展望至2035年。这是继2020年中央财经委员会第六次会议后发布的另一纲领性文件。双核结构城市的突出特点是港口城市和区域中心城市在城市功能和区位上的互补，区域中心城市依赖港口城市进行外贸往来，港口城市依托区域中心城市提供后备支持。[2] 在成渝地区双城经济圈内建设国际消费中心城市需要遵循城市群发展的一般规律，它并不意味着利用消费带动核心城市自身发展而罔顾越发扩大的城市间差异，而是共生互动，实现区域协同发展，助力成都和重庆建设国际消费中心城市。

目前成渝地区双城经济圈建设存在诸多困难：一方面，两座城市间竞争大于合作。成都重点发展电子信息制造、软件和航空航天设备等产业，而重庆重点发展电子核心部件和交通设备等产业，双城争做西部龙头城市，消费供给趋于同质化，阻碍双城互补发展和整体竞争能力的提升[3]。另一方面，中心城市带动周围城市消费能力不足，缺少次级大城市支撑。成都和重庆对周边地区

① 叶胥.消费城市研究：内涵、机制及测评[D].西南财经大学，2016:48.
② 裴丽岚.国内外城市群研究的理论与实践[J].城市观察，2011(05):164-173.
③ 康明远.黔中城市群与成渝城市群融合发展对策研究[J].产业与科技论坛，2022，21(02):17-19.

的"虹吸效应"大于辐射带动效用，外围中小城市发展严重滞后于成渝双城。

尽管近几年成渝地区双城经济圈的产业分工和功能分工都有一定的改善，但双城分工程度差异明显：成都与外围城市分工水平逐步上升，但重庆与外围城市分工水平变化不大甚至下降了。成渝地区双城经济圈较之国内长三角、珠三角经济圈整体消费体量不大，要想打造具有巴蜀特色的国际消费目的地，有必要吸取其他有相似背景的经济圈的经验教训，寻求更多合作。[①]

## 二、国际消费中心形成机制

国际消费中心城市是消费环境、消费主体（需求端）和消费客体（供给端）三大基本要素在动力作用下的结合过程。[②] 该动力作用机制可以区分为政府驱动机制和市场主导机制。[③]

从政府驱动机制方面来看，在消费环境方面，城市发展形成的良好基础为城市消费功能提升提供必要的支撑，政府构筑起四通八达的通信系统和网络平台，营造安全智能的国际消费场景。在需求端，政府通过税收和补贴调节居民消费需求。例如，较低的个税可使消费意愿和消费能力增强，调节可支配收入，创造消费动力。在供给端，政府提供优质的城市公共服务和生态体系，从交通、教育、医疗、文艺等多方面保障公民生活品质。良好的城市生态可以吸引众多优秀的人才前往，与人们以脚投票的结果相对应，最终人才与产业的汇集形成外部规模经济，使平均生产成本减少和经济效率提升。

从市场主导机制方面来看，在消费环境方面，市场机制让市场主体营造高质量消费平台，便利消费者的消费行为。在需求端，消费者的可支配收入是消费需求的基础和前提。伴随收入增加，消费者向更丰富、更高层次的物质、精神产品提出需求，推动消费结构升级；同时也让人们以脚投票，倒逼公共治理水平提升，使公共服务和生态环境改进。消费结构升级要求更多样化的消费需求，从而对现有服务业和交通提出更高的要求，助推国际旅游、消费等领域

---

① 金晓雨，张婷.成渝地区双城经济圈分工演变与城市生产率——从产业分工走向功能分工 [J]. 重庆理工大学学报（社会科学版），2020，34(11):31-41.

② 汪婧.国际消费中心城市：内涵和形成机制 [J].经济论坛，2019(05):17-23.

③ 张建伟，杜德斌.基于演化理论的城市合作模式研究 [J].城市发展研究，2011，18(02):82-88.

发展，逐步建立起全球性消费网络。在供给端，大规模消费使得产业能够投入再生产，满足消费者更多元、更高层次的消费需求形成日趋完备的市场分工和运输体系，为国际消费中心城市提供坚实的物质基础。

在上述机制作用下，消费环境（此处指自然环境和社会环境）、消费体验、社群消费和消费符号贯穿于消费中心城市形成机制始终。

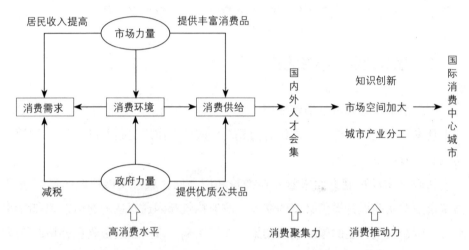

**图1  国际消费中心城市形成机制——需求—供给—环境分析（笔者自制）**

## 三、东京都市圈发展经验

2020年东京都市圈的国民生产总值约为9588亿美元，约占日本全国GDP的40%，比我国GDP最高的城市上海高出约4000亿美元。东京都市圈具有独特的温泉和日本民宿等特色IP，加之位于都市圈中心的银座等大型商场为抱有各种目的前往东京都市圈的人提供了不同的选择。与之相同地，成渝地区双城经济圈也具有区域中心，同属于港口城市，有自身独特的川渝美食，更有颇受国内外旅客喜爱的大熊猫，圈内更不乏包括太古汇在内的大型商圈。如何充分利用已有消费环境，合理利用消费推力，成渝地区双城经济圈可以向东京都市圈借鉴经验。

关于东京，学界有几个层次的空间概念，包括都心、东京都区部、东京都、东京都市圈以及首都圈等，其中东京都市圈是与我们通常所讨论的都市圈尺度相当的空间范围。<sup>①</sup>从一般意义而言，东京之所以能够成为公认的国际消费中心城市，其不可分割的一部分原因就是东京都市圈范围内的所有城市与东京形成的较为完善的产业结构和消费职能分工。一个新兴城市想要事半功倍地建成国际消费中心城市，形成城市群合力便是其中的重要一环。对比于成渝地区双城经济圈建设，东京都市圈显然是一个好的范本。

### （一）市场主导机制

#### 1. 需求端

1945 年后日本重建经济，1952 年加入国际货币基金组织，1955 年加入关税贸易总协定。在 1955 年至 1965 年 10 年间，日本先后出现了"神武景气"和"岩户景气"的经济繁荣期。日本国内生产总值由 1955 年的 88077 亿日元增至 1960 年的 170877 亿日元，国民收入增长了 5.8 倍，人均收入增长了 5 倍。<sup>②</sup>东京都市圈为这样的经济发展贡献巨大。在经济高速发展的背景下，日本消费者，尤其是东京都市圈内的消费者对生活质量提出了更高层次的要求。

东京都市圈在 20 世纪 80 年代前都以工业为主导产业。之后工业外迁至国外或横滨，为创新型中小企业的萌发生长提供了条件，展现了与工业相关的服务业技术创新。日本政府按照计划将东京都市圈打造成以知识和信息为基础的产品基地，东京湾地区由原本的出口导向型产业带转变为贸易中心。得益于信息技术基础设施保障，东京都市圈的金融、银行和知识密集型制造业生根发芽。随着日本经济从"贸易立国"向"技术立国"的转化，东京都市圈的服务型企业开始专注技术创新和高精尖技术的研究，使原有的工业基础进一步与服务业融合。

#### 2. 供给端

伴随东京都市圈的产业向外转移，人民生产生活上的需求刺激了交通业的发展。与此同时，经济的高速发展也吸引着海内外的游客前来。交通业是构

---

① 周亚杰，张莉. 功能疏解后的都市圈治理与新城发展关系研究——以东京都市圈为例 [C]//. 面向高质量发展的空间治理——2021 中国城市规划年会论文集（11 城乡治理与政策研究），2021:151—164.

② 日本政府财务省，令和 2 年上半期中·国际收支状况概要 [EB/OL].（2020—11—11）[2022—09—16], https://www.mof.go.jp/pri/research/conference/indiaws/indiaws2020.htm.

建国际消费中心城市的重要一环，消费者对于公共消费品的共享很大程度上影响了消费者是否愿意来到该城市群聚集，因此交通业是影响消费体验的重要因素之一。

东京都市圈的布局总体来看为"一核＋七心＋业务核都市"，其中"一核"指东京都中心，"七心"指池袋、新宿、涉谷等7个副都心，"业务核都市"为神奈川县、千叶县等承担不同城市功能的地点。[①] 为与城市布局相适应，东京都市圈市郊铁路基本呈双环、多贯穿、多放射的线网格局，其交通线路布局的每一条直通运营地铁区段都经过了所有的都心，将业务核都市与各个都心串联起来，体现整体交通布局的紧密性。[②] 对于居住区和商务功能分区两地的联通，日本政府为其特意规划了直接往返的运输通道，形成有机体系。

东海道线等繁忙线路早高峰期列车内乘客人数均超过4 000人。面对早晚高峰时期，日本政府设置了许多条支线提高覆盖率，通过在早晚高峰时期在转乘站适当增发列车和安排快慢车的方式满足市民出行需求。针对不同地区的通勤线路，日本政府也根据其具体需求状况规划通行时间。早高峰前，郊区前往市中心的列车还未到达城中心，便调度部分空闲列车补充供给；早高峰时，列车发车，无须调度；平峰时期由于直通运营车辆总体数量下降，因此列车运营数量不变；晚高峰及之后的时段进城客流小，无须多安排列车即可满足通行需求。如此根据不同客流需求开或停开列车，大大减少运行成本的同时也满足了乘客的需求，通行便捷。铁路规划配合着"田园城市"等战略的实施，加快了疏解东京都心密集人口的进程。

除了陆地通行公共设施，东京都市圈的港口经济也欣欣向荣。东京都市圈拥有包括东京港、横滨港等众多知名港口的东京湾港口群。日本依靠东京湾港口群兴建了钢铁、石化、机械制造等重化工业基地，同时肩负日本货物吞吐的重任。日本根据自身需求在港口处进行填海工程，从早在1883年的东京湾疏浚工程到1939年的东京港整备计划，日本均在陆地配套相应的转运交通方式，例如，都营巴士、东京港轮渡航运中心和冲绳、奄美航路航客等待所等。

---

① 丁宁. 东京都市圈发展模式对我国都市圈发展的借鉴 [J]. 中国外资，2021(06):6-7.

② 李明高，俞斌，张福勇，李寿生，张翔宇，路超. 考虑直通运营的区域轨道交通一体化规划探讨 [C]//. 品质交通与协同共治——2019年中国城市交通规划年会论文集. [出版者不详]，2019:1126–1133.

东京都市圈也同样配备三个大型机场，即成田机场、羽田机场和横田机场，其货运、客运量都十分庞大，承担了众多海外空运货物入境和乘客入市的职能。其空港产业主要以航空相关工业为主，辅之相关配套产业，如航空制造业、航空运输业、国际商务会展业等。[①]

发达的国际国内交通体系使得消费品、消费者能够在国际范围内自由流动，帮助资源配置更加公平高效；同时使得首都功能得到有效疏解，便于产业在东京都市圈内的合理分配，加速新城建成，形成强大合力，助力国际性消费大城市的形成发展。

### （二）政府驱动机制

#### 1. 消费环境

合力规划和匹配消费资源对于城市群来说至关重要，构建国际消费中心城市需要不断克服城市病。城市病多数是由于城市的不合理规划所致，具体包括大中小城市布局结构不合理和单个城市内部生产生活布局结构不合理。

作为日本三大都市圈之首的东京都市圈，其成立之初是"东京都一级依存"的发展模式。[②]日本经济在 20 世纪 50 年代飞速发展，人口增长加速，每年有 20 万～ 40 万人拥入东京。日本国家的大部分人口和产业逐步聚集到东京，形成东京都和太平洋沿岸轴的日本国土结构。日本政府受当时伦敦规划影响，经过多轮次动态调整，规划出适合社会发展需求的东京都市圈结构。从 1958 年起，日本每间隔十余年就更新一次首都圈基本规划文件。在规划过程中，日本政府很好地履行了咨询式政府的管理职能，组织协会、恳谈会、顾问咨询会等多方人士参与讨论，确定具体方案后将成果公示。政府同时构建权责分明的法律法规体系，支持东京都市圈规划发展，例如，《国土形成规划法》《首都圈整备法》等，将中心周围七个县作为一体化区域，纳入东京都市圈整体建设的计划中。在第一次规划时提出"绿带 + 工业卫星城市"，让工业职能向外疏解，但在后期实践过程中导致了东京都市圈"摊大饼"的问题。于是日本政府在第

---

① 刘瑞、伍琴.首都经济圈八大经济形态的比较与启示：伦敦、巴黎、东京、首尔与北京[J].经济理论与经济管理，2015(01):79-94.

② 中国人民银行上海总部国际部课题组，罗扬.东京城市经济圈发展经验及其对长三角区域经济一体化的借鉴[J].上海金融，2008(04):10-13.

二次规划中将东京定位为一个管理枢纽，以辐射状形式促成中心城区和边缘区域的开发。第三次规划提出疏解东京城市枢纽功能。而后在经济泡沫时代为了刺激经济发展，政府在第四、五次规划中转变思路，从只关注东京一个城市的布局到关注一个区域的分工合作，目前已让东京都市圈成为世界经济发展的重要助推力。

目前，东京第三产业比重高达 74%，主要产业包括科技、信息、金融等生产性服务业，是全球第三大国际金融中心。东京到横滨一带的环东京湾地区拥有举世闻名的大型制造业企业，是日本最大的工业区。横滨作为港口城市，不仅承担工业制造的功能，也承担航运物流功能。东京港作为现代化集装箱码头，成为世界二十大集装箱港口之一。具体看东京都市圈内各个城市，已按照产业类别将各功能分区布局完毕。制造业较为分散，主要分布在东京都、神奈川县、千叶县等，建筑业和房地产业集中在东京都、神奈川县，金融业仍然集中在东京都。[①] 聚焦东京都，则产业分布更加清晰：银座、新宿为经济金融中心，距离东京都中心需要 2 个多小时车程的八王子市集中分布着高科技产业，品川区负责机械制造，世田谷区为居住地。[②] 由于城市分区规划的问题，东京并非在城市的每个功能上都具有主导力量，而是集中于某几个行业，例如，金融、保险等服务产业，构成东京都市圈城市功能集群的重要标志。

东京都市圈在日本政府的积极干预下同时突破了行政区的界限，建立起一系列共享信息平台，成立城市群协调机构，鼓励企业、非政府组织和个人等多元主体共同参与。日本在全国设立了约 20 个产业集群项目，其中东京都市圈内的项目有 4 个，包括东京都市圈北部区工业振兴项目、东京都市圈西部区工业振兴项目、信息技术发展项目和生物企业培育项目。[③] 其中，东京都市圈西部区工业振兴项目的重点产业包括工业机器制造、电子设备、通信设备及其配件、辅助软件开发，而生物企业培育项目的重点产业包括医药、生物过程和

---

① 王应贵，娄世艳.东京都市圈人口变迁、产业布局与结构调整 [J]. 现代日本经济，2018(03):27-37.DOI:10.16123/j.cnki.issn.1000-355x.2018.03.003.

② 刘祥敏，李胜毅.一体化分工跨区域合作的典范——东京大都市经济圈发展的经验和启示 [J]. 天津经济，2013(12):16-19.

③ 张磊.都市圈空间结构演变的制度逻辑与启示：以东京都市圈为例 [J]. 城市规划学刊，2019(01):74-81.

仿生器械与信息。①

日本政府期望构建"精致的首都圈",一方面强调首都圈国际功能,另一方面降低人口在都市圈集中的风险,形成外环与内环、外环与外环之间的"对流",有助于解决各城市内部生产生活布局问题。这一战略蓝图将都市圈业已发展完善的交通基础设施同区域协同发展联系起来,能有效提高城市消费舒适度,弥补城市间的差距,形成内生动力与市场力量的有机结合。

2. 需求端

日本在20世纪50年代先后加入国际货币基金组织、关税贸易总协定和联合国。日本经济在战后已经得到一定程度的恢复,但无论是生产技术、人才素质还是产业结构都与世界先进水平相差甚远。在全球竞争的压力下,日本推行战略性产业政策,培养具有国际竞争力的战略性产业。在政府支持下,从1949年5月至1953年8月,日本先后制定并实施产业合理化法规18个,积极推动建立开发银行。与此同时,日本也制定了新的税制,对外汇预算进行管控,保护本土产业。1955年至1960年,日本政府通过税收优惠、补贴、优惠融资和贸易保护等战略性措施支持产业发展;20世纪70—90年代,日本政府则运用诸如行政指导、行业研究协调协会等纠偏性措施保护战略产业。70年代后,由于日美贸易摩擦等问题的出现,日本政府被迫调整了产业政策,成为市场经济的守夜人,使用包括支持私人研发、帮扶衰退企业产业转型和提供工资补贴在内的一系列宏观手段间接加入经济运行中。② 以上措施均在那个年代调整了经济分配不公平的现象,通过再分配鼓励支持了日本国内尤其是东京都市圈内的产业发展。

进入21世纪,尽管美国金融危机和福岛地震使东京都市圈制造业、建筑业和批发零售业严重萎缩,但日本政府财政提振的通信业和信息影视业仍然维持稳定增长,即在政府新型产业集群激励措施下,东京都市圈的信息服务、影视制作等服务产业已经为经济发展贡献了不小力量。宽松的社会消费环境为国际性大型企业来到东京都市圈开拓市场提供可能性,直接作用于消费质量和满意

① METI, Industry Cluster Project [EB/OL]. (2009–12–31) [2022–09–16]. https://www.meti.go.jp/english/policy/sme_chiiki/industrial_cluster_en.html.

② 乔心妍. 浅析"日本模式"与1945年以来日本经济发展 [J]. 现代营销(经营版), 2021(05): 196–198.

程度。

### 3. 供给端

东京政府为解决城市拥挤问题，在茨城县建立筑波科学城，构建宜居良好的环境吸引科研人员入住。通过将山地森林融入人居生活环境中，修建城市中心绿道、环山自行车道等慢行通道，在该城每条街道、每栋房屋都配备嵌入式传感器，由 AI 智能分析建筑物环境状况，将城市内一切生物和物品建立数据联系，致力打造世界首座绿色的 AI 之城。同时筑波科学城也与企业合作，在大型中央公园和居民区外单独开辟丰田未来自动驾驶汽车"e-Palette"行驶的机动车道和供人们休憩的小径，为城市更加智能化发展提供了发展空间。

在市区内，东京都市圈也十分宜居。作为国际性大都市，东京都市圈在文娱、医疗等方面的公共服务设施能够完美满足人们日常生活需要。在东京都市圈，神社与现代建筑有机结合，博物馆与购物中心融为一体，切实将文化艺术融入人们的日常生活。日本医院里所有药物和设备都纳入医保范围，无论国籍，只要加入日本医保系统，就能得到 70% 的报销；实施"跟踪病人"制度，由主刀医生长期跟踪患者身体状况，一旦复发，患者就能得到及时治疗。东京都市圈还极其关注居民生活的细节。例如，早晚高峰时期，电车和地铁在固定时段为女性专门提供一节女性车厢避免被骚扰，再如，日本颇具盛名的垃圾分类，每个社区的手册上都印有清洗、分解、捆扎方法以及回收垃圾的价格等。东京都市圈以其清洁的街道、便利的生活设施、高度的城市安全性在 2021 年被经济学人智库评为全球宜居城市第 5 名。卓越的社会环境为人们的情感和社交提供媒介工具，舒适的消费空间和设施不断吸引社群消费，不论是家庭聚会，还是商务会谈，都能在东京都市圈内找到适合的地点。

东京都市圈的人文色彩同样吸引着世界各地的游客前往。从旅游资源来看，东京都市圈本身融合了多种元素，开发者抓住日本温泉、神社以及日式料理和日式旅馆的共性特征进行挖掘，同时抓住东京都市圈旅游区别于日本境内其他旅游地域的特征进行突出强调，以其东西交融、古今结合的关东风情吸引了众人的目光。东京都市圈内现代化城市、农业景观、大型购物场所和主题公园也是吸引游客的主要旅游资源。[①] 从旅游服务设施来看，其周到性令人叹为

---

① 赵萍．日本东京都市圈与旅游业互动发展研究 [D]．华东师范大学，2007.

观止。起降东京都市圈内三大机场的飞机准点率极高，偶尔几次因天气原因延误，善后措施也做得十分妥当。当客人打车到东京都市圈内任意一家酒店时，酒店门童便会取出随身携带的纸钞为客人付车费，化解了客人因找不到零钱或未换日元的尴尬。总而言之，东京都市圈旅游业细致入微的服务深得旅客好评，独特的消费符号使得东京都市圈的消费吸引力永不褪色。

宜居宜游的生活环境吸引着人才聚集和留存。东京集中了日本将近20%的高等院校，吸引了一大批科研机构，这些科研人才为东京都市圈服务业的集群发展提供了智力支持。[①] 通过新兴的产学研关系代替日本企业遭受严重冲击的经连会，东京都市圈令企业、大学和政府间建立友好的协同关系，推动科研成果落地，鼓励源源不断的新生力量进入产业振兴。

筑波—东京—横滨创新带是东京都市圈发展较为完善的科创走廊。搭配东京—横滨一带的高新技术企业集群和高等院校，该创新带优势互补，合理引导了产学研科技成果转换。东京大学是参与此条转换链的代表高校。东京大学关注新学术领域的研究和人才挖掘，夯实高新技术的理论基础，并将科研成果公之于众。[②] 同在都市圈内的前身是东京师范大学的筑波大学采取"学群、学系制"，学生们在学校中更多地接触交叉领域，促成交叉学科的诞生和发展。[③] 在高校部分主要负责产出知识，而东京—横滨的工业带具有深厚的工业背景，主要负责科研成果转换的输出。在整条筑波—东京—横滨创新带上知识顺流而下，形成完整的上中下游知识分工链条。在孵化创新成果过程中，筑波科学城每年举办国际科技博览会、国家研究机构科研成果展示会等，将科技成果向公众和企业反馈；政府建立高校—企业伙伴关系，共同搭建实习项目；企业同时也出资捐赠给高校学生，鼓励学生将科研成果进行落地转化。[④] 这一举措为学生提供了将书上的知识运用到实际的机会，也为高校完善培养人才模式提供了

① 杨亚琴，王丹.国际大都市现代服务业集群发展的比较研究——以纽约、伦敦、东京为例的分析 [J]. 世界经济研究，2005(01):61–66.

② 林兰.东京产学研合作创新的经验与启示 [J]. 科技中国，2018(10):31–37.

③ 丁建洋.筑波大学协同创新模式的逻辑建构及其运行机制 [J]. 外国教育研究，2015，42(12):47–56.

④ 李靖华，林甲嵘，姜中霜.科创走廊概念与边界辨析——以筑波—东京—横滨创新带和杭州城西科创大走廊为例 [J]. 科技管理研究，2021，41(22):36–43.

依据，拉近了高校与研究机构的距离，减少了信息传递的成本。[①] 文化教育消费的空间外部性有利于自身高素质人力成本的增加，提升城市整体生产效率。

## 四、成渝地区双城经济圈国际消费中心建设与发展

东京都市圈凭借高度发达的经济体系、合理的城市分区分工、灵活通畅的交通设施、完备贴心的服务业、适宜的人居环境和充满活力的科教氛围成为世界首屈一指的国际性消费中心。东京都市圈国际性消费中心建设的经验对成渝地区双城经济圈国际消费中心建设发展的借鉴意义，根据国际消费中心形成机制逻辑依然可以从消费环境、需求和供给三个角度进行探讨。

### （一）市场主导机制

#### 1. 需求端

消费需求是消费职能搭建和发展的内在动力，刺激消费需求、催生特色消费市场，是成渝打造消费中心的重要经济基础。具体来看，依靠市场力量激发引导消费需求重点在于构建消费场景、提高居民总体消费能力和意愿。

成都、重庆作为成渝双核国际消费都市圈的两个极核，是我国中西部经济发展最好的城市之二。2021 年，成渝地区实现地区生产总值 73919.21 亿元，比上年增长 8.5%。目前已经设立 300 亿元经济圈发展基金，共同实施 85 项年度重点任务，推进 67 个重大合作项目，打造 10 个区域合作平台。[②] 与此同时，城乡之间收入差距逐渐缩小，城乡融合脚步进一步加快。数字经济时代的到来为成渝地区打造数字化消费场景提供可能，也为消费智能化、便利化创造机会。成渝双核国际消费中心目前正处于集聚阶段，格外重视数字流、经济流等"流空间"的使用，为人们创造数字化消费的需求。

国际竞争摩擦和新型冠状病毒肺炎疫情的双重影响，加之逆全球化抬头，

---

① 黄晨榕. 湾区建设与高等教育集群联动发展：以纽约湾区和东京湾区为例 [J]. 世界教育信息，2021，34(02):45-51.
② 重庆市人民政府，成渝地区双城经济圈建设成势见效 [EB/OL].(2022-03-18) [2022-09-16]. https://www.cq.gov.cn/zt/cydqscjjq/xtfz/202203/t20220318_10526240.html.

我国面临高尖端科技尤其是芯片的"卡脖子"局面。[①] 成渝地区双城经济圈拥有扎实的工业基础和我国重要的科研基地，成都在软件、芯片设计等产业链前端具有优势，重庆则在产业链后端具有较强实力。[②] 国家的需求促进科研人才向科研基地聚集，带来源源不断的消费流；高素质人才反向促进成渝地区内服务业、金融业等消费产业转型升级，形成良性流通循环，为培育国际消费中心城市创造良好产业生态。

### 2. 供给端

降低消费供给的成本，是以市场途径扩大消费供给辐射范围、供给品类乃至刺激消费供给创新的重要途径。而在降低消费供给成本中，依靠完善基础设施，降低运输成本以及促进商贸交流的途径在东京国际消费中心建设中已经得到实践验证。

完善基础设施建设，推动服务业产业发展。东京都市圈内的新宿商圈围绕枢纽车站布局，形成圈套式分布，以大型企业总部和政府机关为依托，配套商住混用的街市，形成了全客层、全周期的消费空间。成渝地区目前主要已形成重庆江北、成都双流和成都天府机场以及绵阳、宜宾、巫山等支线机场和国际铁路港的国际门户枢纽体系。[③] 成渝地区应当充分利用现有交通体系资源，统筹成渝地区空、地枢纽，"零距离换乘，无缝化衔接"，提高交通运行效率。搭配交通系统，可以鼓励跨境电商发展，完善国际化配套服务。除了外界交流，成渝地区双城经济圈也应完善圈内城际交通。对于周边城市，可以依托成绵乐城际客运专线、成昆铁路等综合运输通道，力争相邻城市 1 小时快速通达、成渝地区主要城市 2 小时互通的交通圈，方便商贸交流和旅游往来。[④] 对于连接成渝地区外围与地区中心的放射性线路，一般都有大量往返住宅区和就业区的通勤客流需求，政府可考虑开行快慢车的方式，缩短这部分乘客的通勤时间。针对经济圈外围客流较为分散的特点，可考虑设立支线运行的方式，以达到提

---

① 杨钒. 推动成渝地区双城经济圈加速融入新发展格局 [J]. 宏观经济管理，2021(05):77-83.

② 成都科技顾问团. 共建成渝地区协同创新体系的建议 [J]. 决策咨询，2020(05):23-27.

③ 王筱欣，付思政. 成渝地区双城经济圈交通与区域经济协调发展研究 [J]. 重庆理工大学学报（社会科学版），2021，35(12):116-126.

④ 重庆政协，"一小时交通圈"如何加速成渝交通一体化 [EB/OL]. (2020-08-04) [2022-09-16]. http://www.cqzx.gov.cn/cqzx_content/2020-08/04/content_10048534.htm.

---

高轨道交通覆盖率、集中分散客流的效果。[①] 通过基础设施及完善的措施优化成渝地区内外的社会消费环境，加强消费质量和满意度的管理，促进人口在区域内各城市自由流动，构建国际国内循环。

## （二）政府驱动机制

### 1. 消费环境

建设国际消费中心首先要打造区域消费中心。消费中心的建设意味着区域内的消费职能的充分分工，消费极提供特色的、高附加值的消费职能，而这必须建立在区域统筹协同发展的基础上，区域内消费中心和其他城市互有分工，发挥专业化和协同化，实现"1+1 > 2"的效果。

在政策层面，应当坚持以区域经济发展需求为导向，充分、科学地考虑各个城市的禀赋，妥善规划消费城市空间结构。东京都市圈的建设贯彻了日本政府50多年来5次调整改进规划方案和相关法律法规，利用好了政府对东京都市圈的鼓励和支持政策。成渝地区双城经济圈在打造国际消费中心的时候应当抓住国家部署的重要战略契机，加强顶层设计，统筹双城联动，形成"上下联动，齐抓共管"的工作格局。不断提升成渝地区对外开放的能力和水平，坚持对外交流与合作，提高成渝地区的经济吸引力，例如，加快推动"渝新欧"、举办"一带一路"中外展览大会等，立足西南，面向欧亚，扩大对内对外开放。同时发挥成都和重庆带动作用，建成沿长江和成德绵乐城市带，推动成渝核心城市功能沿轴疏解。

要得到城市合力需要打破区域壁垒，加强区域合作，营造市场化、法制化的营商环境。东京都市圈通过产业再分工，引导都市圈内各个城市依照其历史积淀和区位优势选择不同的产业成为其主导产业，使东京都市圈社会协调发展。成渝地区各城市应该在充分考虑生态和环境效益的前提下，立足各自资源禀赋和发展特点，发展具有比较优势的产业。一方面需要不断提高规模效应，减少同质化竞争；另一方面要在现有的产业基础上促进区域内传统产业转型升级。例如，成都侧重发展电子信息等行业，重庆偏重发展汽车和机械制造等行业；把握成渝地区竹林资源，协作发展竹产业，建立区域性竹制品交易市

---

① 中国人民银行上海总部国际部课题组，罗扬.东京城市经济圈发展经验及其对长三角区域经济一体化的借鉴 [J].上海金融，2008(04):10–13.

场；在成渝毗邻地区根据城市群内各城市资源禀赋建成制造业产业集群、战略性新兴产业集群、特色资源如石油等加工业基地和农林产品加工业基地，主动承接成渝产业转移和功能疏解任务，差异化发展，解决"双核独大""中部塌陷"的问题，提升整体经济发展水平。合理规划空间和培养产业集群提高成渝地区消费聚集吸引力，科学规划文旅消费城市、购物消费城市、生产式消费城市等，减少无谓同质竞争。

在法制层面，建设国际消费中心城市需要具有完备的、严格的法律制度，促进市场公平竞争，维护国内外生产者、消费者的合法权益。东京都市圈的《不正当竞争防治法》对仿冒、剽窃他人商业机密和虚假宣传等不正当竞争行为予以明确制止并给出相应惩罚措施。成渝地区应当加强金融审判和知识产权审判，从司法角度防范区域性金融风险和产权危机，妥善处理相关金融借款合同纠纷、互联网金融纠纷等案件，依法惩治非法集资、洗钱等金融犯罪，严厉制裁侵害专利、著作等知识产权的行为，不断加强金融审判和知识产权保护国际化建设。① 同时成渝地区还可以建立配套消费争端解决机制，为消费者维权提供解决方案，提振国内外消费者的信心。

2. 需求端

依靠政策调整居民收入结构，以提高整体消费能力、创造消费意愿，是激发甚至创造消费需求的最直接途径，具体而言可以考虑如下的措施。

首先，重视个体消费的作用，通过降低个税等二次分配提高居民可支配收入，创造消费需求空间。面对中小微企业，可以适当延缓缴纳部分税费或采用加计扣除、普惠性税收减免等手段减税降费，激发小微企业活力。对于投资规模大、外部效应明显的基础设施建设企业，例如战略性新兴产业等，可以加大税收优惠力度，引导企业投资方向，推动相应产业转型升级。② 为鼓励第三产业更加蓬勃发展，政府也可以适当降低旅游业、咨询业等税率，可以给予低税或免税的福利。

其次，加快推动成渝地区双城经济圈税收征收统一化。《成渝地区双城经

---

① 最高人民法院. 最高人民法院关于为成渝地区双城经济圈建设提供司法服务和保障的意见 [EB/OL]. (2021-03-01) [2022-09-16]. https://www.court.gov.cn/zixun-xiangqing-288441.html.
② 江博. 促进成渝经济区发展的税收政策研究 [J]. 商，2012(05):56.

济圈建设规划纲要》明确提出"推进税收征管一体化"①。在成渝双城已经建立起税收统一的大背景下，在下一步应当将成功的经验推广并加以运用到成渝地区内其他区域，统一川渝地区税务执行标准和行政处罚裁量基准，便于经济圈内各城市执行。②在统一标准的基础上简化税收征管流程，降低征税环节产生的多余人力成本等浪费现象。成渝地区可以在各地设立"外地服务同质化专窗"，为其他地方来此办理税务事务的人开通绿色通道；同时可以推广异地电子缴库，推进川渝地区社保征缴协同。③通过财税库银联网通道，打通成渝地区税务、国库和商业银行三方信息系统，为成渝地区双城经济圈一体化、打造国际消费中心城市提供助推力。④

从世界范围来看，国际消费中心城市所在地区基本都制定了有利于消费聚集的地方税收政策，其目的更多在于引导特定的消费行为。我国海关总署可以鼓励成渝地区符合条件的城市申请建设综合保税区、保税物流中心和口岸免税店，大力发展"一带一路"特色产品，实现"前店后仓""快速提离"，便利国内外消费者，扩大本国商品出口，提升品牌国际知名度。⑤

3. 供给端

我国各界对国际消费中心城市的内涵理解尚局限在商贸、旅游等个人消费层面，没有重视城市公共服务的消费——事实上，相较于这些感官消费，人们集聚到城市更多是看重其提供的有利于人力资本提升的优质公共服务。因此，在关注个人消费的同时也应当同时注意人才的留存。

首先，应当打造生态宜居城市和特色旅游消费胜地，提高幸福感。东京都市圈不仅充分关注圈内市民的生活体验，也在立足日本国内旅游资源共性的基

---

① 莫远明. 提升成渝地区双城经济圈的协同创新发展能力 [J]. 当代党员，2020(10):46-47.

② 重庆市人民政府，推进征管服务一体化 营造良好营商环境 川渝统一税务行政处罚裁量权 [EB/OL]. (2022-01-11) [2022-09-16]. https://www.cq.gov.cn/zt/cydqscjjq/chscjjhjjq/202202/t20220211_10384621.html.

③ 新华网，落实减税降费政策 确保税惠红利直达市场主体 [EB/OL]. (2022-01-21) [2022-09-16]. http://sc.news.cn/content/2022-01/21/c_1128286182.htm.

④ 每日经济新闻网，成渝地区双城经济圈两周年 跨区域税收协作"经验录" [EB/OL]. (2022-01-07) [2022-09-16]. http://www.nbd.com.cn/rss/toutiao/articles/2077314.html.

⑤ 成都市新都区人民政府，海关总署出台12条支持举措 助力成渝地区双城经济圈建设 [EB/OL]. (2021-11-22) [2022-09-16]. http://www.xindu.gov.cn/xdqzfmhwz/c141424/2021-11/22/content_72bb5c87a2824cc1bab111369cd26b4a.shtml.

础上，发掘当地旅游个性，以知识交融、视觉冲击给予游客无与伦比的体验。成渝地区内城市应当充分把握森林绿植的自然资源，把握民生和生态的平衡。成渝地区还应当充分提高公共服务水平，健全医疗、就业服务保障平台，保障农民工权益，实现城乡信息系统互联互通，助力城乡经济协调发展，提升人们的获得感。① 成渝地区双城经济圈也应当继续塑造"成渝休闲""成渝服务""成渝消费"等特色地区品牌，推出优雅时尚和慢生活的城市体验。例如，川菜、火锅等美食，成渝地区人民眼中差别极大，但对于外地游客来说相差无几。成渝地区就可针对这类旅游资源求同存异，共同打造成渝特色。再如，成都的三星堆、九寨沟和大熊猫等文旅 IP 和重庆大足石刻、洪崖洞等风光是成渝地区内较负盛名的景观，极具巴蜀特色。成渝地区双城经济圈可以把握这类巴蜀元素，创造"早上在成都看大熊猫，晚上就在重庆洪崖洞看夜景"的文旅可能。成都近年推出"八大消费场景"试验，收效甚佳。成渝地区双城经济圈可以在成都"八大消费场景"的经验基础上推陈出新，共同打造品牌创新中心、品质服务中心和品位生活中心，以"网红城市""夜经济""首店经济"等元素吸引更多消费契机，打造具有全球影响力的标志性商圈。②

其次，继续提高科技技术，完善人才培养系统。国际性消费城市的核心在于消费者，尤其是高素质人才。东京都市圈的城市分工布局吸引了众多知名高校学府和科研机构进驻，东京都市圈也合理利用这些已有的科研储备力量，积极推出"企校合作"等相应措施支持科技成果落地发芽。成渝地区本身就是中国科技创新的西部"中国硅谷"，科研资本雄厚。同时成都已有国内一流的电子科技大学、科技园区，可以打造国内重要的科技创新示范区，瞄准高标准西部科学城，推动成渝地区形成一体化技术交易市场。同时，还可以引进国内外领先技术和强大资本并在政策、资源上提供保障和优惠，打造技术含量高、集群能力强的产业群，让具有自主创新能力的企业源源不断涌出。另外，也应当重视各类教育的力量。四川省教育厅与重庆市教育委员会于 2021 年 11 月共同制定了《成渝地区双城经济圈教育协同发展行动计划》，经济圈应当借此机会

① 朱元佳. 成渝地区双城经济圈建设的思考 [J]. 四川省社会主义学院学报，2021(04):81-84.
② 成都市发展和改革委员会，建设国际消费中心城市，成都吹响冲锋号！范锐平在会上这样阐释路径愿景 [EB/OL].（2019-12-17）[2022-09-16]. http://cddrc.chengdu.gov.cn/cdfgw/fzggdt/2019-12/17/content_dd109d7049ec43a3a4a81a33a22b257b.shtml.

探索西部教育创新，为圈内人才和产业提供支点，推动成渝双核国际消费中心建设。高校应当充分发挥科技创新的基础性作用，开展"双一流"学科和高校联建、教师轮校进修等，促进教育资源在成渝地区内的合理流动。对于落后地区教育资源匮乏的情况，教育部门可以适当放宽义务教育阶段学生入学的户籍限制，尽可能减少由于教育资源配置不公带来的负面影响。[1]高校也应当与企业合作，共建科技创新园、创业园等，让学生能从课堂走向创新操作，便于科研企业的人才培养和科技成果转化。成渝地区双城经济圈也可以选择引进外地优秀人才，出台一系列优惠政策便利人才在成渝地区的生活，充分利用成渝地区招商引资、招才引智、减税降费、自主创业、社保稳岗等现有政策，统筹人才、就业、产业等方面可利用的现有资金，推动人力资源要素在成渝消费中心都市圈内聚集。[2]成渝地区也应当重视知识产权保护，制定相应知识产权保护条例，鼓励更多科研人员参与到科技创新中去。[3]宜居的国际性消费中心城市建设将吸引世界各地的优秀人才前来消费城市参与生产和分配中，高人力资本消费者在参与消费城市建设的过程中也将提高城市消费竞争力。

## 五、总结

　　成渝地区双城经济圈的国际消费中心建设是我国西部地区重要发展战略。在借鉴国外相似条件下的东京都市圈发展模式经验的基础上，结合成都与重庆两座核心城市和圈内周边城市的各自特点，发挥两座核心城市的感召力，凝聚成推动成渝地区双城经济圈建设与发展的强大合力，促进成渝地区双城经济圈向国际消费中心城市迈进。

　　在成渝地区双城经济圈建设培育国际消费中心城市，需要从供给、需求

① 邓成超，全念，陈琪君.成渝地区双城经济圈建设对区域人口流动的影响研究——基于成渝地区16个地级城市面板数据[J/OL].重庆文理学院学报(社会科学版):1-12[2022-09-16].http://hfgga60aabc7d15084b00hupfvqxfbppqx6bo6.fhaz.libproxy.ruc.edu.cn/kcms/detail/50.1182.C.20220104.1121.002.html.
② 古银华，罗钰，叶华，阳琴，曹鹏.人力资源地域协同发展模式探索——以成渝地区为例[J].时代经贸，2021，18(12):110-112.
③ 蔡文伯，赵志强，禹雪.成渝地区双城经济圈高等教育—科技创新—经济发展动态耦合协同研究[J].西南大学学报(社会科学版)，2022，48(01):130-143.

和消费环境的角度逐步发力，逐个击破，建立具有特色、辐射周边国家及地区的区域性国际消费中心城市。既需要完善相关财政措施，优化与城市群消费密不可分的基础设施，也要充分认识到城市合理布局的重要性，避免同质化竞争。

建设成渝双核国际消费中心，还需重视文化消费的"提质"作用。在经济社会持续发展的背景下，消费者的消费结构产生了巨大变化，早已从衣食住行的基础性消费走向了追求精神上的愉悦和审美上的享受的文化消费。国际消费都市圈内除了有自然生态的独有符号，还有文化生活上的娱乐场所、历史遗迹等，高品质的消费环境吸引高素质人才，形成供给端和需求端的良性循环。

从长远来看，既要让成渝地区双城经济圈成为国际国内的消费中心，畅通国际国内双循环，也要让各式各样的特色消费模式走向人民消费结构的中心，实现城市消费高质量、可持续发展。[①]

## 【参考文献】

［1］MAN K C, JINGBO H, WING L K. Tertiary education and innovation in the Greater Bay Area[J]. Asian Education and Development Studies，2020，9(3): 325-336.

［2］肖金成，马燕坤.世界典型都市圈的城市分工格局 [J].中国投资（中英文），2019(23): 65-66.

［3］陈国栋，王亚同.纵深推进成渝地区双城经济圈建设 [N].重庆日报，2022-01-19(004). DOI:10.28120/n.cnki.ncqrb.2022.000392.

［4］日本电车时刻表 [EB/OL].(2020-02-22)[2020-05-01].https://ekitan.com/，2022-03-08.

---

① 姜薇，刘士林.消费中心城市：历史逻辑、理论逻辑与现实逻辑 [J].社会科学，2022(02): 87-94.

# 功能设施篇

Ⅲ

# 加速新型智慧城市建设，推动
# 成都国际对外交往中心发展

曲　娜*

【摘要】新型智慧城市发展有其自身独特的特性和发展趋势。后疫情时代，加速推动成都新型智慧城市建设正当其时，但同时也面临着诸多挑战。本文认为，兼顾区位优势和已有的建设成果，成都新型智慧城市建设可以从"有特色、有技术、有温度"三方面持续推进，着力抓牢战略重点，构建国际对外交往中心的长效发展机制。

【关键词】新型；智慧城市；成都；国际对外交往中心

从智慧城市理论到实践探索，从试点城市到获得实质性进展，智慧城市建设在高速推进的同时也为中国的城镇化、国际化奠定了坚实的基础。运用大数据、云计算、人工智能等现代科技手段推进城市治理现代化，使城市更聪明更智慧。经历疫情的考验，现实也给予了最强有力的支撑，智慧城市的发展已经初具规模，未来的发展空间将更为广阔。

## 一、新型智慧城市发展的内涵和趋势

### （一）新型智慧城市内涵和发展阶段

#### 1. 新型智慧城市内涵

新型智慧城市的本质是现代信息技术和城市治理的深度融合，将以人为核心的创新和可持续发展理念根植在城市建设的过程中。区别于数字化城市和智能化城市，智慧城市是城市信息化的高级形态。它是数字空间和物理空间在

---

* 曲娜，清华大学华商研究中心主任助理。

人的生存和发展空间上的复杂交汇，是城市演进中形成的城市智能生命综合体。

在城镇化转型的中国，城市的建设同城市综合治理相结合，促使智慧城市获得了新的发展空间。城市大而不同，不同的城市或城市群的发展借助智慧城市发展的力量获得新生，觅取城市经济发展转型的契机。新型智慧城市建设依托创新技术，力求实现基础设施更高效运行，推进城市的高效管理和可持续发展，确保城市更宜居更人性。

2. 智慧城市的发展阶段

2008年IBM公司提出"智慧地球"战略。以此为理论，我国智慧城市正式提出并开展试点，经历了探索、调整、突破，从智慧城市1.0向智慧城市2.0深入。

智慧城市1.0：2012年国家智慧城市开始试点，筑顶顶层设计，在列入"十二五"规划的同时拥有相对完整的规划和建设图景。充分运用现代科学技术、信息网络资源，以数字政务、数字民生、数字产业为核心，集成智慧城市建设平台，搭建从政务、执法、校园、物流、环保、医疗、交通、食品安全等一系列应用场景，旨在驱动城市发展、推动新型城镇化建设、构筑良好的城市生态系统。近些年，在新基建的推动下，智慧城市的数字基础设施建设得到充分的重视和发展，信息化基础设施建设得到全面延展。

智慧城市2.0：伴随网络帝国的崛起、信息化的深入，多变的国际局势，突变的外部环境，体制机制的不断融合、创新激发出的源源活力，城市建设也从数字化城市发展向智慧城市发展进阶。城市的数字化发展，并不完全意味着城市更精细、更人性化的管理、运作，并非应用场景的数字化就可以简单称为智慧城市。高速的数字化发展如果没有解决城镇发展过程中显露的问题，无法做到真正的信息互通，那只能说提高了数字化水平，而非智慧城市。现阶段的数字化治理就是要打破行业壁垒，打破信息孤岛，趋向更开放、协同而系统的城市架构，通过创新手段形成整体合力，进一步向智慧城市迈进。

## （二）新型智慧城市的发展趋势

### 1. 后疫情时代数字化城市建设将提速

"云、管、端"的智慧城市基础设施建设有效连接"线上线下"，感知交互，数字空间和物理空间深度融合。后疫情时代的数字信息技术不仅是人工智能、云计算、大数据、物联网，还包括如社交网络、Living Lab等集合的社会技术方法的应用，以此实现创新的可持续环境，从而"智慧"地整合社会资源、提高市民服务质量，优化产业发展，实现数字行政服务、公共服务、生活服务全方位的提升。

### 2. 赋能价值形成多元"智慧＋"城市建设格局

新型智慧城市蕴含着多种元素，未来的发展将与"双碳"、数字治理等方面交叉赋能，形成"智慧＋"城市建设格局。从古至今，城市建设和治理解决的核心问题都是城市中生活的人的问题。今天，要实现社会管理的精准、精细和高效，解决城市治理的"痛点"，就必须搭建智慧城市、智慧乡镇、智慧社区、智慧能源、智慧交通、智慧环保、智慧楼宇等"空天地"一体化系统，最大限度发挥各类信息的社会价值、经济价值，全面赋能升级构建智慧城市。

### 3. 智慧城市支撑保障体系将更趋于完善

在基础设施充分发展后，区位劣势不是新型智慧城市发展的阻碍，新型智慧城市建设的支撑保障将是智慧城市建设得以进一步发展要突破的瓶颈。打造有机运行的城市智能生命综合体并不是局限在一个领域内部，而是跨领域的互联互通。比如，智慧交通、智慧能源、智慧住宅都是智慧城市的一部分，要实现城市管理、运营的智能化，城市或城市间的数据、网络都需要处于同一平台进行操作，才能准确识别、预判、检测、应急和响应。只有完善智慧城市发展过程中相关的政策法规、组织建设、运行机制，才能圆满地完成智慧"城市大脑"下达的指令的体系。

表 1　智慧城市的发展体系[①]

| 智慧城市服务 | 资源治理：政务、能源、水务、环保…… | | 智慧城市运营 | 运营管理 |
|---|---|---|---|---|
| | 市民服务：交通、教育、医疗、文娱…… | | | |
| | 产业发展：企业经营服务、产业创新、产业生态…… | | | 安全管理 |
| 智慧城市基础设施 | 数字基础设施 | 数字平台 | | |
| | | 云基础服务 | | 运行维护 |
| | | 网络连接 | | |
| | 物理基础设施 | 感知交互 | | |
| 智慧城市支持保障 | 政策法规、组织、机制、资源 | | | |

---

① 来源：《2021 华为智慧城市未来发展白皮书》。

## 二、成都着力加速新型智慧城市建设

### （一）成都加速新型智慧城市建设正当时

疫情期间，"一网通办"、"一码通城"、产业赋能提质、交通便捷通达，城市智慧治理水平明显提升。经过疫情的洗礼，2020 年 10 月成都市印发《成都市智慧城市建设行动方案（2020—2022）》，正式打响了建设具有世界影响力的国际智慧之城的发令枪，致力于到 2022 年进入全国智慧城市第一方阵，成为全国"数字政府、智慧社会"建设的典范城市。

结合疫情的经验，成都首先推出"智慧蓉城"数字政府政务平台，推进公共安全、公共服务、公共管理智慧化，全力推动城市智慧平台建设。其次，突出成都宜居和包容的特色。规划建设城市森林公园，打造城市绿道，将人工智能、物联网充分应用于市民生活场景中；提升城市服务功能，为老人、儿童提供智能照拂和柔性关照；着力解决城市化中的"大城市通病"，提升服务效能和市民的幸福指数。最后，将柔性关照扩展到城市的每一个神经末梢，形成网络格局。当每一个城市的基本单元都得到重视，市民直观的感知和参与城市的意愿加强，城市管理的幅度便自然拓宽，充分保留成都独有的烟火韵味。

作为一个人口超过 2000 万的国家中心城市，成都之所以能够在 2020 年全球城市评级机构 GaWC[①] 的评选中位列第 59 名，成为仅次于北上广深的国内"新一线"城市，要归功于早期的智慧城市的建设。2021 年成都更是在全球智慧城市大会[②] 的角逐中摘得桂冠，荣获"2021 世界智慧城市大奖·宜居和包容大奖"全球冠军。

---

① 全球化与世界级城市研究机构 2020 年发布世界城市排行。

② 全球智慧城市大会（Smart City Expo World Congress，SCEWC）由西班牙巴塞罗那市政府创办于 2011 年，由联合国人居署、世界经济论坛、世界银行等国际组织支持，至今已连续举办 10 届，是目前全球规模最大、专注于城市和社会智慧化发展及转型的主题展会。自 2018 年起，世界智慧城市大奖中国赛区设立。2021 年，中国 10 个省 30 座城市、4 个直辖市和 3 个自治区共 121 个项目参与竞奖；全球 46 个国家、421 座城市共 1123 个项目角逐世界智慧城市大奖。

### （二）成都发展新型智慧城市建设面临的挑战

**1. 城市的多元化和数据的复杂性**

城市的场景多元、牵涉的地域广阔、城市中人群的复杂性、相关环境瞬息万变，而其所构筑的城市数据庞杂繁复且更新速度快。面对城市日新月异的发展，要在多元异构的城市数据中筛选清算，并不是一件容易的事情。如何精准定位城市的变化和把握数据的有效是智慧城市建设面临的首要问题。

**2. 城市数据的分析和挖掘不够深入**

智慧城市发展处于 2.0 阶段，体系建设还在摸索，如何打破信息孤岛，完成信息的互联互通仍是有待解决的问题。城市发展的个体需求差异导致城市发展的战略和路径差异。一旦打通"任督二脉"，深入地分析数据和探索挖掘城市潜能，促使资源治理、产业发展、市民服务三环链条紧密连接，就可以清晰地判断需求差异，驱动城市智慧前行。

**3. 数据共享和数据安全的矛盾**

目前，新型智慧城市建设缺乏有效的监管，绩效评估指标尚不完善，网络信息安全意识相对薄弱。一方面，新型智慧城市建设需要获取完整的数据信息应用于数据处理，进行数据的有效交互，如果数据信息的壁垒无法打破，智慧大脑所做的分析和判断将缺少有效的依据；另一方面，数据获取和应用涉及企业秘密、个人隐私，如果使用不当将引发社会安全问题，不容小觑。这一对矛盾如何解决，标准如何设定，都是智慧城市发展面临的突出问题。

**4. 智慧城市建设体系不完善**

《中国城市数字治理报告（2020）》①显示，中国城市建设和数字治理水平是密切相关的。城市的治理不仅仅是通过平台、工具等技术手段，更是要实现体系化的转变，采取有效的策略确保数字化转型的效果、城镇化的和谐平稳过渡。正如前所述，城市智能生命综合体离不开智慧城市服务、智慧城市运营、

---

① 报告显示，我国城市整体数字治理水平仍然偏低，均值仅为 0.2799，且各城市间的差异较大，62% 的城市数字治理指数小于均值。从区域上看，数字治理指数总体呈现"东高西低、南高北低"格局。长三角区域城市数字治理水平显著高于全国。南京、宁波、合肥、温州、湖州、金华、无锡、嘉兴、绍兴等长三角城市数字治理水平位于全国前列。中西部城市在数字治理方面呈现跨越式发展，以武汉、郑州、西安、成都、重庆等为代表。

智慧城市基础设施、智慧城市支持保障每一环节的协同运作。

## 三、推动成都新型智慧城市建设的对策建议

政府作为公共产品最主要的供给主体，充当"掌舵人"的角色，对于新型智慧城市建设可以考虑从"有技术、有特色、有温度"三方面共同推进。

一是"有技术"，构建具有城市治理要求的全息城市数据平台体系，将城市治理急需的公共专题、服务供给进行多源头汇总，打通断头路，深化要素集聚，推动数据服务的新的形态成形，平台产业群落块状发展，从而助力"智慧"城市治理。推动城市治理动态融合创新，建立动态评价机制，打造具有国际影响力的专业平台网络体系。

二是"有特色"，成都兼具区位优势，属于公园城市，自然和人文气息极具国际特色，包容而悠闲。城市的建设和发展需要正确的定位，充分利用优势特色，通过贯通和实现城市发展、逐级沉淀和增强国际影响力，立体三维地构筑城市治理的良好生态环境，打造独特的优势环境。

三是"有温度"，成都斩获世界智慧城市领域"奥斯卡"后，战略发展定位更为明晰，数字化治理将持续赋能更宜居、更包容的城市发展。以"智慧蓉城"的政府级平台生态（政务服务、安全治理、交通预测、环保监测等）作为战略抓手，将助力成都打造具有国际影响力的新型智慧城市。

兼顾区位优势和已有的建设成果，成都新型智慧城市发展可从以下几个方面抓牢战略重点，构建发展长效机制。

一是创新途径、拓展智慧平台的服务和效能。创新市场化、平台化管理思想，与经济社会发展各领域工作相衔接，与新型工业化、信息化、城镇化相统筹，与成都城市区位、经济、政策等方面相结合，持续优化营商环境，构建城市综合运营总指挥平台，打造良好的政府服务环境。"智慧蓉城"平台，旨在深度连接经济、社会、政府协同联动，进行城市统筹治理和公共服务。除了政务服务外，还需要全面考虑交通、教育、就业、碳排放、能源消耗、税务、社会公益、投资、利润、无形资产等，清晰数字化平台的价值和效能。

二是筑牢疫情防控防线，将应急管理体系融入数字化城市治理的体系中。要在巩固防控疫情已经取得的成果基础上，完善平台，提升医疗保障水平。从

政策传导机制来说，政府级数字平台，打通了政策兑付的"最后一公里"，信息传递的准确和真实，扶助企业复工复产，确保预想的效果。

三是新型智慧城市建设以数据治理为基底，全面做好数据开放与数据安全保障工作。一方面，"智慧蓉城"以大数据、区块链等技术"数字赋能"为驱动，建立政府与市场主体平等互信机制，推动实现交流方式的切实转变，从政策制定、政策兑现到政策效果，从政策的精准定位、瞬间兑付到实时可测，无疑都需要数据平台的支撑。另一方面，通过平台机制构筑社会信用体系。前期培育的一批数字平台及细分行业平台，通过联通政府级平台，凭借自身良好的制度禀赋，进行平台制度创新，推动区块链技术贯通数字平台产融一体，社会信用机制要与数字平台搭建协同共振，最终提升成都公共产品供给和服务的质量，打造全球城市新高地。

四是打造一流数字基础设施体系。在数字经济发展的浪潮下，创新基础设施仍会是政府投资的重点。针对新型智慧城市建设，充分考虑如何更好地发挥平台的作用和效能，将其所提供的公共产品和服务最优化。落实加大城市的基础设施建设和公共服务供给，重点加强如交通、环境、能源等对城市发展有重大促进作用的基础体系构建，是不无裨益的。

《全球创新城市的崛起》[①]指出，新的全球创新城市正在崛起，全球创新格局正在形成，这也是城市发展的最佳机遇期。成都应该抓住机遇期，通过新型智慧城市建设，调集新动能，尝试新的治理、新的体验、新的模式，打造成都国际对外交往中心新局面。

## 【参考文献】

［1］霍尔. 文明中的城市 [M]. 北京：商务印书馆，2016.

［2］王辉. 智慧城市 [M]. 北京：清华大学出版社，2010.

［3］吴亚菲. 产业集群与城市群发展的协同效应研究 [D]. 上海：上海社会科学院，2017.

［4］王弓. 经济增长、金融发展与城镇化的协调研究 [D]. 北京：北京交通大学，2016.

---

① Florida R., and Hathaway I. "Rise of the global startup city." Washington, D.C.: The Center for American Entrepreneurship. 2018. http://startupsusa.org/global-startup-cities/#conclusion.

[5] 李德仁，姚远，邵振峰.智慧城市中的大数据 [J].武汉大学学报（信息科学版），
2014(6).

[6] 阿尔伯特·梅耶，曼努尔·彼得罗·罗德里格斯·玻利瓦尔，奉莹，王欣红，陈叶盛.
管理智慧城市：关于智慧城市治理的文献综述 [J].国际行政科学评论（中文版），
2016(4).

# 扎实推进新型基础设施建设，
# 夯实成都智慧城市发展底座

王　苗①

【摘要】以数字化为核心的新型基础设施建设与智慧城市建设相辅相成，智慧城市建设离不开新基建的支撑，扎实推进新基建，有助于夯实成都智慧城市发展的底座。成都市自 2020 年以来加快推进新基建，取得了明显成效，但同时也面临着资金紧张、电力紧张、监管治理难等诸多挑战。本文认为面对新基建这一复杂工程，首先要吃透中央精神，有方向感，有大局观，长远规划，稳步推进；其次，在具体推进层面，创新建设模式、投融资模式，以关键环节、重大工程建设为抓手，补齐短板，充分发挥地区优势抓住机遇；最后，高度重视行业监管与技术、网络、数据安全问题，进行前瞻性布局。

【关键词】成都；新基建；智慧城市

　　自从 2020 年国务院政府工作报告中提出"加强新型基础设施建设"（以下简称"新基建"）以来，国务院有关部委、各地区纷纷出台相关政策，新基建进入快车道。新基建已然成为推动新产业发展的重要引擎，成为促进城市智能化建设的重要着力点。以数字化为核心的新型基础设施建设与智慧城市的建设相辅相成，智慧城市的建设离不开新基建的支撑，这将为成都建设国际对外交往中心奠定基石。成都市自 2020 年以来加速布局新基建，取得了明显成效，为成都智慧城市的建设打下坚实基础。

---

① 王苗，中国能建葛洲坝国企党建研究院研究员，历史学博士。

## 一、新基建的提出

基础设施是现代经济社会发展基石，长期以来以"铁公基"（铁路、公路、机场、港口、水利设施等建设项目）为代表的传统基础设施建设，在工业革命以来主要发达国家经济发展中扮演了重要角色，也是中国经济发展的重要引擎。随着信息化、数字化时代的到来，对信息基础设施建设提出了迫切需求，大数据中心、人工智能、工业互联网等领域的新型基础设施建设随之成为人们关注的焦点。全球各主要经济体都极为重视新基建领域，美国、德国、英国、法国、日本等主要发达国家都提出了类似的概念并开展长期规划，着眼于数字经济战略的顶层设计，聚焦于核心数字技术创新，加快推进数字技术向生产端渗透。如近年来美国一直在布局超前的数字经济战略规划，以美国商务部为主要推动者，美国政府推出多项政策与规划。2020年，欧盟连续发布《欧洲数据战略》《欧洲人工智能白皮书》等数字战略文件，目标是确保欧盟在数字化和人工智能方面处于全球领导者地位。

新基建这一概念提出时间并不长，但它并非一个全新事物，近几年来我国一直密切关注并着手推动新基建的布局。新基建这一表述最早出现在官方文件中是在2018年12月的中央经济工作会议上，中央多次会议反复提及新基建，直到2020年国务院政府工作报告中，明确提出："加强新型基础设施建设。"在官方尚未对新基建给出明确定义之前，社会上、资本市场上较为关注的是七大细分领域，分别是：5G基站建设、特高压、城际高速铁路和城市、轨道交通新能源汽车充电桩、大数据中心、人工智能、工业互联网。2020年4月，国家发改委正式定义新基建，指出"新型基础设施是以新发展理念为引领，以技术创新为驱动，以信息网络为基础，面向高质量发展需要，提供数字转型、智能升级、融合创新等服务的基础设施体系"并就其内涵做出解释。[1]从定义来看，新型基础设施强调"新型"与"基础设施"两个方面，突出强调数字化的基础设施建设。

---

[1] 新基建怎么定义？发改委权威解释来了，http://it.people.com.cn/n1/2020/0420/c1009-31680461.html.

表1　新基建重点建设内容①

| 分类 | 重点内容 |
|---|---|
| 信息基础设施 | 基于新一代信息技术演化生成的基础设施，比如，以5G、物联网、工业互联网、卫星互联网为代表的通信网络基础设施，以人工智能、云计算、区块链等为代表的新技术基础设施，以数据中心、智能计算中心为代表的算力基础设施等 |
| 融合基础设施 | 深度应用互联网、大数据、人工智能等技术，支撑传统基础设施转型升级，进而形成的融合基础设施，比如，智能交通基础设施、智慧能源基础设施等 |
| 创新基础设施 | 支撑科学研究、技术开发、产品研制的具有公益属性的基础设施，比如，重大科技基础设施、科教基础设施、产业技术创新基础设施等 |

总之，新基建是贯彻当前我国新发展理念，在新发展阶段下的新产物，与传统基建相比，新基建之"新"表现在新的领域、新的地区、新的方式、新的主体、新的内涵②，表现出新技术、新平台、新应用、智能化、数字化等特征。目前，中央的顶层设计比较清晰，政策路线图也已明朗，自2020年以来，国家、各部委、各省市相继出台新基建相关政策文件，各省市已纷纷加大新基建的建设，毫无疑问新基建已然成为"十四五"经济建设重要领域。

## 二、成都新基建发展现状及面临的挑战

### （一）发展现状

成都智慧城市建设早已全面铺开，并且取得了一定成绩，大规模推进新基建工作始于2020年。2020年1月成都市发改委公布的总投资33303.23亿元，年度计划投资4686.87亿元共1000个重点项目中，城市轨道交通、大数据中心、人工智能等新基建项目占据重要席位。同年7月，成都市发改委印发《成都市新型基础设施建设行动方案（2020—2022年）》明确将建设目标锁定在基础信息网、枢纽交通网、智慧能源网、科创产业网这四张网上。方案明确了2020年至2022年三年行动目标、四大工程16项重点任务、6项保障措施，提

---

① 新基建怎么定义？发改委权威解释来了，http://it.people.com.cn/n1/2020/0420/c1009-31680461.html.

② 任泽平，马家进，连一席.新基建：全球大变局下的中国经济新引擎[M].北京：中信出版社，2020.

出到 2022 年，"基本形成技术先进、模式创新、四网融合、支撑有力的新型基础设施，与铁路、公路、桥梁等传统基础设施，共同构建数字化、网络化、智能化的基础设施体系，对国民经济和社会发展的贡献度和支撑力显著提升"①。

表 2　成都市新基建着力建设"四张网"

| 基础信息网 | 以 5G、大数据、人工智能、工业互联网、卫星互联网等为核心 |
|---|---|
| 枢纽交通网 | 以城际高速铁路、城际轨道交通、智能交通基础设施等为核心 |
| 智慧能源网 | 以特高压、新能源充电桩、智慧能源基础设施等为核心 |
| 科创产业网 | 以高品质科创空间、重大科技基础设施、公共服务平台等为核心 |

在基础信息网方面，目标旨在建成高速泛在、融合绿色的基础信息网。就建设基础来看，2019 年四川入选国家数字经济创新发展试验区，2020 年成都获批国家新一代人工智能创新发展试验区，成都作为国家八大通信枢纽之一，其网络规模和运行实力位居全国前列，在中高频、新兴显示器件、网络安全、软件服务业等领域实力雄厚。②2020 年成都电子信息产业主营业务收入首次突破万亿元大关，同比增长 19.8%。2020 年全年规模以上工业增加值中，电子信息产品制造业增长 14.4%，营业收入中电子及通信设备制造业、计算机及办公设备制造业分别增长 16.7%、14.8%。③在工信部 2020 年度十大城市重点场所移动网络质量评测结果中荣获"地铁场景组 4G 网络质量最佳城市"。2020 年11 月，阿里云西部云计算中心及数据服务基地正式落户成都。2022 年 2 月成渝成为国家部署的八个全国一体化算力网络国家枢纽节点之一，目的在于引导大型、超大型数据中心向枢纽内集聚，形成数据中心集群，发挥规模化、集约化效应。④

在枢纽交通网方面，目标旨在建成辐射全球、内畅外联的枢纽交通网，大力推进城际高速铁路和城际轨道交通建设，重点提升对外开放、对内通达

①《成都市人民政府办公厅关于印发〈成都市新型基础设施建设行动方案（2020—2022 年）〉的通知》，http://gk.chengdu.gov.cn/govInfo/detail.action?id=119725&tn=6.

② 新基建风口下，如何乘风破浪？成都近日将出台三年行动方案.红星新闻，2020.7.2，https://static.cdsb.com/micropub/Articles/202007/06d04dbe28bbec8e663d91bb640c4ab9.html.

③ 成都市统计局，国家统计局成都调查队.2020 年成都市国民经济和社会发展统计公报.成都日报，2020-03-27（03）.

④ 八大算力网络国家枢纽节点全部获批，"东数西算"大棋局成渝扮演什么角色？红星新闻，2022.2.17，https://static.cdsb.com/micropub/Articles/202202/31a9b3ebb1b8d732c942c1b69668b618.html.

的畅行能力。2019年，成都轨道交通装备已纳入国家首批战略性新兴产业集群建设，是全国轨道交通产业链条最齐备城市之一，综合实力居全国第二位。①2020年年底，全市轨道交通运营总里程达到558公里，万人平均城市轨道交通运营里程达0.35公里，比世界发达地区平均0.31公里的水平略高，位居国内轨道交通"第四城"。②在智能交通基础设施建设方面，2021年年底成都入选国家智慧城市基础设施与智能网联汽车协同发展第二批试点城市，经开区高新区为先行示范区。西门子数字化工业软件集团与成都经开区投资建设的西门子全球仿真及测试技术（成都）研发中心、中德智能网联及新能源汽车（成都）工程中心已在建设中。2021年3月，百度Apollo成功中标四川首个智能驾驶示范项目，5G智慧城智能驾驶项目——成都高新区新川创新科技园改造约30公里智能网联示范道路。

在智慧能源网方面，着力强供给、优网络、补短板。目前，四川已形成交流、直流齐发力的清洁能源外送通道群落，水电利用率已连续两年超过95%，成都是四川电网最大的负荷中心，是连接全省主网的枢纽中心。③新能源充电桩方面，截至2021年年底，累计建成充电桩6.1万个（部分居民自用充电桩未纳入统计范围）、充换电站1413座，"车桩比"达到3.9：1。2022年，为构建以新能源为主体的新型电力系统，全国首个省级新型电力系统研究平台——四川省新型电力系统研究院在成都的国网四川省电力公司揭牌成立。

在科创产业网方面，目标旨在建成创新驱动、集群支撑的科创产业网。成都已累计建成重大科技基础设施、科教基础设施、产业创新设施等高能级创新平台201个。④2020年年底建成的成都超算中心，是西部第一个国家级超级计算机中心，于2022年2月纳入国家超算中心序列。它以超算机房为核心，搭配电力系统、液冷系统、数据储存，实时监控及科研平台的新型基础设施，最高运算速度达到10亿亿次/秒，截至2022年2月，已为全国35个城市600余家用户提供超算服务，部署学科计算软件200余个，完成量子生物信息系统等12个超大体系课题项目，服务涵盖航空航天、人工智能、生物医药、先进材

---

①③④ 新基建风口下，如何乘风破浪？成都近日将出台三年行动方案.红星新闻，2020.7.2，https://static.cdsb.com/micropub/Articles/202007/06d04dbe28bbec8e663d91bb640c4ab9.html.
② 成都成为国内轨道交通"第四城".四川日报，2020-12-19.

料等数十个领域。①2021 年，成都科创网建设方面成果喜人，西部（成都）科学城、天府实验室正式揭牌，天府兴隆湖实验室、天府永兴实验室挂牌运行；搭建创新平台方面，新增国家级创新平台 5 个，总数达 215 个；新增产学研联合实验室和工程技术研究中心 23 个，2021 年全球创新指数（GII）中排名第 39 位。②

以上可以看出，成都新基建的"四网融合"对标国务院政府工作报告、"十四五"规划、国务院有关部委等提出的目标任务，涵盖了新基建信息基础设施、融合基础设施、创新基础设施三大方面，积极有力落实党中央、国务院有关部委的部署，目前"四网"建设方面通过两年多来的稳步推进，已经形成了坚实的发展基础。

### （二）面临的挑战

新基建是点多、面广、系统且复杂的工程，更是长期持续的建设过程。面对这样庞大的多领域工程建设体系，在具体推进时，会面临诸多的困难与挑战。

#### 1. 在认识层面，对新基建的认识还不够深入

经过两年多的工作推进，对城市而言，新基建不再是陌生事物，已经充分了解其概念与内涵。国务院有关部委已相继出台各类规划，加速布局，比如，发改委启动"东数西算"、住建部实施"新城建"、交通部实施"交通新型基础设施建设"、教育部开展"教育新型基础设施建设"等重大工程和项目。可以说新基建的大方向与路线图已越来越清晰，但如何科学准确认识新基建，如何规划建设，如何更好推进，这依然是摆在城市面前实实在在的挑战。加之，新基建涉及的相关技术、应用场景、产业生态链等整体还处于探索和培育阶段，相关技术标准也不完善，因此在具体认识上还处于摸索阶段。再者，如果说之前的工业建设还处于有国际经验可循的工业发展路径，目前我国新基建则属于与欧美等发达国家并跑的阶段，缺乏相关建设经验可循。

---

① 成都超算中心纳入国家超算中心序列 . 四川日报，2022-2-19(1).

② 成都将推动 72 个创新平台项目落地西部科学城 . 新华网，2022.3.18，http://sc.news.cn/content/2022-03/18/c_1128482489.htm.

**2. 在具体落地层面，存在资金紧张、电力供应不足、核心基础薄弱等不少挑战**

（1）建设资金紧张。跟传统基建相比，新基建的投融资规模更大，有的项目高达几百亿、数千亿元，所需建设资金尤为巨大，且项目具有建设周期长、投资回报慢等特点，因此，建设资金问题是制约推进的重要问题。第一，政府投资能力有限。项目建设所需的巨额投资，单纯依靠地方政府投资能力显然是不现实的，近年来地方财政收入形势严峻，传统基建尚待支持，拿不出更多财力支持新基建，而且国家不断加大对地方政府隐性债务和非标融资的监管力度，在一定程度上也影响了投资的增量。第二，目前存在着社会资本参与积极性不高，投融资主体较为单一，民间投资较少，活力不足等问题。政府、三大运营商、大的互联网平台外，社会资本参与度不高。第三，市场化投融资模式尚不健全，地方政府、国有企业、民营企业在利益共享和风险分担机制尚不健全，创新投融资工具应用不足，现行 PPP 模式也有待规范和创新。①

（2）电力供应存在瓶颈。新基建的核心是数字化基建，5G、云计算等重要建设内容，都离不开电的供应，而这些建设项目对电力的需求空前巨大，是毫无疑问的耗电大户。中国工程院院士吴锋预测，2026 年三大运营商全部升级 5G 后，电力消耗将达到全国总用电量的 2.1%。据测试，5G 单站功耗是 4G 的 2.5～4 倍，5G 移动网络的整体能耗将是 4G 的 9 倍以上。虽然四川是水电发电大省，不过翻阅近十余年来成都的报纸，几乎每年夏天与冬天的用电高峰期都会看到成都电力负荷创历史新高的报道。2020 年夏、冬两季，再次出现超过成都电网供电承载能力的情况，部分区域输变电设施处于超载状态，2021 年成都电网（含天府新区）预计最大用电负荷达 1650 万千瓦左右。目前成都市存在中心城区及部分区县电源点与变电容量不足、电力电缆通道建设滞后和外力破坏等问题，依旧制约着电网的供电能力。②

（3）技术门槛高，核心技术、关键产业薄弱。首先，新基建涉及 5G 基础建设、特高压、大数据中心、人工智能等高精尖领域，有更强的专业性。其次，成都在新基建的核心技术、关键产业方面，基础薄弱。在信息通信领域关键技

---

① 肖钢：新基建存三大问题，应允许民营资本投入重大新基建项目.澎湃新闻，2021.5.22，https://www.thepaper.cn/newsDetail_forward_12801506.

② 今夏成都用电形势严峻 最大负荷缺口预计达 125 万千瓦.成都商报，2021-6-22(3).

术方面，我国存在着被"卡脖子"的地方，当下突出表现是"缺芯"现象，深层次原因是关键核心技术不足的情况，成都亦然。整个四川省在新基建各个领域的建设能力方面，表现出算法等软件领域强、芯片制造等硬件领域相对较弱的局面。①

3. 在监管与治理层面，行业监管与数据安全方面存在新挑战

就监管而言，传统基础设施的监管方面，由于建筑业点多、线长、面广等特点，监管事项多、监管环节多，监管存在一定难度。新基建领域涉及更多行业的新技术、新应用场景，对其监管存在更大困难。数据安全方面，在新基建趋势下数据安全如何升级是一个新的挑战。以数字化为核心的基础设施建设，与一般网络安全相比，对安全性提出了更高要求，安全风险挑战早已超出传统网络安全攻防的维度，大量新技术带来新场景的应用，安全风险也急剧上升。

## 三、推动成都新型基础设施建设的对策建议

一要吃透中央精神，有方向感，有大局观，长远规划，适度超前，稳步推进。吃透中央精神，有方向感，有大局观，这是贯彻执行好中央政策的前提和关键，也是做好地方经济工作的基础。② 首先，要舍得花时间、下苦功夫学习领会中央决策部署的新基建是什么、为什么，全面准确理解国务院有关部委新基建相关政策文件，科学准确理解新基建的内涵与发展趋势。切实加强调查研究，详细研究新基建各个领域主要内容，对相关产业链上下游产业、龙头企业都要深入了解、多跑调研。其次，要系统规划，长远布局。加强统筹规划和顶层设计，制订中长期战略规划和短期计划，科学安排，适度超前布局，稳步推进落地，要及时总结经验。2022 年是《成都市新型基础设施建设行动方案（2020—2022年）》的收官之年，及时总结三年建设经验与不足，调整下一阶段短期行动计划。

二要创新建设与运营模式，创新投融资模式，探索新基建投融资模式的成都方案。在扎实推动新基建的过程中，要牢牢把握好市场与政府关系这一重大命题，科学把握有效市场与有为政府的辩证关系，激发市场主体的投资、建

---

① 这是一份四川新基建"家底"报告 . 四川日报，2020–05–08(6).

② 张晓朴 . 新发展阶段经济工作怎么干？——习近平同志在河北、福建的经济工作实践与启示 [J]. 求是，2021（21）.

设活力。首先，要走出传统基础设施建设由政府主导的单一模式，向社会共同参与、联合建设运营的多元化模式转变。成都政府可在先期投入方面加强引导，同时支持多元主体参与建设，吸引专业市场机构参与运营管理。充分发挥本地国有企业在新基建领域的优势，充分发挥大企业、大集团地区性总部的作用，促进国企、民企新基建领域协同发展。其次，充分发挥财政资金的引导作用和产业基金的乘数效应，增强地方产业投资基金的引导作用，树立可持续发展理念，着眼于成都市的长远发展，确定"审慎投资原则"，防止"一哄而上"和重复建设投资。最后，研究出台新基建的市场准入负面清单，清除障碍，除涉及公共安全等少数项目外，进一步放宽准入领域，降低投资门槛，充分发挥社会资本的作用。加快构建政府引导、企业为主、市场运作的新基建投融资格局，探索总结新基建投融资模式的成都方案。

三要以关键环节、重大工程建设为抓手，抓住机遇，加快项目落地见效。完善重大项目协调机制，加快已建项目落地见效。抓住"东数西算"工程全面进入建设期的机遇，成都作为"东数西算"的西部数据中心将主要负责处理后台加工、存储备份等业务，这将为成都成为创新技术发源地、应用场景"试验田"带来发展机遇，因此要加快布局一批与之相关项目，重点布局上下游重点产业链。依托"东数西算"的软硬件条件，充分结合成都文化产业资源禀赋，加码数字文创，抢抓新媒体矩阵和文创产业新赛道。

四要补齐现有公共服务设施的短板，构筑产业优势，充分发挥地区优势。首先，补齐现有公共服务设施的短板，重视新型基础设施建设的抗震能力，提升电力、交通、物流等基础设施的数字化、智能化改造，增强新基建与传统基础设施的互补性。其次，抓住成都在算法等软件领域的优势，充分发挥出产业聚集效应，构筑在诸如卫星互联网产业方面的优势，着力推进优势领域规上工业企业的培育。最后，切实发挥地区比较优势，抓住成都在清洁电力与人才方面的突出优势。成都作为距离川西清洁水电能源供给中心最近的特大城市，已规划建设川西水电特高压通道，双碳目标下成都在清洁水电方面的极大优势必将化作新型基础设施的运营优势。要切实发挥出充足清洁能源保障和低成本电价、相对低廉的土地供应成本、凉爽的气候这些作为数据中心的优势。在人才方面，据相关统计，成都的人才流失率相对较低，在算法领域人才供给充沛，多所院校开设"数据科学与大数据技术"专业，尤其近年来成都作为"新一线"

城市已经成为国内人才聚集高地，在吸引并留住人才方面具备优势。

五要高度重视行业监管治理与技术、网络、数据安全问题。监管方面，监管方式应该有一个试错的过程，建立"通用性"的包容审慎监管制度体系，建立新基建项目库和监管平台，运用大数据加强事中事后监管，依托平台实施精准监管。重视新基建项目各种风险的识别、分析和管控，参考借鉴相关行业监管的实践与经验。[①] 安全方面，高度重视新基建技术安全、数据安全（包括个人、企业、政府不同层面），树立安全底线思维，建立起一个长期的、战略的、总体的、系统的新基建安全体系。一是提升人工智能核心技术创新能力，立足自主创新补足技术短板，加强海外人才引进和本土人才培养，利用全球创新资源提升技术创新能力。二是建立多方参与的人工智能安全治理体系，政府发挥安全治理主导作用，促进企业积极践行安全治理主体责任，加强安全治理监督。三是健全人工智能安全技术保障能力。四是充分发挥成都国际对外交往中心的作用，促进人工智能国际互信合作发展。[②]

## 【参考文献】

［1］2020 年国务院政府工作报告，http://www.gov.cn/zhuanti/2020lhzfgzbg/index.htm.

［2］成都市人民政府办公厅关于印发《成都市新型基础设施建设行动方案（2020—2022 年）》的通知，http://gk.chengdu.gov.cn/govInfo/detail.action?id=119725&tn=6.

［3］这是一份四川新基建"家底"报告，四川日报，2020-05-08(6).

［4］赛迪顾问股份有限公司.2020 城市新基建布局与发展白皮书.2020.4.

［5］任泽平，马家进，连一席.新基建：全球大变局下的中国经济新引擎 [M].北京：中信出版社，2020.

［6］张晓朴.新发展阶段经济工作怎么干？——习近平同志在河北、福建的经济工作实践与启示 [J].求是，2021（21）.

［7］李艺铭.从数字经济发展理解"新基建"的三大新属性 [J].科技中国，2020（11）.

---

① 胡仙芝，刘海军.包容审慎监管：论新基建监管框架构建的过渡性和开放性 [J].管理世界，2022（2）：116-128.

② 魏薇，牛金行，景慧昀.构建安全保障体系，护航人工智能新基建发展 [J].信息通信技术与政策，2021，47(5)：11-14.

# 成都数字经济发展的新模式及其面临的主要挑战

那朝英 *

【摘要】数字经济是继农业经济和工业经济之后的新经济形态。在数字经济全球稳步增长的时代背景下，国内各大中心城市都在培育各自的数字经济支柱产业。在和其他城市的竞争中，通过积极布局，成都凭借绿色发展能力强等优势，跻身数字经济发展一线城市，并逐步探索出了具有成渝地区双城经济圈地域特色的独特发展模式。但成都发展数字经济的新模式也面临着数字社会基础薄弱、产学研生态体系不完善、平台企业发展不足、数据开放共享机制不健全、数字经济营商环境有待优化等局限，需要从技术、法规和观念革新等多层面进行统筹布局，探索数据要素市场，丰富数字技术应用场景，推进数字经济发展手段的不断创新。

【关键词】成都；数字经济；产业数字化；数字产业化

## 一、数字经济步入快速发展的新时代

目前，数字经济已成为推动全球经济持续发展的新动力，各主要经济体都通过各种手段支持各自的数字经济产业，以推动数字经济的进一步深化发展，从而谋求在未来竞争中占据先发优势。我国作为数字经济发展的大国，也从国家层面制定了发展数字经济的战略规划。在世界各国纷纷抢占数字经济制高点的同时，国内各地也争相布局数字经济，强化数字经济发展的顶层设计。成都作为我国西南部经济活动中资源配置的关键节点，也正经历着深刻的数字化变革，数字经济和智能经济发展亮眼，形成了独特的发展模式。

---

* 那朝英，北京市社会科学院国际问题研究所助理研究员、博士。

### （一）数字经济的内涵和发展特征

美国学者泰普斯科特在 1996 年提出了数字经济这一概念。此后，伴随着数字技术和网络技术的进一步融合，激发了以电子商务为代表的新商业模式的迅速崛起，数字经济逐具影响力。1998 年、1999 年以及 2000 年，美国商务部先后出版了名为《浮现中的数字经济》(I，II) 和《数字经济》的研究报告，数字经济的概念逐渐被人所熟知。2016 年，G20 峰会发布了《数字经济发展与合作倡议》，对数字经济做出了宽泛但明确的定义。在数字经济快速发展与广泛应用的背景下，2021 年 12 月，我国国务院发布了第一个国家级的行业"十四五"规划——《"十四五"数字经济发展规划》，提出"数字经济是继农业经济和工业经济之后的主要经济形态，是以数据资源为关键要素，以现代信息网络为主要载体，以信息通信技术融合应用、全要素数字化转型为重要推动力，促进公平与效率更加统一的新经济形态。"规划中对数字经济的判断和 G20 的定义有共同之处，但将数字经济定位为一种新的经济形态，而非传统经济的一个组成部分，进一步提升了数字经济的战略地位。简而言之，数字经济将会成为未来的主要经济形态，是继农业经济和工业经济之后的更高级的经济阶段。

相较于传统经济而言，数字经济的发展更依赖不同主体之间的开放协同和数字技术的不断创新，因而，经济组织方式的创新会不断涌现，共享化和生态化会成为各企业和组织的显著特征。作为多边市场，平台在数字经济发展中是价值创造和汇聚的核心，将会成为连接和配置资源的基本经济组织，平台化会引领经济发展新趋势。在数字经济时代，数据尤其是数字化的信息和知识将会成为新的关键生产要素，产业结构和人才结构因而会发生较大变革。线上线下的交汇融合，以及物联网的发展，使得数据的产生量爆发式增长，数据分析技术快速发展。迅猛增长的数据已成为各国基础性的战略资源，蕴藏着巨大潜力和能量，带来了新的价值增值。[1] 此外，数字经济在很大程度上能降低信息获取成本、资源匹配成本和制度性交易成本等经济运行成本，经济运行效率会显著提升，尤其能有效提升传统工业生产对有形资源和能源的使用效率，降低环境

---

[1] 中国信息通信研究院 . 中国数字经济发展白皮书 (2017 年 ),2017.7.

污染、生态恶化等危害，有利于实现社会经济的可持续发展和双碳目标的实现。

总之，数字经济在基本特征、组织形式和运行规律等维度和传统经济均存在质的差异，因此，需要站在全新的视野和高度，全面审视数字经济发展的新模式和新业态，及其对社会经济带来的全新影响。

### （二）全球数字经济发展的新态势

近年来，在新技术创新的推动和新冠肺炎疫情的催化下，各国政府围绕数字经济关键领域纷纷加快了部署，更加聚焦科技创新带动下的数字化转型，全球数字经济在逆势中爆发增长，规模不断扩张，形式不断多元，对整体经济发展的贡献不断增强。

## 二、成都数字经济发展的新模式

在数字经济全球稳步增长的时代背景下，国内各大中心城市也都在培育各自的数字经济支柱产业。在各大城市的竞争中，部分城市凭借独特资源优势实现了跨越发展，通过积极布局，成都的数字经济产业就实现了"弯道超车"，并逐步显现出独特的发展模式。近期发布的《中国城市数字经济指数蓝皮书（2021）》中，成都的数字经济指数排名全国第四，位列数字经济一线城市。

### （一）制定了有区域特色的数字经济发展规划

作为四川建设国家数字经济创新发展试验区的核心区域，成都在发展数字经济方面，基于区域特色制定了明确的战略规划，目前已出台多个政策文件，成为数字经济发展的重要引领性力量。在《成都市国民经济和社会发展第十四个五年规划和二〇三五年远景目标纲要》中，成都已针对数字经济发展作出了全面部署，提出要打造网络强市、数字成都。2018 年 2 月，市经信委等多部门联合印发的《成都市推进数字经济发展实施方案》提出，通过推进数字经济重点产业发展、数字技术与实体经济融合发展和数字技术与智慧城市互动发展，要将成都打造为国内领先的数字经济发展高地。此外，成都还出台了重点产业领域的发展规划，如 2018 年出台的《成都市大数据产业发展规划(2017—2025 年 ) 》，为大数据产业发展打下了坚实基础；《成都市 5G 产业发展规划纲要》则为 5G 产业发展定了基调。

2019 年 10 月，国家发展改革委、中央网信办将重庆市、四川省等 6 个省市纳入国家数字经济创新发展试验布局，启动试验区建设工作，推动探索数字产业集聚发展模式、开展超大城市智慧治理、完善新型基础设施、加强数字经济国际合作等创新试验任务的落实。2021 年 1 月，四川省政府结合自身优势和结构转型特点，印发并开始实施《国家数字经济创新发展试验区（四川）建设工作方案》，以成都为核心区域，以区域中心城市和基础较好的城市为重点区域，对试验区建设工作进行全面安排部署，通过顶层设计，力争带动全省数字经济快速发展。

### （二）数字产业化与产业数字化双轮驱动

目前，数字经济发展已迈入新阶段。数字产业化和产业数字化成为其核心组成部分。数字产业化是以信息为加工对象，以数字技术为加工手段的产业，主要指信息通信产业，它是数字经济发展的基础、动力源泉和先导产业，为数字经济发展提供产品、服务、技术和解决方案等。具体包括电信业、互联网行业、电子信息制造业、软件和信息技术服务业等。人工智能、5G、大数据、云计算、区块链等技术产品及服务是主要的表现形态。基于数字技术和实体产业融合的趋势和要求，产业数字化是指在新一代数字技术的支撑和引领下，以数据的收集和开发利用为关键要素，对传统产业链上下游的全要素数字化升级、转型和再造的过程。产业数字化主要包括工业互联网、智能制造、车联网等融合型新产业模式。

为探索数字技术逻辑下的新型生产关系优化路径，成都尤其着力于从产业数字化和数字产业化两个方面驱动数字经济的发展。在数字产业化方面，成都结合自身优势，按照国家"新发展模式"要求，走差异化路线，着力培育良好的数字生态，提高产业链、供应链的稳定性和竞争力，特别是在 5G、人工智能、高端芯片、高端软件等重点领域，加强了精准研究，稳中求进，健全了信息通信产业各要素的流通机制，推动数字资源高效配置和高效增值。具体来看，成都主要聚焦于新兴软件服务、下一代信息网络、电子核心产品制造三大领域。在新兴软件服务产业领域，将加快发展大数据、云计算、网络信息安全等，成为世界软件名城；在下一代信息网络产业领域，将加快发展 5G、IPv6、数字终端，成为国家网络强国战略的核心区；在电子核心产品制造产业，将加快发展集成电路、新型显示、传感控制，成为国际知名的电子信息产品制造基地。在产业数字化方面，成都将实体经济视作发展和财富聚集的基础和主要源泉，以新兴数字技术和数据为核心，赋能传统产业，推动传统产业网络化和智能化升级。特别是在先进制造领域，成都推动工业 APP 开发和企业上云，有力推动产业数字化水平稳步提升。此外，成都还从智慧政务、智慧民生、智慧治理三个方面进一步推进数字技术与智慧城市互动发展，大力拓展数字技术与城市各领域融合的深度和广度，并推动工业、农业、服务业等各行业各领域信息化水平不断提升。

近年来，在产业数字化和数字产业化的双轮驱动下，成都力推"上云用数赋智"行动，数字经济产业体系初具规模，形成了集成电路、装备制造、新型显示、医药健康、网络视听、高端软件等具有全国影响力的特色优势行业，软件和信息服务产业集群入选全国先进制造业集群，发展数字经济的基础正在逐步牢固。

### （三）引进龙头企业，培育隐形冠军企业

企业是数字经济发展的主体和核心力量，因而，成都非常重视推动各类企业在本市的发展。为了丰富成渝地区数字经济的行业生态，引导数字经济全面可持续发展，成都建设了针对数字经济的产业园区，如移动互联网领域的天府软件园和电子信息领域的电子科大科技园；成立了配套数字产业的资本，如四川省集成电路和信息安全产业投资基金、5G 产业基金等；引进了许多具有一定规模的数字经济龙头企业：引进了英特尔、紫光、TI、安谋、格芯等集成电路领域的龙头企业，基本形成了设计、制造、封测、软硬件配套的整条完整的集成电路产业链；引进了富士康投资建厂，引进华为、中兴、长虹等设立研发中心，丰富智能制造和信息通信行业生态；引进阿里巴巴、腾讯、字节跳动、蚂蚁金服、京东等互联网知名公司设立分公司，大幅提升成都互联网行业的影响力。

除了龙头企业外，成都也孕育了一些在国内细分行业具有影响力的隐性冠军企业，如成都超有爱科技有限公司，旗下产品"百词斩"在在线教育 APP 排名中处于领先位置；快递工具软件"云喇叭"，主要帮助快递员群发收件短

信并自动拨打取件电话，到目前为止，全国快递员用户数量累计已达 70 万，覆盖全国 300 多个城市，日均通知量近 250 万，服务于 2 亿收件人群，累计通知量超过 23 亿，是快递行业垂直 SAAS 服务领域内最具竞争力的第三方软件平台之一[①]；主营大数据金融业务的"数联铭品"，在企业征信业务中发展势头强劲，市场占有率全国领先；"品果科技"推出的拍照软件 CAMERA360，全球用户累计超过 10 亿[②]；兼具大数据、生物技术、互联网等属性的"23 魔方"正在建设规模居于世界第二、亚洲第一的大型基因测序实验室。

总之，成都的数字经济基础扎实，发展迅速，不仅有龙头企业引领，也有许多隐形冠军型企业后来居上，在"颠覆"传统的基础上，不断丰富着数字经济发展的维度。2020 年投运的超算中心、2021 年开工的华为·成都智算中心项目进一步夯实了数字经济发展的产业技术攻关能力。成都依靠它们提供的动能，迅速拉开了与其他城市数字经济发展的差距。

## 三、成都发展数字经济面临的主要困境和挑战

目前，各国政府都加大了在超级计算机、区块链、量子技术和人工智能等数字技术领域的投入，以进一步深化数字技术对产业发展的带动作用。在我国大力推动数字技术和实体经济深度融合的利好条件下，经过几年的部署和发展，成都的数字经济基础设施逐步完备，其在全国数字经济发展中的战略地位已经非常突出，不仅是国家八大通信枢纽之一，还建设了算力全球前十的超算中心，也成为了国家数字经济创新发展试验区（四川）核心区域和东数西算战略的重要枢纽节点。成都能够在数字经济领域实现弯道超车，主要得益于战略规划优势和我国数字经济大发展的时代机遇，但其发展数字经济也面临着比较多的困境和挑战：

### （一）产业数字化转型的社会基础还需进一步加深

目前看，我国的数字经济发展已表现出明显的区域聚集特征，京津冀、长三角、珠三角、川渝经济圈已经成为我国数字经济发展的区域核心，相较于

---

[①] 成都身边科技有限公司，http://www.shenbianvip.com/about.html.

[②] 成都品果科技有限公司，https://www.camera360.com/detail.html.

其他三个区域，川渝经济圈在产业数字化转型方面的社会基础还比较薄弱。这一方面表现为政府、企业和民众对数字化生活方式和工作方式的认知和依赖度相较于沿海城市群，还处在初级阶段，对数字经济的战略地位和未来发展趋势的认识还不够系统和深入。另一方面，成都在社会公共基础设施建设、数字政府建设、智慧城市发展等方面的系统布局还存在较大短板，从总体上缺乏统筹协调与优化协作的路径，导致数字经济营商环境不够友好。成都虽然已经在新基建、政务平台、智慧城市建设方面作出了诸多有益尝试，也取得了较显著的成效，但随着数字经济步入快速发展阶段，如何进一步优化城市软硬件基础，从而吸引更多有利于数字经济发展的关键要素聚集，是目前亟待解决的现实问题。

### （二）数字化转型产学研生态有待进一步优化

数字经济的发展严重依赖数字技术和网络技术的持续创新，这对产学研融合的生态建设和优化提出了更高的要求。成都本身的高校资源丰富，又因独特的自然环境和人文环境吸引了大批高科技人才，在学和研方面优势明显。据2017年11月清华经管学院发布的《中国经济的数字化转型：人才与就业》报告显示，成都拥有全国2.5%的数字人才，排名全国第六。然而，成都在产学研结合方面的体系和机制建设还不够完善，导致产业、高校、科研机构相互配合的渠道还不畅通，各方的优势难以凝聚和互相借力，不能形成强大的研究、开发、生产一体化的先进系统，从而导致数字经济在发展运行过程中缺乏综合优势。

### （三）缺乏具有影响力的平台型企业

平台化、共享化是数字经济发展的重要特征，也是未来数字经济持续优化推进的核心动力。平台作为多边市场的链接者，已成为数字化转型的核心角色，尤其在线上线下结合，推动数字产业化方面，平台是重要的先锋和抓手。因而，各国都非常重视平台企业的多元化健康发展所产生的带动和引领作用。成都最先以游戏产业为重要突破口，逐步发展起了非常活跃的互联网产业集群，成功孵化了Camera360、百词斩、极米、咕咚等明星企业，也非常重视引进具有全球影响力的龙头企业，但总体而言，还是比较缺乏本土化的具有全国影响力的平台型企业，这一格局不利于高端数字人才的进一步聚集，也限制了数字经济新业态和新模式的创新活力。

### （四）数据安全维护、共享开放仍面临一系列困境

数据在信息时代的战略资源地位已经成为了普遍的共识，但在非结构化数据的收集、存储和开发利用方面，一方面，信息资源多元分布，存在技术局限性，整合共享难度大，打破信息孤岛的时间成本和经济成本高、效率低。另一方面，成都甚至全国目前的相关法规和政策不健全，数据的法律属性和产权属性界定不清晰，各数据产业参与方之间在责权和边界等方面缺乏标准化规则，数据开发使用过程中的安全风险高，局限了数据作为关键生产要素的战略价值。

## 四、对策建议

数字经济的发展在我国已进入关键的战略机遇期，东部多个省份已经把建设数字强省作为掌握未来竞争主动权的关键战略，倾力发展跨境电商、大数据、人工智能等新兴产业，四川、贵州等中西部省份，也正在利用发展大数据产业所需的独特地理优势，加快数字化转型，全国新一轮城市竞争格局正在加速形成。为了在新一轮城市竞争中继续保持领先地位，成都的数字经济发展还需在以下几个方面持续优化：

### （一）进一步优化城市数字化治理体系

数字经济的持续发展需要依赖不断转型优化的社会民意以及高效的城市治理体系。因而，成都城市治理体系的数字化转型在当前不仅具有政治意义，更具有长远的经济战略价值。数字技术的进步给成都城市治理创新提供了技术支持，数字化技术能提升信息传递效率、降低层级沟通成本、提升治理效果，让城市治理变得更智慧、更以人为本，进而能进一步释放数字经济发展的活力。因此，成都需要进一步转变认知与思维，将数据和信息作为社会关系、经济发展和城市公共治理的基础。通过技术赋能，不断增强政府治理能力，优化一网通办、城市大脑、"最多跑一次"等治理改革，将城市治理从数据、信息

整合推向智能、智慧的新阶段，为数字经济新业态新模式的出现和壮大打好治理基础。

### （二）促进政企协同，使其成为数字经济发展的重要支点

近年来，成都在集成电路、软件服务、数字娱乐等领域形成了明显的竞争优势，各类企业也通过自身的发展为成都数字经济拓展提供了重要的技术和财税支撑。与此同时，成都市政府和各部门也出台了相关政策和规划，助力企业，力促形成有全国影响力的数字经济产业高地。双方的协同发展促使成都形成了由天府智能制造产业园、新经济活力区、成都芯谷等串起的数字经济带。但成都还需从多方着手，进一步促进政企在多层次、多领域的协调，解决资金、技术和人才等数字经济发展的制约因素，尤其需要政府在产业界和高校及研究机构之间搭起信息沟通、技术转化和合作创业的桥梁。

### （三）进一步丰富数字技术的应用场景

产业数字化虽是数字经济发展的重心，但目前成都的产业数字化进展还比较缓慢。这就要求政府和行业从业者要以全新的思维丰富数字技术的应用场景，将产业数字化转型推向更广泛的领域。一方面，要在科研、教育、政务、交通、金融、医疗等已经有较深入发展的领域遴选出一批具有全国影响力的应用示范场景，支持研究机构、企业、行业协会等各类社会组织，利用区块链、大数据等技术开展数据的重新整合和综合应用，培育新一代数据支撑的研发和知识生产、数字化出行、数字能源服务、新型数字化健康服务、数字金融等产业集群，成为新兴数字产业孵化基地。同时，也可以推出数字经济领域先进的技术研发项目及其成果，面向全球征集优质应用场景示范解决方案，多维度丰富数据和技术应用场景，促进数字技术和实体产业的进一步融合。

### （四）培育平台型企业，增强中小企业数字化转型动力

平台型企业是产业数字化的助推者和实践者。成都需从资金、人才、政策和法规等层面，多管齐下，协同发力，加快培育以工业互联网、产业互联网等为代表的平台型领军企业。一个平台就是一个生态系统，平台型企业的发展壮大，能充分整合行业资源，将会演化出适宜的数字化转型工具，为更多相关

中小企业数字化转型提供产业资源要素"连接器"和"工具箱"。

### （五）探索数据要素市场，发展大数据产业

数据要素的价值挖掘已经成为数字经济发展的共识，但在我国，数据作为一种资产，还没有通过法律予以确认。成都要在这一方面先行先试，制定不同层次的数据开放共享政策，促进数据共享、流通和交易，实现数据资产化，成为国内领先的数据要素配置枢纽；建设政府主导的数据聚集和共享平台，推进数据资源的集成化和标准化；公共数据开放共享，完善数据资源多层级的高效管理机制；出台数据安全与隐私保护的规章制度，保障各类数据安全；通过数据之间的有效关联分析，探索大规模个性化定制与柔性化制造服务模式，创造性地通过数据挖掘技术解决经济发展的新问题；培育并集聚一批大数据产业标杆企业，形成一批具有国际竞争力的大数据产品和产业。

总之，成都正处于数字经济加速发展的关键战略机遇期，在数字产业化、产业数字化和数字治理方面已经取得了一定成效，数字经济规模稳步增长，形成了具有成渝经济圈地域特色的发展模式，但仍然存在数字社会基础薄弱、产学研生态体系不完善、平台企业发展不足、数据开放共享机制不健全、数字经济营商环境有待优化等不足，需要从技术、法规、观念革新等多层面对数字经济发展进行统筹布局，推进数字经济发展手段不断创新和多元。

## 【参考文献】

［1］国家统计局.数字经济及其核心产业统计分类(2021),2021.5.

［2］新华三集团与中国信息通信研究院.中国数字经济城市发展白皮书(2021年),2021.4.

［3］中国信息通信研究院.全球数字经济白皮书(2020年),2021.8.

［4］联合国贸发会.数字经济报告2021——跨境数据流动与发展：数据为谁流动,2021.9.

［5］成都市经信委等.成都市推进数字经济发展实施方案,2018.3.

［6］成都新经济发展研究院.2018成都新经济发展观察报告,2019.

［7］熊雪朋.先进地区产业数字化转型对成都的启示.产城,2021(7):45-51.

［8］郑正真.数字经济赋能实体经济高质量发展的路径研究——以成都市为例.经济与社会发展,2021,19(3):9-15.

# 世界旅游名城建设背景下的
# 成都市夜间旅游发展路径探析

吴若山　　左　薇*

【摘要】夜间旅游是旅游业发展的新思路，是文旅融合发展的供给新动能，不仅拓宽了旅游业发展的空间，还对城市旅游发展起到重要的促进作用。本文从夜间旅游对打造世界旅游名城的作用、国外城市发展夜间旅游优秀案例等分析与梳理，从成都市建设世界旅游名城的背景出发，浅析其发展夜间旅游的对策建议。

【关键词】成都市；夜间旅游；世界旅游名城

夜间旅游文化古已有之，跨越千年，至今仍给人们以奇思妙想。随着我国国民经济的持续快速发展，城市化进程不断加速，人民物质财富日益丰富，城市夜间旅游成为满足人民群众日益多样的精神文化需求的新场景，其消费占比不断增大。近年，成都市夜间旅游不断壮大，夜游文化与现代元素不断融合，正焕发着新活力。《2022 年成都市政府工作报告》明确指出：成都市将继续推进建设世界旅游名城。在此背景下，着力发展城市夜间旅游已是完善城市旅游功能、提升城市旅游竞争力、扩大城市国际知名度的重要途径。

## 一、夜间旅游对打造世界旅游名城的作用

城市旅游经济 / 产业主要体现在城市经济、城市设施功能、城市接待能力、城市旅游业发展水平等。夜间旅游已逐渐成为城市旅游经济的新增长点，为打造世界旅游名城起到支撑作用。

---

* 吴若山，中国社科院旅游研究中心特约员、新时代文化旅游研究院院长；左薇，新时代文化旅游研究院研究员。

## （一）丰富城市旅游产品供给，延长旅游者停留时间

游客停留时间是衡量国际城市旅游竞争力的重要指标。夜间旅游能够弥补旅游者审美时空方面的局限性，为旅游者带来异于日间的差异化休闲体验，满足其求新、求奇、求异的消费心理，让游客在风格迥异的夜游中继续享受精彩，从而延长旅游停留时间。当前夜间城市旅游产品供给已不仅局限在酒吧、餐馆等传统领域，逐渐扩展到文化、演艺、展览等更多领域。以英国伦敦为例，伦敦夜生活中心苏荷区是全世界 Soho 文化的集大成之地，这里充满了前卫的文化气息。形成了独特的夜游文化氛围，夜间经常性举办市民庆祝活动、公园之夜、戏剧表演、嘉年华和街头表演。伦敦市内各大博物馆向公众开放夜间展览，每周五延长开放时间。此外，每年"博物馆之夜"期间，伦敦大小博物馆会推出不同类型的晚间活动，以展览、讲座、对话的形式一展文化魅力。伦敦还实行了地铁通宵运行计划，每周五、周六，在一些主要线路让地铁 24 小时运行。有报告称，通宵地铁为伦敦带来每年 7700 万英镑的额外收益。[①]

## （二）实现城市旅游开发成果旅居共享，促进文化传承

文脉资源是城市核心的旅游资源，能完美诠释城市之美、文化之魂。夜间旅游是文化的创新载体，能最大限度地开发旅游目的地的旅游资源，激活城市空间，平衡旅游旺季时供不应求的局面。对于旅游者与居民而言，夜间旅游不仅是一种生活方式，更是建设主客共享美好生活的一种途径。对于城市管理者来说，夜间旅游是活化城市文化的有力体现，实现城市旅游开发成果的旅居共享，促进文化的传承。日本拥有悠久的工业遗产文化，川崎市、四日市、室兰市、北九州市、周南市等城市以"日本五大工厂夜景"组成发展夜间旅游联盟，借助灯光等科技手段，设计出一套以夜间游船观光为模式的夜间旅游项目。该项目设有导游讲解城市工业文化的发展历史，有效普及了城市工业文化特色，获得游客的一致青睐。[②]

---

① 新华社：《夜间经济点亮伦敦夜色》，https://baijiahao.baidu.com/s?id=1643185667826321998&wfr=spider&for=pc.

② 邹统钎，常梦倩，韩全 . 国外经典夜游项目发展经验借鉴 [N]. 中国旅游报，2019-03-26(3).

## （三）创新城市形象，提高城市旅游吸引力

创造良好的旅游形象是提高城市知名度、培养游客重视度的前提条件。目前，旅游目的地日间游览给游客的印象较为固定，而夜间旅游将城市旅游的关注点从空间的扩展变为时间的延展，这一转变使得游客会对旅游目的地印象发生改观，创新城市旅游形象。法国里昂利用城市灯光创新城市形象，将灯光节从一个宗教节日打造成城市 IP。如今的里昂灯光节已是当代艺术的新秀场，每年以创意的灯光节主题、丰富的灯光节形式、多样的空间布局，赋予游客丰富、有趣的空间体验。灯光节期间，里昂市大街小巷灯火通明，城市特色景观在灯光的照耀下熠熠生辉，展现了与日间不同风采。传统文化节庆传承中注入现代艺术气息，成功打造了一张流光溢彩的城市名片。[①]

## （四）延长旅游产业链，增强区域旅游竞争力

旅游产业链融合了"食、住、行、游、购、娱"旅游六大要素，游客的停留及夜间旅游行为会促进相关消费，商圈企业为了迎合游客需求，也会延长营业时间，从而带动"餐饮、住宿、购物、灯光照明、休闲娱乐"等产业的发展，最大限度地发挥城市服务机能，拉长并打造特色旅游产业链，激活商圈，提升旅游经济收入，为城市夜间经济发展带来新活力。以韩国首尔为例，为了满足上班族白天上班、晚上消费的需求，首尔随处可见的营业到凌晨的餐馆、酒吧，咖啡馆、健身房、汗蒸房、卡拉 OK、网吧、游戏厅、电影院等夜间娱乐场所均是通宵营业；夜间零售方面，首尔市遍布各个地区的 24 小时营业便利店，运营到夜间 12 点的大型超市等；此外，韩国的时尚购物胜地——东大门从中午开始营业至次日凌晨 5 点，可以让众多海内外游客和消费者享受通宵购物的乐趣。从 2015 年起，首尔市政府在汝矣岛汉江公园、盘浦汉江公园、东大门、清溪川等地举办"夜猫子夜市"。每周五、周六 18 点至 24 点，首尔市民和游客们可以在夜市上看到形形色色的移动餐车和商铺，在享受美食和购物的同时欣赏汉江和清溪川的美景。据统计，2018 年，"夜猫子夜市"共计接

---

① 邹统钎，常梦倩，韩全.国外经典夜游项目发展经验借鉴 [N].中国旅游报，2019–03–26(3).

待游客近 430 万人次，共有 189 辆餐车、317 组商家参与其中，总销售额达到 117 亿韩元（约合人民币 7044 万元）。[①]

## 二、国外城市发展夜间旅游的经验借鉴

夜间旅游在国外流行已久，它们或以夜间自然状态呈现给游客，或以夜间灯光、音效、影像技术为特色，为游客提供沉浸式夜游体验。夜间旅游的关键在于夜间旅游产品设计，并将其打造成品牌化夜间旅游目的地。综观国际，新加坡、日本、阿联酋、法国、西班牙等国家已构建基本的运营夜间旅游体的机制以及培育出较为成熟的夜游项目，可为我国城市发展夜游旅游提供参考、借鉴。

### （一）政策引领：设立"夜间市长"，促进城市夜间经济可持续发展

随着城市夜间经济的不断发展，可供市民休闲娱乐的场所随之增加，但一些城市管理问题也浮出水面。为了平衡政府、夜间经营场所运营及居民正常生活等，荷兰阿姆斯特丹、法国巴黎、英国伦敦、美国纽约等夜间经济较为活跃的城市推出一项政策，专门设置"夜间市长"或设立专职部门来负责管理城市的夜间秩序。夜间市长既要减少夜间活动者和市民生活之间的摩擦，又要有效管理夜间经营场所运营，推动城市夜间经济呈多元化、可持续化发展。有数据显示，荷兰阿姆斯特丹在设立"夜间市长"的两年内，城市滋扰行为减少30%，因醉酒引发的意外事件也减少了25%。[②] 在阿姆斯特丹"夜间市长"的带动下，城市积极推动24小时图书馆、24小时博物馆、24小时工作空间、24小时便利店等建设，构建城市24小时服务生态区，不断增加城市创造力、活力。

### （二）场景应用：利用城市灯光实现视觉牵引，培育旅游吸引物

很多国际旅游城市的夜间照明以城市本身为载体，对城市特色进行强化，形成视觉牵引，培育城市新地标名片，形成了城市旅游吸引物。如匈牙利布达佩斯"见光不见灯"，以合理的照度和照明方式，突出欧洲古建的风格特色，

---

① "夜猫子"点亮韩国 [N]. 成都商报，2019-11-16(7).
② 澎湃新闻网：阿姆斯特丹的"在野"市长，一个管自行车，一个管夜生活，https://www.thepaper.cn/newsDetail_forward_1636318.

让人们在夜晚感受不一样的欧洲风情。日本东京以东京塔、晴空塔、彩虹桥等地标建筑做重点照明，色温和照明方式都与其他建筑形成区别，让整个城市显得有空间感层次感，主次分明。西班牙马德里的夜晚城市照明系统均使用统一的暖白色或黄色等灯光，打造整体感。

### （三）创新传承：延续城市历史文化，打造城市旅游新名片

每座城市都有不同的历史积淀，为开发夜间旅游提供了深厚的基础。围绕城市历史文化，以节庆活动、文艺演出等形式创新传承人文思想，也为丰富城市夜间之旅注入恒久活力。法国里昂灯光节融合历史与现代两大元素，是城市历史创新传承的典范。里昂灯光节本是一个宗教节日，每年12月里昂居民都会在自家窗户外燃烛祈福，延续至今已演变为当地一项盛大艺术仪式。如今里昂灯光节利用光影技术在公共空间进行艺术创作，以创意的灯光节主题、丰富的灯光节形式、多样的空间布局，赋予游客更加有趣的空间体验。灯光节期间，每年有超过400万游客慕名前往，为这座常住人口仅200万的城市带来可观的旅游收入。[①]

## 三、世界旅游名城建设背景下的成都市夜间旅游发展路径探析

成都市高度重视夜间文化和旅游的发展，以夜间经济、周末经济为驱动，以培育特色街区、丰富夜间文化和旅游产品供给、完善城市服务功能为重点，打造了春熙路、太古里、宽窄巷子、九眼桥、锦里等夜间旅游目的地，创新开发了夜市、地摊经济、餐饮、集市、娱乐、灯光展览等多样化夜间旅游模式，进一步细分城市夜间消费市场。但在其发展过程中也出现了同质化、日间旅游与夜间旅游供需发展失衡等问题。鉴于此，为成都市发力夜间旅游，助力建设世界旅游名城，提出以下提升发展路径建议。

### （一）完善城市旅游公共服务体系，提升旅游品质

建设国际型旅游城市需拥有一套健全的旅游公共服务体系，从语言、信

---

① 邹统钎，常梦倩，韩全. 国外经典夜游项目发展经验借鉴 [N]. 中国旅游报，2019–03–26(3).

仰、习惯等多个方面兼顾满足全球旅游消费群体需要，消除城市与国际游客的心理距离和空间距离，增强国际旅游的便捷性和安全性。同时，需完善城市夜间旅游解说系统和标志服务系统，包括更新城市旅游导引标志、完善旅游目的地的旅游标志、增加夜间无障碍观光路线标志牌的使用、设计夜间旅游电子产品等，营造人性化的夜间旅游空间，提升夜间旅游品质。此外，成都市需积极实施夜间旅游电子信息化工程，建立配套的语音解说、手机导览等新媒体信息服务系统，不断完善成都市夜间旅游系统服务。

### （二）推介特色夜间旅游线路，形成产业集群

成都市的夜间文化和旅游资源及产品供给丰富，可按照不同的夜间旅游模式、产品主题进行特色旅游线路规划设计，比如，设计夜间历史文化旅游线路、夜间美食打卡旅游线路、夜间游船旅游线路等特色线路，通过设立各具风格的夜间旅游线路带动住宿业、餐饮业、交通业等其他夜间旅游经济体，形成产业集群。同时，要从多方面、多渠道、多手段对成都市夜间旅游进行宣传，加强政府和旅游企业的联系，借助传统媒体、新媒体等宣传手段，展现成都市的夜间生活。通过播放介绍成都市夜间旅游的宣传片，吸引国内外旅游者的到访。通过邀请网络红人、旅游博主体验等方式进行针对性推广。此外，旅行社（OTA）等应推出夜间旅游产品或路线，积极与酒店、民宿等合作，提高成都市夜间旅游的知名度，把游客"留"下来。

### （三）突出地域文化特色，打响成都市夜游品牌

成都市是古蜀文化、三国文化的中心，拥有独特的城市文化，在夜间旅游规划和相关产品开发时，更应强调成都市与其他城市不同的城市特色，定位资源优势，开发特色旅游活动，突出成都市夜间旅游的优势，增强成都市夜间旅游竞争力。同时，成都市在国际上也拥有自己的"品牌"——熊猫，无论是春熙路的熊猫还是大熊猫繁育研究基地饲养的熊猫，对游客有着强烈的吸引力。因此，成都市夜间旅游建设应充分发掘城市特色文化内涵，让城市景观与文化发生共振，紧抓有故事、有场景、有内涵，突出城市文化、地域文化等，打造城市"夜"品牌。如建设路、九眼桥、玉林路等夜晚网红目的地都可进一步发展为成都市的夜游品牌。此外，川剧也是成都市传统文化，可以借由"川

剧＋美食"的方式打造成都市特色文化品牌，举办特色灯会等，吸引外地游客或者市民，推动成都市传统文化创新发展。

### （四）打造具有全球影响力的艺术中心和文化高地

音乐、舞蹈、美术、电影等艺术是跨民族、跨宗教、跨人种的文化交流形式，它们与诗歌、散文、小说等文学，以及历史遗存、博物馆、图书馆等文化空间一道构成了中华民族共同体和人类命运共同体意识的重要载体。成都市拥有独有的巴蜀文化、美食文化等，还有中国传统文化标志的庙、寺、祠等宗教和文化场所，更有独特的休闲生活方式以及由此产生的文化创造和制度创造空间。世界旅游名城也应是全球艺术中心、时尚中心和文化高地，应以引进世界各地区的景点艺术和当代文化产品，促使成都市成为展现世界各国文化的窗口。

### （五）建设世界旅游名城"人才兴旅"是关键

国际化旅游人才是城市旅游业发展、吸引入境游客、提升城市国际知名度的关键。当前，适应我国城市旅游业发展的国际化人才较为缺乏。政府方面，应加大国际化旅游人才的培养资金投入，在加强高等院校建设的同时制定相关政策调动培养相关人才的积极性。院校方面，应突出自身的办学特色，创新办学机制，积极对接市场需求，加强与企业之间的相关交流，打造产学研相结合的人才培养模式。此外，积极构建起与建设世界旅游名城相适应的人才培养体系，力争建立更具竞争力和灵活性的人才发展体制机制，最大限度地激发和释放人才创新、创业活力。

# 国际要素篇

IV

# 成都市构建世界文化名城话语体系的
# 基础与路径分析\*

张　力　乔　谦\*\*

【摘要】成都市构建世界文化名城话语体系要立足于自身文化资源和现实基础，深耕城市人文内涵，从城市国际形象、文旅产业高质量发展、对外文化传播与交流、城市文化环境建设、市民人文素养等方面进行成都文化话语体系的整体设计与具体实施，大幅提升成都文化软硬件发展水平，使成都城市文化更加具有包容性与开放性，推动成都城市跃居世界文化名城行列。

【关键词】成都；世界文化名城；话语体系

当前全球政经形势复杂多变、国际竞争日趋激烈的大背景下，推进城市国际化发展的关键是提升核心竞争力，文化是城市核心竞争力的重要支撑，具有不可取代的作用。如何在世界城市体系中构建突出的城市文化定位，增强城市国际话语权，从而提升城市国际综合竞争力，是推动成都由国家中心城市迈向现代化国际都市过程中要破解的重大课题。成都"十四五"规划明确提出"构建世界文化名城话语体系"的重大决策部署，助推成都扩大城市文化国际影响力、融入世界文化名城体系。"文化城市"已经成为全球范围内城市发展的主流趋势和主打概念，通过发展城市文化加强城市软实力建设，提升在世界城市体系中的地位，是众多城市国际化发展的战略选择。纵览全球享有盛誉的世界文化名城，通常在城市经济、城市文化、城市形象、城市文明等方面均具备一定实力，在世界城市体系中拥有足够的话语权，拥有一套面向世界表达与展示

　　\* 本文是成都市哲学社会科学研究基地 2022 年特大城市精细化治理研究基地一般项目"特大城市人口国际化对策研究——以成都市为例"（编号：TD22Z08）阶段性研究成果。
　　\*\* 张力，北京市社会科学院国际问题研究所副研究员、博士；乔谦，四川旅游学院马克思主义学院讲师。

自我特色与成就的城市话语体系。

## 一、发展良好的城市经济为构建世界文化名城话语体系奠定坚实基础

雄厚的城市经济是决定城市世界地位的关键因素，拥有经济实力的城市往往拥有国际话语权优势。对于成都来说，迈进世界文化名城体系首先意味着要有坚实的经济基础和发展保障。就一座城市的整体发展而言，如果没有较高的物质发展水平，其精神文化领域的发展必然会受到限制。通观世界文化名城的建设规律，无论是成熟型世界文化名城，还是新兴世界文化名城，推动其顺利走向世界的城市话语体系基础都是良好的经济条件，比如，伦敦、纽约、东京、罗马等，既是世界文化名城，同时也是世界、国家或区域的经济中心、金融中心。拥有经济实力是建设世界文化名城的强大助推器，这是世界文化名城的共有特点。从这一点上来说，成都构建世界文化名城话语体系具有可圈可点的优势。

第一，商业经济潜力巨大，城市能级明显提升。成都是西部地区面积最大、经济最发达的城市。从社会经济发展角度来讲，成都市是整个西部地区最大、最发达的经济区，拥有近 2100 万人口，创造了近 20000 亿元的 GDP。根据新一线城市研究所发布的《2021 城市商业魅力排行榜》，成都在 2021 年城市枢纽性排名中位列全国第一，在商业资源集聚度、城市枢纽性、城市人活跃度、生活方式多样性、未来可塑性等指标中均显示了新一线城市成都的经济活力与城市魅力。特别是迈入双国际机场时代后，统计数据显示，2021 年双流国际机场旅客吞吐量位居全国第二，国际班列累计开行突破 15000 列，已连接境外 68 个城市、境内 20 个城市。①

第二，城市消费具有较强活力，创新消费形态卓有成效。活跃的消费是成都城市经济发展的内生动力。2020 年《成都市以新消费为引领提振内需行动方案（2020—2022 年）》出台，加快推进国际消费中心城市建设，拉动消费升级，创新消费场景，高品质消费形态不断增加。2021 年，成都首次公布了

---

① 参见《九连冠！成都，再获第一》，腾讯网站，https://new.qq.com/omn/20220111/20220111A0841X00.html，2022 年 1 月 11 日。

十大特色消费新场景、八大示范性消费场景，以及成都"城市消费场景地图"，进一步激发文旅市场消费活力。中商数据与成都零售商协会联合发布的《2020成都首店报告》也反映了成都在时尚、生活及文娱消费市场的巨大潜力，该报告数据显示，成都引入 386 家各类型首店，排在上海、北京之后，位列全国第三。① 总体来看，成都社会消费总额呈现稳定增长态势，成都消费市场前景广阔，特别是在打造新场景促进新消费方面，为成都经济发展提供强劲动能，促进成都经济高质量发展蹄疾步稳。

第三，城市营商环境得到持续优化，经济外向度创高水平。成都城市的发展理念是国际化和全球性的，城市文化具有包容和开放的特性。2020 年统计数据显示，成都的经济外向度高达 40.4%，已与全球 235 个国家和地区建立经贸关系，成都对"一带一路"沿线国家进出口同比增长 29.9%，② 2021 年在成都的世界 500 强企业已达 305 家，入驻成都的领事机构 21 家，位居全国第三、中西部第一。③ 成都持续优化营商环境，吸引了越来越多的企业和贸易往来，成为招商引资最具国际竞争力的城市、国际化营商环境建设标杆城市。成都经济环境的国际性在推动成都国际文化交流方面具有重要作用，有助于提升城市文化的国际辐射力。

第四，产业经济文化化、科技化，成为成都经济发展的竞争优势。产业发展的文化化、科技化是城市经济高质量发展的未来趋势。近年来成都产业经济在快速发展中，吸引了大量文化和高科技要素，促进城市产业结构提档升级，增强了成都的现代化竞争力。2019 年，成都市委颁布《关于弘扬中华文明发展天府文化加快建设世界文化名城的决定》，加大力度将大数据、虚拟现实、物联网、云计算等高新技术成果运用于文化创意产业领域，推动文化和科技融合发展走向深入，大力发展数字文创经济，形成以现代时尚、传媒影视、广告设计、艺术会展、音乐演艺、信息服务等为重点的现代文创产业体系。日新月异的网络信息技术在成都文化行业的广泛应用与渗透，催生出以信息化、互动

---

① 参见《新一线城市排名，成都为何稳坐榜首？》，网易网站，https://www.163.com/dy/article/GB6CHGGB05149D15.html，2021 年 5 月 29 日。

② 参见《新一线城市排名，成都为何稳坐榜首？》，网易网站，https://www.163.com/dy/article/GB6CHGGB05149D15.html，2021 年 5 月 29 日。

③ 参见《九连冠！成都，再获第一》，腾讯网站，https://new.qq.com/omn/20220111/20220111A0841X00.html，2022 年 1 月 11 日。

化、跨界融合发展为特点的文化新业态，成为成都城市经济新的增长点。

## 二、成都城市历史文化为建设世界文化名城提供丰富的话语资源

成都在城市四大战略定位中，将建设国际门户枢纽城市、世界文化名城作为重要目标，并划定从内陆走向全国，继而走向世界的国际化大都市发展路线。

1. **成都城市文化具有高度包容性，是一个开放的城市话语体系。**天府文化是成都城市文化的根与魂，以建设"三城三都"即世界文创名城、旅游名城、赛事名城和国际美食之都、音乐之都、会展之都为支撑，作为成都构建世界文化名城话语体系的基本框架，面向世界打造具有"蓉式"特色的世界文化名城，营造创新、时尚、包容、开放的城市文化氛围。天府文化是成都历史文化创新性发展的时代产物，既传承与延续巴蜀文化文脉，同时又顺应时代需要，发展和丰富成都城市文化的个性，夯实成都文化软实力，体现了建设国家中心城市，迈进世界文化名城体系的现实要求。成都城市文化深厚的历史底蕴以及创新创造性，决定了成都城市文化具有包容性与开放性的特点。世界文化名城论坛组委会研究报告对成都全球化指标和城市软实力等进行分析后，认为成都城市文化的开放度与包容性指数均处于高位，是"具有开创性的新兴世界城市"，并评价成都"具备成为世界级城市的必备要素，有迅速发展成为世界城市的能力，许多指标显示其全球影响力和国际地位表现良好"。

成都城市文化话语资源的包容性体现在文化内容资源丰富多样。成都是一座文化氛围极其浓厚的城市，以"创新创造、优雅时尚、乐观包容、友善公益"为核心内涵的天府文化源远流长，是成都市民的精神家园，也是成都参与国际城市竞争的软实力资源。天府文化正成为成都走向世界的最佳方式。成都自由包容的文化环境，培育了众多优秀的文化内容创作者，在全国城市文化版图中独具一格，为内容经济的发展奠定了丰厚的文化土壤。成都城市文化话语资源的创造性体现为新兴文化业态活力蓬勃。成都在建设西部文创中心的行动中，着力推动天府文化创造性转化、创新性发展，塑造个性化的城市文化品牌，将文化作为推动创新驱动发展、经济转型升级的重要动力。入选国家中心城市后，在国家整体战略扶持下，成都将不可复制的地理位置和厚重独特的历史文化资源作为城市发展的最大优势，着力构建城市文化软实力，在城市文化生态打

造、城市文旅产业整体推进、文化创意产业创新发展等方面都强调地方特色，从在地文化资源中发掘具有国际化推广的文化价值，创造性地赋予城市文化以时代生机和国际化品质。

2. 新文创活力位居全国前列、发展潜力巨大，助推城市国际话语权提升。成都是中国城市文化创意指数排名前十的城市。特别是在以科技化、社交化、泛娱乐化为产业特点的新文创领域呈现出蓬勃活力和强劲势头，在全国新文创领域城市排行榜单《中国城市新文创活力排行》中，成都由于在产业活力、人才活力、政策活力、传播活力等指标上表现优异，超过底子深厚的北京、上海、深圳等城市，脱颖而出位居榜首，体现了成都在新文创领域的巨大发展潜力。从全球来看，世界文化名城都具有自身代表性的文创产业和特色文化，制定实施新文创产业发展战略是建设世界文化名城的重要内容。成都在推动文创产业发展中，强化知识版权、文创研发、会展博览等相关支撑产业建设，完善文创产业生态圈建设，同时探索文创产业与数字经济、IP 经济、流量经济、消费经济等产业关联，推进文创产业转型升级、实现高质量发展，完善政策保障制度以推进文创产业国际要素聚集，形成文创产业圈的国际化效应。成都还在书店经济、教育经济、休闲经济、演艺经济的文化产业领域有发展空间，有助于形成新的城市经济增长点。

3. 成都文化旅游构建"潮流＋"文旅新业态，创新城市文化的话语叙事方式。近几年成都在全球各地进行文化旅游国际营销，持续推进世界旅游名城建设，促进了成都城市现代化和国际化发展。成都统计局公开发布的《2020 年成都市国民经济和社会发展统计公报》显示，即便在疫情的影响下，2020 年来到成都旅游的人数仍有 2.0 亿人次之多，旅游总收入为 3005.2 亿元，全市共有 51 个 4A 级以上景区，729 家旅行社，78 家三星级以上饭店，获评首批国家文化和旅游消费示范城市。[①]根据 2020 年文旅产业指数实验室对脸书、推特、照片墙、油管等国际网络媒体传播情况的综合评价，四川省在全国省级文旅新媒体国际传播力指数排名仅次于北京市，位居第二。其中，成都根据文旅资源特点和优势，推出了诸如"让世界享受成都——城市文化旅游的国际化推广"等一系列符合海外需求的文旅宣传项目，引起国际受众对巴蜀文化、中华优秀

---

① 参见《2020 年成都市国民经济和社会发展统计公报》，成都日报网站，http://www.cdrb.com.cn/epaper/cdrbpc/202103/27/c77661.html，2021 年 3 月 27 日。

传统文化的广泛关注，向海外展现了"安逸、博大、蓬勃、美好"的四川文旅特色。通过打造60个"新旅游·潮成都"旅游目的地，举办"成都国际旅游展""全球旅行买家聚成都"系列活动，加快推进"八街九坊十景"重大项目等，同时开展全方位的国际文化旅游合作，以建立广泛覆盖旅游服务产业链的合作渠道为导向，与10多个国际性旅游组织建立战略合作关系，持续提升成都旅游的国际吸引力和影响力。同时，成都文化旅游还积极适应数字化变革形势，以网络科技为支撑，创新融合发展，优化文旅体产品体验感，推动文旅业态创新，创新具有时代性、潮流感的世界文化名城话语表达方式。"十四五"规划期间，成都市还将建成3个国家5A级旅游景区、4个国家全域旅游示范区、2个国家级旅游度假区等，广为传承与发展天府文化，丰富与加快构建成都作为世界文化名城的话语体系。[①]

4. 发挥休闲文化资源优势，构建成都形象"慢生活"特色话语表达。成都城市国际化发展正经历着从资源推广到塑造城市形象的过程，更加重视成都城市的宜居性，强调在城市发展中凸显人、环境、文化和生态的价值，打造以生活方式和文化体验为主导的城市国际形象，并提出"快城市，慢生活"的成都城市生活的文化理念，向全球推广充满文化底蕴与活力的城市生活，以及现代化的城市精神。成都城市自由包容的文化环境，培育了生机勃勃的休闲文化市场，在饮食文化、音乐、时尚前沿、体育比赛、动漫、游戏、戏剧表演等领域表现都十分出色，比如，承办世界大学生夏季运动会、世界乒乓球团体锦标赛、亚洲杯足球赛等，举办"蓉城之秋"成都国际音乐季，开展各类音乐演出、街头艺术表演等。成都夜间文化消费在全国排名第一，"夜间小剧场"、夜间文化产品、夜间文化场景，为成都的夜晚增添了文化与科技之美，为成都城市生活营造了多姿多彩的文化氛围，在世界城市体系中可谓独具特色，这些都是"三城三都"城市形象的重要话语表达与呈现。在"十四五"期间，成都将致力于建设公园城市示范区，建成30余个文化场馆、天府艺术公园等新十大城市文化地标，大力开展全市各类普惠性群众文化活动，建设具有国际吸引力

---

① 参见：《解读成都市委全会精神发布会④｜"十四五"成都将建10大城市文化地标》，《川观新闻》官方网站：https://cbgc.scol.com.cn，2020年12月29日。

的户外运动休闲中心，到 2035 年建成世界生活名城。<sup>①</sup>

## 三、建设世界文化名城面临的主要问题与短板

自从成都明确构建世界文化名城话语体系的目标之后，成都城市文化国际化发展取得了一些成绩，但是与其他世界文化名城相比较，以及从成都对外文化交往的长远发展来分析，其规模和影响力还比较有限，与一流世界文化名城的发展水平相比差距较为明显。

首先，成都文化资源潜力还未得到充分挖掘与发挥。主要表现在：文化集约化程度不够、文化记忆内涵挖掘不够、文化品牌打造力度不够、文化与产业融合不够，导致文化产品的文化附加值与创新性比较有限，不利于在国际化城市竞争中形成很强的竞争力。文化管理部门需要理顺各层级关系，为文化资源普查、整理保护、挖掘利用、弘扬传承创造更加优良宽松的发展环境。其次，缺乏具有国际知名度和影响力的文创 IP。近两年成都文创产业势头向好，但是成都文创产业占比仍然较少，对城市经济产值贡献偏低，尚无百亿级、千亿级文化创意企业，在创意设计、信息服务、影视时尚等产业方面缺乏具有代表性的独角兽企业。在传媒影视业、创意设计业、现代时尚业等八大文创产业上，竞争优势尚不明显，缺乏明确的产业特色和核心优势，没有培育出具有国际引领力和辐射力的文创 IP，特色竞争力不突出，品牌效应不明显，这些问题都在一定程度上制约了成都在世界文化名城体系中的话语权。再次，城市公共文化服务国际化水平相对偏低。与世界文化名城相比，在公共文化设施和公共文化服务的便利性与先进性方面，成都还有一定差距，此外，市民文化素养还存在提升空间。这些都是建设世界文化名城所要具备的高品质要素，能为国际交流往来提供更为便利的外部条件，更加有利于形成世界文化名城氛围。最后，缺乏建设世界文化名城的文化复合型人才。成都在高校文创专业学科体系建设方面比较有优势，初步形成了文创人才培养机制，但目前仍存在文化人才结构性矛盾，主要存在缺乏熟悉国内外文旅市场及国际服务贸易规则的人才，缺乏复合型文化经营人才，缺乏技能实用型人才和高端专业人才等，新文创产业发

---

① 参见：《解读成都市委全会精神发布会④｜"十四五"成都将建 10 大城市文化地标》，《川观新闻》官方网站：https://cbgc.scol.com.cn，2020 年 12 月 29 日。

展需求和文创人才供给之间不匹配等问题。

## 四、构建世界文化名城话语体系的主要维度与对策路径

享誉国际的世界文化名城，往往得益于城市话语对于城市文化、城市发展、城市特色的成功塑造和准确表达，构建起一个既能够传承守护文化传统又可以与时俱进顺应潮流的城市话语体系。对于成都而言，构建世界文化名城话语体系首先要站位于建设社会主义现代化城市、助力中华文化复兴的高度，呼应新时代城市精神，探索推进成都历史文化、当代文化和国际化文化三者相辅相成地发展，构建延续城市独特文脉、体现时代精神、面向世界能与国际接轨的世界文化名城话语表达体系。

一是全方位塑造"三城三都"国际化城市形象，彰显成都城市精神价值。在塑造与传播成都国际化城市形象的过程中，要找好本土文化与外来文化的融合点，处理好成都城市文化发展中的民族性、时代性、开放性、创新性和国际化等方面的问题，传承当地优秀传统文化精髓，顺应城市国际化发展潮流，利用多元化传播媒介对成都城市经济、文化、体育、艺术、生活等方面进行全方位传播，提高成都国际知名度和美誉度。城市精神价值是城市文化竞争力的核心，是引发人们对城市喜爱和向往，产生巨大吸引力和影响力的根本原因。成都建设世界文化名城，需要深植于天府文化的沃土，彰显城市传统文化与现代文明交相辉映的独特魅力，特别是在文创产业开发、文化旅游融合发展、时尚产业升级焕新、文化遗产保护利用等领域探索发展中，在打造"三城三都"和发展文创、旅游、餐饮、音乐、体育、会展等六大产业中，表达与凸显"创新创造、优雅时尚、乐观包容、友善公益"的人文追求，深度提炼成都城市的文化精神、时代价值，面向世界精心打造"蜀风雅韵、中国气派、别样精彩"的世界文化名城。

二是推动天府文化旅游业高质量发展，打造引领国际潮流的成都国际文化IP。坚持文化先行理念，进一步将旅游与文化有机结合起来，对成都城市旅游重点地区进行统筹规划、统一策划，突出天府文化的地方特色，创建成都国际文化IP，面向海外国际市场开发特色旅游产品，促进本地旅游文化与国际对口区域旅游文化的合作与共同发展，带动双方文化旅游业交流，促进成都

本地文化旅游业的国际化发展。积极对接国家战略建设成渝地区双城经济圈，以传承文化历史为魂，大力推动成都文化旅游经济提质升级，立足本地文化基础，学习与借鉴世界著名节庆展演盛事的成功之道，策划打造能够在世界具有知名度的、具有天府文化和巴蜀文化特色的大型文化旅游节庆活动品牌。

三是构建成都跨文化传播媒体矩阵，强化成都故事内容生产和对外传播。适应成都文化对外传播需求，协调传统主流媒体平台和社交媒体平台对外传播，搭建多样化融媒体矩阵，推动成都全媒体传播走向国际化，增进国际信息交流互动。发展壮大对外传播媒体、外语媒体，鼓励与海外自媒体合作，让外国人讲成都故事，形成口碑传播效应。创新城市文化传播方式，做强城市文化的亮点传播、特色传播、互动传播，以成都城市文化亮点内容、特色内容为素材，通过影音作品、短视频、动画、文章、游戏产品等形式和载体，进行高质量内容输出，同时扩大与海外主流媒体、媒体机构等合作，实施成都文化海外传播计划。

四是加强成都公共外交与国际交流，多途径多形式提升文化国际影响力。做好成都文化对外交流与传播的总体规划，借助国际友城平台，建立起成都文化国际推广网络，推进与国际友城社会人文交流等领域达成更多实质性合作。深度整合利用海内外推介平台资源，积极主办、承办、参与有影响力的国际文化活动。大力提高国际性文化活动策划筹办水平，举办具有国际影响力的节庆、会展、赛事、国际会议等，加深成都与国际相关领域的关联度。积极开展城市公共外交，搭建企业、社会组织等对外交往平台，建立国际化语言环境建设的长效机制，不断提升市民外语交流能力，进一步改善城市国际化语言环境，整体推动成都与国际社会沟通交往能力的大幅提升。

五是重视培育市民人文素养、加快培育文化人才，不断发挥城市个体叙事作用。城市中的人既是城市文化形象的承载者、塑造者和传播者，也是城市现代时尚与传统文化、地域风俗与民族精神的最直接的承载者与体现者。对于一座城市而言，市民的文化素质、行为举止、精神面貌直接反映着城市的文明程度，塑造着城市的文化形象。成都市民的人文素养和文明形象是成都建设世界文化名城不可忽略的重要组成部分，可以说直接关系着外部世界对成都的城市印象。市民素质高会给人留下好的城市印象，反之则会损害城市形象，因此在建设世界文化名城过程中，完善公众参与机制，让成都市民通过多种途径参与到城市公共服务和文化建设中，并在这个过程中逐步培养良好的市民素养、行为规范和自律意识，在城市日常生活风貌中展示城市文化与文明的底蕴。与此同时，紧密结合文旅产业发展方向，立足产业链打造人才链，以获得城市文化软实力国际竞争中的稀缺人力资源，进一步强化文创人才培养体系建设，制定政策鼓励高校整合资源，健全服务现代设计、时尚艺术、动漫产业等学科专业建设，为建设世界文化名城储备人才资源。

# 成都会展业高质量发展的法律规制完善研究 *

张万春 **

【摘要】我国会展业体量上的迅速增长为会展业高质量发展奠定了必要基础，也迎来提质增效的关键期。会展业高质量发展如何进行，如何面对会展业高质量发展中面临的法律问题并用立法途径进行解决？成都市会展立法提供了可以参考和评价的样本。针对会展高质量发展中的立法必要性和契机、选择促进型立法还是管理型立法、立法内容与法律制度、会展法治保障的立法层级与法律责任等问题，提出应当进行会展业高质量发展立法，以解决硬件、软件以及理念问题，应当选择促进型立法，应当确立生态化、市场化、专业化以及政府引导和市场主导的原则及制度，确立会展多重价值原则和制度，确立新发展格局下展会高质量发展的其他机制或制度，并且应当提高立法层级，完善会展立法法律责任。

【关键词】会展法；高质量发展；法律规制；成都立法

## 一、成都会展立法高质量发展背景

我国会展业发展至今仍然呈现较为明显的粗放型高速增长特征。单体场馆和场馆建设面积、展览面积和数量等指标，这些在我国早期会展业重视的指标正显现出越来越多的问题，这正是会展业高质量发展远离的方向。会展业高速发展带来的数字效应、发展习惯和惰性、思维定式，都会对会展业高质量发展起到或多或少的阻碍作用。

* 基金：北京市社科基金研究基地重点项目"文化创意产业视角下北京会展业法治路径研究"（编号：19JDFXA001）。

** 张万春，北京联合大学副教授、硕士生导师，中国会展经济研究会会展法律与政策工作委员会主任。

    2018 年是中国会展业高质量发展初始之年。关于展会高质量发展重要性，陈泽炎（2021）认为高质量发展将成为会展业"十四五"的主基调和主旋律，储祥银（2021）认为"十四五"中国会展业发展应坚持稳中求进全面推进高质量发展。王东堂（2021）认为展览业是国民经济的重要支撑、先导性产业和推动更高水平对外开放和经济高质量发展的重要平台。闫立刚（2021）、陈春江（2021）肯定了服贸会对新发展格局和对外贸易高质量发展的重要作用。关于会展高质量发展的策略，陈泽炎（2018）、马丽(2020)、陈珂（2021）、岳林琳（2021）、金盛翔（2020）、张钿（2020）等提出会展高质量发展的生态化、数字化、产业化、产业融合和人才高质量发展举措。

    会展经济不可逆转进入高质量发展时期，中国地方会展立法已经从管理时代进入促进时代。地方会展促进立法不仅是政府"放改服"发展的重要成果，而且是会展业自身高质量发展的进一步需求。成都会展业的崛起成为中国西部会展业崛起的重要标志，而成都会展立法则是成都会展业发展较好的重要表征。2021 年《成都市会展业促进条例》是一部贯彻会展业高质量发展的进步立法。此前其他地方会展立法中都没有出现对高质量发展如此明显而具有确定性的表述。该条例共有两处明确提及高质量发展，都在"总则"中。条例第一条即提出促进会展业高质量发展，建设具有全球影响力的国际会展之都。[①] 不仅如此，在条例第四条的原则部分提出构建会展业高质量发展生态体系。[②] 除了总则部分，条例还在第二部分和第三部分中加以贯穿，对会展业的生态化、品牌化、信息化、国际化等会展业高质量发展作出明确规定。例如，条例第二章内容为"促进与发展"，这也是承载会展业高质量发展的重要篇章，明确规定了国际化（第十条）、资本化（第十四条）、品牌化（第十五条）、数字化（第十八条）和生态化（第十九条），这些都是会展业高质量发展的重要内容。可以说，《成都市会展业促进条例》是我国促进会展业高质量发展的地方立法典范。

---

    ① 本条规定：为了规范会展活动，培育本市会展品牌，促进会展业高质量发展，建设具有全球影响力的国际会展之都，根据有关法律法规，结合成都市实际，制定本条例。

    ② 本条规定：本市会展业发展遵循市场主导、政府引导、会产一体、行业自律的原则，坚持专业化、国际化、品牌化、信息化方向，构建会展业高质量发展生态体系，提升城市能级。

## 二、成都会展业高质量发展面临的共性与个性法律问题

### （一）会展高质量发展的共性法律问题

法治是经济高质量发展的最重要因素之一（维诺德·托马斯，王燕，2017）。[①] 新发展格局下会展高质量发展法律规制面临诸多挑战与问题。这些问题都是会展业高质量发展迫切要回应的问题。

第一，立法必要性和契机问题。会展业立法属于新兴经济范畴和经济立法范畴，是我国目前应当优先立法和着重立法的领域。会展业作为新兴服务业，在高质量发展中还存在诸多新困难和新问题，需要通过立法进行解决。硬件上我国会展场馆重复建设及求高求大建设问题突出。根据 UFI，2022 年中国拥有世界第一场馆容量（25.2%）；但大场馆利用率较低，低于 20% 已经成为普遍现象。软件上，会展国际化、影响力与软实力问题，市场化、专业化与会展活力问题成为瓶颈问题。理念上会展战略定位与价值认识问题、会展模式创新问题成为制约会展高质量发展的关键。目前地方创立性立法踊跃，但地方立法中存在很多薄弱点和空白区，作为引擎经济和平台经济的会展，高质量发展需要更高统一立法。会展法律规范体系不够完备，执法司法职权运行机制不够科学，法治保障体系地方分割严重，导致会展业形成严重的地方割裂和发展差别。从立法契机与动能看，新发展理念、新发展格局和会展业高质量发展使命是否能够形成新的立法节点？

第二，促进型立法还是管理型立法问题。从 1999 年大连会展立法开始，我国地方会展立法已经走过 20 多年时间。此间，会展活动由审批制走向登记备案制，会展经济市场化得到充分展现。在我国会展业发展的初级阶段，没有政府部门推动的会展业几乎是难以想象的。但是，当我国会展业体量已经跻身世界一流以及各地会展经济充分竞争的背景下，政府的管理作用应当如何体现？而比较敏感的地方还在于，如果属于政府型会展活动，政府有关部门在其中的作用又如何体现？政府在管理和促进之间、在主导和干预之间应当如何平

---

[①] 维诺德·托马斯，王燕. 增长的质量 [M]. 北京：中国财政经济出版社，2017: I.

衡？这种平衡机制如何确保？这才是促进型立法和管理型立法面临的核心问题。这不是单纯立法名称使用"管理"还是"促进"的问题，而是会展业高质量发展的根本性问题之一。

第三，立法内容与法律制度问题。一部高质量的地方会展立法应当包括哪些内容，确立哪些制度，这首先应当属于科学立法的范畴，需要会展学和法学知识的交融，或者说这是需要会展法学迫切回应的问题。目前我国地方会展立法一个值得高度重视的现象是几个城市之间的立法"借鉴"现象很严重。这个现象一方面体现在会展立法的一些"问题"条款严重雷同或者重要条款明显缺失，另一方面也体现在本地会展业发展目标、发展状况以及会展与其他产业融合的状况明显不足和缺乏。因此，如何科学研究会展立法中应当确立的重要法律条款，如何结合本地会展业发展实际情况，这是会展业高质量发展的法律规制需要重视的两个方面。

第四，会展法治保障的立法层级与法律责任问题。新发展格局战略动能、大国责任和中国软实力要素需要更高层级立法，进博会、服贸会、广交会等大型展会已经超出地方立法范畴，新发展格局需要上位法匹配。这些都对于地方会展立法层级的提升提出要求。目前我国地方会展立法主要是以市为单位展开，以省为管辖范围的地方会展立法都比较少见。这种立法格局不仅不利于大规模会展活动、大型会展活动或品牌货站活动的开展，也不利于区域联动协调机制的形成，还不利于统一的地方会展立法责任的形成。

### （二）《成都市会展业促进条例》需要完善之处

基于以上四个方面，结合《成都市会展业促进条例》，我们客观分析和评价该立法条例可以进一步完善或提高的方向或路径。

第一，从立法必要性认识看，应当肯定本条例立法时机的把握以及在全国地方会展立法中的示范效应。尽管此前西安、昆明、上海、杭州和厦门等地已经有促进立法，但是成都市会展立法在会展业高质量发展方面的努力还是值得称赞。但是立法必要性的认识应当照顾到硬件、软件和理念等诸多方面，尤其是在会展战略定位与价值这一点上，《成都市会展业促进条例》还有需要进一步提升的地方。

第二，在促进型立法还是管理型立法问题上，成都会展立法无疑已经用法规标题作出回应。而且从章标题看，"促进与发展""服务与保障"也明显体现出高质量发展的促进立法倾向。从具体制度看，条例第十条对于会展国际化作出三款详尽规定，规定不可谓不全面；条例第十二条对于会展与其他产业融合机制的规定也充分体现了会展业拉动和产业共融效应；条例第十三条结合成都实际情况确立了成渝双城经济圈等会展区域联动机制。这些关于会展业高质量发展的立法条款都鲜明体现了"促进"倾向。条例第三部分为"服务与保障"，更是政府促进措施的全方位体现。但是成都促进立法的一些平衡也有需要提高之处。例如，条例中与知识产权有关的规定主要体现在第二章的第十五条和第三章的第二十六条，但是侧重点有所不同。第十五条是侧重于品牌培育，第二十六条侧重于会展知识产权与保护机制。这两条促进条款都或多或少存在不足。第十五条中关于品牌机制的形成中提及了专利权和商标权的申请问题，但是并没有提及著作权。展览、会议、演艺和赛事活动等会展活动的著作权纠纷已经非常突出，因此实际上著作权在会展活动中的重要地位、保护机制和登记备案制度更加需要明确。第二十六条内容很大程度上沿袭了 2006 年《展会知识产权保护办法》的内容和机制，这一点已经明显过时，[①] 而且这一条失之简单。

第三，从立法内容和法律制度确立看，《成都市会展业促进条例》也有不错表现。无论是会展突发公共事件的应对机制，还是生态文明法律制度，以及会展信息发布的社会主义核心价值观要求，都能窥见成都会展立法的制度亮点。当然，需要提高之处也较为明显，有一些比较重要的会展法律制度存在缺失。

第四，会展法治保障的立法层级与法律责任存在问题。这个问题不仅在其他城市立法中体现明显，成都会展立法中也明显存在。成都会展业促进条例"法律责任"一章中共有四条，但实际内容也就是前三条。这种法律责任的明显限制实际上也是"较大的市"的立法的限制。因此，更大范围和更高级的立法以及相应的法律责任规定实为必要。

第五，成都会展业高质量发展的立法技术仍有需要提高之处。从立法技术

---

① 2006 年《展会知识产权保护办法》曾经于 2011 年发布修订征求意见稿进行公开意见征求，但是却一直没有新规定出台。修订征求意见稿内容参见商务部官方网站 http://tfs.mofcom.gov.cn/aarticle/as/201105/20110507535948.html?1706648116=1670278412。

看，条例第四条明确规定的是原则部分。在提出市场主导、政府引导、会产一体、行业自律会展业总原则基础上，又提出会展业"四化"发展方向和构建会展业高质量发展生态体系。通常，这种表述不太符合立法的科学性：从逻辑上分析，会展业高质量发展生态体系应是坚持"四化"的目标，但是在此处再次表述高质量发展体系则呈现不和谐性。因此，如果非要强调会展业高质量发展，则可以另外规定一条。尽管如此，《成都市会展业促进条例》仍然是我国目前最为强调会展业高质量发展的地方会展促进立法。

## 三、成都会展业高质量发展的法治建议

会展经济高质量发展已成为我国会展业必然趋势。贯彻习近平法治思想，会展业高质量发展应当坚持在法治轨道上推进治理体系和治理能力现代化，坚持全面推进会展业科学立法、严格执法、公正司法和全民守法。

基于成都会展立法样本的分析，我国会展业高质量发展的法律规制深层次问题得以更加清晰展现。因此，为了深入推进会展业高质量发展，成都市会展立法可以从以下方面进行完善，而我国其他地方会展立法也可以参考。

在会展高质量发展的立法必要性上，从中国法治体系的构建而言，新兴经济立法应当受到优先重视。会展立法属于新兴经济领域范畴，而且会展业高质量发展中的硬件、软件以及理念中的很多问题都应当通过立法进行法律治理。硬件上场馆建设坚持生态化、科学化和民主化，创新利用场馆；软件上应放开展会尤其是政府型展会，充分发挥市场动能，实现展会市场化、专业化和国家化转变；理念上应当充分认识展会五重价值及多重功能，重视社会、文化和生态价值挖掘，利用大数据融合技术和创新理念进行展会模式创新。从立法契机与动能看，新发展格局和新发展理念贯穿会展业发展全过程和全链条，切实用法律制度促进转变数量增长方式，促进高质量发展和效率动能变革，形成展会可持续高效高质发展的法律规范体系和保障体系。

针对促进型立法还是管理型立法问题，应当选择促进型立法。市场化关于会展立法的倾向性，不是会展业管理法，也不是会展法，而是以"促进""鼓励""保护"为主的会展业促进法。制定会展业促进法就是把行之有效的会展经济政策法定化，把会展地方立法普遍化，健全和完善促进会展高质量发展的

制度规范，有益于构建会展业良好的制度基础、制度体系和高质量发展轨道。促进立法的内容，需要回答"促进什么"和"怎么促进"两个核心问题。这两者是目的和手段的关系，共同形成展会高质量发展的制度促进体系。促进什么需要明确会展业的立法目的和宗旨，怎么促进涉及展会管理和促进主体以及市场主体在展会活动中的法律地位及职能，涉及促进和鼓励法律制度，涉及如果违反相应规定的法律责任。

立法内容与制度选择方面，不仅应当确立生态化、市场化、专业化以及政府引导和市场主导的原则及制度，也应当确立会展多重价值原则和制度，鼓励大数据融合技术和创新理念进行展会模式创新，还应当确立新发展格局下展会高质量发展的系列机制或制度：深化供给侧改革的展会市场化运营机制、大型展会和消费类展会的品牌化与国际化奖励机制、展会模式创新制度和生态文明制度等。完善快速争议解决制度、知识产权严格落地制度、展会活动个人信息保护制度、突发公共事件的韧性发展制度和会展快速争议解决制度等。

提高立法层级与完善法律责任是我国目前会展立法需要。提高立法层级不仅可以使得立法本身覆盖更大的地域范围，更有利于会展区域联动机制的建立，而且可以从法律责任层面确立更多的民事责任与行政责任。地方会展立法法律责任这一部分，如果仅仅局限于城市这一层级，除了像北京、上海、天津和重庆等直辖市立法能够确立更加丰富的法律责任规定外，已经成为目前地方会展立法的软肋。诸如会展生态文明、会展诚信、会展不正当竞争、会展隐私保护与个人信息保护等都需要确立更加完善的责任制度，这些都是会展业高质量发展应当确保的。因此，如果以成都会展立法为样本，发挥地方立法创新性和主动性，制定四川省会展业促进条例，对于成都会展业和四川其他地方会展业发展无疑将是更强大更全面的保护和促进。

## 四、小　结

会展经济高质量发展应当是我国国民经济高质量发展的组成部分。会展经济的高质量发展需要用会展业高质量发展的法律制度进行促进和保障。这方面成都会展立法走在了前头。会展业高质量发展法律规制路径面临诸多问题，无论是促进立法必要性中的会展硬件、软件和理念等问题，还是会展促进立法与管理立法的深层次问题，都需要最终落实在会展立法的具体内容和制度设计中，且需要不同层级的立法和不同的法律责任进行保障。这些问题是包括成都在内所有城市在高质量发展会展业时必须要解决的难题。会展业高质量发展立法需要遵循科学立法原则，充分研究和设计会展法律制度，而不能是其他地方会展立法的简单借鉴以及本地会展内容的简单嫁接。会展法律制度的设计必须研究会展高质量发展的体系和指标设计需要，要能够落地。作为会展业高质量发展的体系和指标，有些来自会展本身作为活动属性或产业属性的自驱力，有些来自作为产业融合和时代发展的推力。从会展业自驱力指向看，会展业的拉动性、社会性、生态性和亲民性是会展业高质量发展应当侧重的方向；从会展业推力看，国际化、数字化和发展韧性则是会展而言高质量发展可以挖掘的重点。因此，无论是在统计评估中，还是促进立法中，这些方向都是应当着重设计的要素和内容。基于会展业数量高速增长的工具理性机制，会展高质量发展必须在价值理性上完成新的机制塑造和完善，而我国会展业高质量发展的法律规制路径也因此而证成，由地方会展立法进行突破，并进而形成可以燎原的中国会展法治体系和路径。

## 【参考文献】

［1］UFI World Map Of Exhibition Venues (2022 Edition, January 2022)

［2］陈泽炎. 对会展业在"十四五"高质量发展的几点思考 [J]. 中国会展（中国会议）,2021(24):12.

［3］陈泽炎.2018: 中国会展业"高质量发展"之年 [J]. 中国对外贸易 ,2018(2):64-66.

［4］储祥银. 中国会展业稳中求进迈入高质量发展阶段 [J]. 中国会展 ,2021(11):20.

［5］王东堂. 会展业在构建新发展格局中具有重要作用 [J]. 中国会展 ,2021(21):46.

［6］服贸会更好地服务于构建新发展格局 促进贸易高质量发展，http://www.gdcenn.cn/a/202107/517258.html.

［7］马丽. 高质量发展背景下重庆市临空会展业发展路径研究 [J]. 产业与科技论坛 ,2020,19(16):17-18.

［8］岳林琳等. 会展经济人才管理高质量发展的多重维度分析 [J]. 商展经济 ,2021(19):11-14.

［9］金盛翔. 数字赋能，助推杭州会展业高质量发展 [J]. 杭州 ,2020(6):20-21.

［10］陈国庆，方子强，古月，华艺嘉.创新驱动会展业高质量发展的实现路径研究［J］.商展
经济,2020(8):10-12.

［11］张釦，蒋晓阳，陈国庆.新时期会展业高质量发展——基于双循环新发展格局的思
考［J］.商展经济,2020(13):4-6.

# 对外交往篇

V

# 开放包容、独具特色的活力之都：
# 2021 年国际新闻中的成都城市形象

欧 亚 郑 阳*

【摘要】随着全球化的深入发展，城市国际形象在城市参与全球竞争中扮演着越来越重要的角色，成为城市国际竞争力的核心要素之一和城市"软实力"的综合体现。基于 LexisNexis 新闻数据库中全球主要新闻媒体 2021 年对成都新闻报道的文本分析，"大熊猫""数字货币""超高速"是成都国际形象的关键词。国际新闻媒体报道反映了成都作为中国国际交往的重要舞台及陆路和航空交通枢纽的联通作用，展现了成都在数字化技术和绿色科技领域的领先地位，并通过对成都文化活动和体育赛事、美食及社会生活等多元主题的报道反映了成都开放包容的城市文化和鲜明的地方特色，传播了成都富有"活力"和具有发展"潜力"的创新之都、赛事之都的国际形象。成都或可进一步挖掘大熊猫文化资源、绿色科技和文旅资源，借力话题新闻，通过品牌化营销，更好地提升成都的国际影响力和知名度。

【关键词】成都；城市；国际形象；国际媒体；内容分析

作为中国开发较早、持续繁荣时间较长的城市之一，成都素有"天府之国"的美誉。成都是中国西南地区物流、商贸、金融、科技、文化和教育中心及交通、通信枢纽和首批国家历史文化名城，其所在的成渝地区也是中国西部经济最领先的区域。根据全球化与世界城市研究网络（Globalization and World Cities Study Group and Network, GaWC）发布的 2020 年全球城市排名，成都再

---

* 欧亚，外交学院北京对外交流与外事管理研究基地执行主任、研究员，外交学院外交学与外事管理系副教授；郑阳，南京大学 2022 级研究生。外交学院 2020 级本科生廖晨珺、刘旭蕾、张泽琼协助筛选并初步分析了新闻文本数据，一并致谢。

次进入全球城市"Beta+"梯队，排名较 2018 年提升 12 位，位列全球第 59 名。[①]
成都于 2021 年 6 月发布的《成都市国际化城市建设 2025 规划》文件提出，成
都要以建设具有通达全球能力的内陆开放门户城市、具有较强国际竞争力和影
响力的亚洲内陆综合性经济中心城市、具有高度吸引力和辐射力的国际交往中
心城市、具有一定带动引领作用的国际创新型城市、具有较优城市生态环境
和多元包容性的国际生态宜居城市为着力点，力图主动融入世界城市网络体
系。[②] 城市国际形象传播既是建构城市国际影响力的重要组成部分，也是提升
城市国际影响力的重要途径。前期研究发现，中国城市的国际形象很大程度上
是由国际新闻媒体塑造与传播的。[③] 本研究基于 2021 年有关成都的国际新闻
报道，分析了成都在国际媒体中所呈现的国际形象，并在此基础上提出了通过
国际传播进一步提升成都国际影响力和知名度的对策建议。

## 一、数据来源与研究方法

研究以 "Chengdu" 为关键词，在 LexisNexis 新闻数据库中以 2021 年 1 月
1 日至 12 月 31 日为时间节点，搜索条件设为排除新华社、《中国日报》《环
球时报》《南华早报》等中国媒体的多语种新闻报道以及 PR News Wire 等媒
体发布的新闻公关稿件，结果显示，2021 年世界主要新闻媒体对成都的报道
主要是英语新闻（1593 条），占到全部新闻总量的 71.3%。综合考虑媒体、语
言和国别的代表性，本研究另外选取了西班牙语新闻（190 条）、法语新闻
（167 条）、德语新闻（153 条），以及路透社网站发布的英文新闻稿（53 条）。

研究使用翻译软件将多语种新闻统一为英语，对初次收集的数据进行了

---

① 全球化与世界城市研究网络（GaWC）是全球最著名的城市评级机构之一，根据会计、
广告、金融 / 保险、法律和管理咨询五大行业的生产性服务业跨国公司总部与分支机构在全球的
分布情况，对 707 个世界城市进行排名。根据 GaWC 发布的《世界城市名册 2020》，成都排名提
升至全球第 59 名，中国新闻网，http://www.sc.chinanews.com.cn/bwbd/2020-08-23/133583.html，访
问日期：2022 年 3 月 25 日。

② 成都市人民政府：《成都市国际化城市建设 2025 规划》，http://www.chengdu.gov.cn/
chengdu/zfxx/2017-05/22/content_08ca8c75e6584057a6be2d5f00e108fe.shtml，访问日期：2022 年 3
月 27 日。

③ 欧亚，熊炜：《从〈纽约时报〉看北京城市形象的国际传播》，载《对外传播》2016 年第
6 期，第 48 页。

筛选，删除了重复新闻、新闻导航、广告等无关内容。前期阅读发现，新闻报道文本分为两种类型：第一类将成都作为主要的报道对象，第二类在报道其他事件时提及成都。因此，研究人员在初筛的基础上以"新闻事件的报道对象是否在成都有实际活动"作为新闻事件与成都的关联度指标，对第二类报道再次进行了筛选：首先删除了与研究主题无关的报道，例如，删除了因某新闻采访对象出生在成都而出现"Chengdu"关键词的报道，然后对删选后的新闻保留了新闻标题、导语和相关段落。经两次筛选后，研究最终共得到有效样本 892篇，其中以成都为报道对象的样本有 165 篇、提及成都报道的样本有 727 篇，具体情况如表 1 所示：

表 1  研究样本的分布

| 报道语言 | 以成都为对象报道样本量（篇） | 提及成都报道样本量（篇） | 合计（篇） |
|---|---|---|---|
| 英语 | 76 | 500 | 576 |
| 西班牙语 | 39 | 105 | 144 |
| 法语 | 33 | 66 | 99 |
| 德语 | 17 | 56 | 73 |
| 合计 | 165 | 727 | 892 |

其中，对成都的新闻报道量在 30 篇以上的媒体如表 2 所示：

表 2  对成都的新闻报道量在 30 篇以上的国际新闻媒体

| 媒体名称 | 新闻报道量（篇） |
|---|---|
| CE Noticias Financieras | 199 |
| 《路透社》（Reuters） | 53 |
| 《纽约时报》（The New York Times） | 34 |
| 《每日邮报》（Daily Mail） | 31 |

确定 892 篇最终样本后，研究使用 WordStat9 软件通过等级聚类分析方法（hierarchical cluster analysis）对新闻文本进行了主题聚类分析及可视化呈现，并结合定性分析，得到了以下发现。

## 二、2021 年成都国际新闻报道的关键词：大熊猫、"超高速" 与数字货币

对成都国际新闻报道的全部样本进行关键词频分析，生成以下词云：

**图 1　国际媒体对成都新闻报道的词云分析**

关键词频分析显示，2021 年国际新闻报道中代表成都形象的关键词是：大熊猫（126 次）、数字货币（151 次）与"超高速"（90 次）。

大熊猫是成都最亮眼的城市名片之一。来自成都、"旅居"法国博瓦尔动物园的大熊猫欢欢与圆仔产下幼崽，大熊猫佳佳和开开在新加坡产子以及大熊猫花嘴巴在马德里动物园诞下双胞胎，成为外媒连续追踪报道的热点新闻。WordStat9 软件通过归一化逐点互信息（Normalized Pointwise Mutual Information, NPMI）评价指标，计算样本词汇之间的共现频率（Frequency of co-occurrence），结果显示：欢欢产子新闻的词频共现频率达 0.535，佳佳和开开产子新闻的词频共现频率达 0.453，花嘴巴产子的共现频率达 0.434，三者总频数数值达到 1982。作为对比，具体频率数值位列第二的报道是以数字货币为报道主题的新闻，其频数为 1075。两组数值的对比可以直观地反映出大熊猫是代表成都的、最重要的城市符号。与此相关联的关键词 / 词组包括："PANDA"（熊猫）、"BABY PANDA"（熊猫幼崽）、"ZOO"（动物园）、"BEAUVAL ZOO"

（博瓦尔动物园）、"BIRTH"（出生）、"TWINS"（双胞胎）、"ARTIFICIAL INSEMINATION"（人工授精）等。相比于其他新闻题材而言，这一主题的报道赢得了最多的正面报道与评价，尤其是在法语新闻和西班牙语新闻中。媒体除了报道新闻事件，还积极评价了成都大熊猫繁育研究基地和中国大熊猫保护研究中心的工作，展现了中国专家在大熊猫保护和研究领域具备的专业能力和掌握的先进技术，突出了成都在大熊猫保护事业中享有的前沿地位。[①]

第二个关键词是：数字货币。成都是数字货币热潮之地。媒体集中报道的两个事件是中国人民银行数字货币先行在成都等城市试点以及虚拟货币"比特币"在成都的"挖矿"活动，与此相关的关键词组是："DIGITAL CURRENCY"（数字货币）、"VIRTUAL CURRENCY"（虚拟货币）、"PAYMENT"（支付）、"BANK"（银行）、"ALIPAY"（支付宝）、"WECHAT PAY"（微信支付）、"BITCOIN"（比特币）等关键词/词组。在前一事件的报道中，媒体主要将重点放在央行推出数字货币的原因和影响，多将成都与另外三座首批试点城市（深圳、苏州、雄安）并列提及，涉及成都推进数字货币应用具体措施的报道不多。[②] 媒体在报道后一事件时一般会提及成都居于比特币发展的前列。整体来看，两个事件的报道重心多聚焦中央政府针对两者出台的管控措施，所用词汇负面色彩大于正面，例如，法国《回声报》在6月22日名为"中国加大力度打击虚拟货币"的报道中使用了"ATTACK"（攻击）、"OFFENSIVE"（攻击性的）、"MONOPOLY"（垄断）等负面词汇。[③] 因此，这两个议题涉及成都的具体内容反映了成都在数字经济领域的领先地位，但外媒报道侧重的主题和建构的新闻背景却往往是负面的。

第三个关键词是："超高速"。"超高速"指的是：磁悬浮列车试验线，聚焦将要布局超高速磁悬浮列车的成都，关键词与词组包含了"MAGLEV TRAIN"（悬浮列车）、"SPEED NETWORK"（高速网络）、"CHONG QING"（重庆）。媒体重点突出了悬浮列车相比于其他列车所具有的速度优势和绿色优势，

---

① 代表性报道如："Giant Panda at Madrid's Aquarium Zoo Gives Birth to Twins", The Guardian, September 7, 2021; "Zoo de Beauval: des Jumeaux en Bonne Santé pour Agrandir la Famille Panda", Agence France Presse, August 2, 2021; " Dos Osos Panda Gemelos Nacen en el Zoo", El Pais, September 7, 2021.

② "Still Getting Your Head Around Digital Currency? So Are Central Bankers", *The New York Times*, April 26, 2021.

③ "La Chine Intensifie sa Croisade Contre le Btcoin", Les Echos, June 22, 2021.

评价这是领先于世界的技术，远超于现存的高铁技术，如美国 CNN 于 5 月 28 日在一篇题为《过去、现在和未来：中国令人难以置信的高速铁路网的演变》一文中写道，这一技术使得欧洲现有的高铁显得"小巫见大巫"（a small fish compared）、"相形见绌"（more than the record）；① 同时也将成都与重庆并提，突出两座城市在中国经济运输网中的重要性。②

## 三、国际新闻中的成都国际形象：独具特色、开放包容的创新之地

整体来看，国际媒体新闻中所呈现的成都形象是多元化的，这里的多元指向内容和态度两个层面。首先是内容层面上，国际媒体关于成都的报道主题包括政治、经济、社会、文化、旅游等多个维度，涉及政府、企业、个体等多个主体，报道视角是多元的；其次是态度层面上，国际媒体在报道成都时，新闻色彩既有负面，也有中立，但也不乏正面，优劣褒贬均有涉及，既展现成都的发展活力，也在一定程度上展露了成都的社会问题。

对新闻报道的定性分析显示，国际媒体新闻报道凸显了成都以下形象：

第一，反映了成都作为西部重要城市在国际交往中所扮演的日益重要的角色。在百年未有之大变局背景下，随着中国逐渐走近世界舞台中心，成都成为中国若干重要事件发生的"第一现场"，见证着世界政治风云的变幻，如美国驻成都总领事馆被关闭的事件。③ 成都举办的 2021 中巴合作国际会议等主场外交活动④、阿根廷计划在成都开设领事馆等新闻事件，⑤ 也都得到了外媒，

---

① "Pasado, Presente y Futuro: la Evolucion de la Increible Red Ferroviaria de Alta Velocidad de China", *The Cable News Network* (*CNN*), May 28, 2021.

② 代表性报道如 "Another Olympics Invitation From China, Like It or Not", *The New York Times*, Semptember 29, 2021; "L' émergence du Triangle de la Croissance", Challenges.fr, https://www.challenges.fr/monde/asie-pacifique/l-emergence-du-triangle-de-la-croissance_771640, 访问日期：2022 年 3 月 25 日.

③ "U.S. Moves to Drop Cases Against Chinese Researchers Accused of Hiding Military Ties", The New York Times, July 26, 2021.

④ "China Dice que 'enseñará' a EE. UU. a Tratar a los Demás de Igual a IgualEFEPekín", *Agencia EFE,* July 25, 2021.

⑤ "Vaca Narvaja visited Sichuan Province and Announced Decision to Open an Argentine Consulate", *CE Noticias Financieras*, June 8, 2021.

尤其是面向拉美国家媒体的关注和报道。国际媒体还反映了成都作为陆路和航空交通枢纽所发挥的联通中外的重要作用，尤以对中缅印度洋新通道和成都天府国际机场的报道为代表。在题为《中国特使访问缅甸，开辟通往印度洋的新航线》的新闻中，①路透社以"新贸易路线的开通，将仰光在印度洋上的港口与中国边境省份云南连接起来，然后通过铁路前往西南部的四川省成都""新印度洋航线的成功试航是加强中缅贸易关系的重要突破"等文字介绍了中缅印度洋新通道。多国媒体也积极对成都天府国际机场进行了详细报道。例如，*CE Noticias Financieras* 在题为《未来主义和气势磅礴：中国大型成都天府国际机场揭幕》的新闻中，报道成都"成为继北京和上海之后，第三个修建有两个机场的城市"，称成都是"庞大的多式联运陆路运输中心"（Intermodal Land Transport Center），评价成都天府国际机场是"绝对的未来主义设计"，其功能"令人印象深刻"。②

第二，凸显了成都以"数字化"和"绿色科技"为关键词的高科技形象。除了前文提到的数字货币，国际媒体还以成都为样本，反映数字化技术在中国社会的普遍与深入应用。例如，在互联网已融入中国社会方方面面的背景下，报道成都一老年大学开设"智能手机使用"课程，帮助老年人拥抱科技便利；③还有媒体报道了成都在抗击新冠肺炎疫情的工作中运用大数据统筹疫情防控的政策。④绿色科技形象集中于两个议题。一是新能源，主要是中国本土或中外合资打造的电动汽车在成都的推广应用，例如，蔚来汽车在成都高新区设立西南最大的服务中心、理想汽车在成都开展用户日活动、极星在成都开设生产基地，突出成都在新能源汽车产业上量质齐升的发展机遇。⑤二是成都绿色城市

---

① "China envoy visits Myanmar as new route to Indian Ocean opened", *Reuters*, September 1, 2021.

② "Futuristic and imposing: China inaugurates mega Chengdu Tianfu International Airport", CE Noticias Financieras, June 30, 2021.

③ 代表性报道如："Grand Bond dans la Tech: en Chine, Les Aînés en Classe de Smartphone", *ETX Daily Up*, January 1, 2021; "China teaches retirees how to use a 'smartphone'", *CE Noticias Financieras*, January 1, 2021.

④ "More and more is known about lasting symptoms post COVID-19", *CE Noticias Financieras*, May 9, 2021.

⑤ 代表性报道如："Tesla China Rival Nio Ups Competition With New Electric Sedan", *CE Noticias Financieras*, January 9, 2021; "Polestar Explores Listing as It Pushes for Global Expansion", *Financial Times*, June 16, 2021.

规划与建设。作为公园城市首提地和国家批准的低碳试点城市，成都市近年在构建生态优先、绿色发展的城市新范式方面先行先试、创新探索，取得的成效赢得了国际媒体的关注。*CE Noticias Financieras* 在题为《中国着手建设未来之城，优先考虑自然和技术》的报道中，从成都划地建造公共交通智能网络入手，深度解析了成都打造公园城市、发展高质量产业、力图建设"未来之城"的政策。[①] 成都在全市范围陆续推进绿色建筑建设也同样广受关注，其中七一城市森林花园以"垂直森林"和"空中庭院住宅"的建筑形式不仅得到了央视的好评，也收获了国际媒体的点赞，称其为"中国成都建筑上的丛林"[②]。

第三，体现了成都开放包容的城市文化和鲜明的地方性。这类报道通过多样化的报道主题和生动的细节描述，反映了成都多姿多彩的文化形象。第一类报道是聚焦成都将举办的世界科幻大会和第 31 届世界大学生夏季运动会的新闻报道，积极评价了成都近年来文化产业和体育事业的发展。美国商业资讯网将成都描绘为"年轻人"（Youth）、"文化"（Culture）和"创造力"（Creativity）的圣地（Mecca）[③]。此外，成都也因举办 ATP250 成都网球公开赛等世界性体育赛事登上世界媒体报道[④]。第二类报道有关成都包容、开放的城市文化，国际媒体通常描绘成都自由、开放和文化多元性的社会氛围。第三类报道是对成都生活方式与饮食文化的侧写，涉及成都的夜市生活、茶文化和美食，将成都誉为体验休闲生活的"完美跳板"（perfect jumping off point）[⑤]。值得一提的是，《纽约时报》报道了川菜麻辣帮助新冠肺炎疫情病人恢复味觉的新闻。[⑥] 此外，三星堆出土[⑦] 等在成都所发生的或具有重要意义，或具有人情味的事件都得到了

---

[①] "This is the Futuristic City that China will Build Where Nature and Technology will be Prioritized", *CE Noticias Financieras*, February 12, 2021.

[②] "Les Villes Passent au Vert: Tour du Monde en Images", *Agence France Presse*, August 4,2021.

[③] "ATTENTION: Chengdu Remporte L'appel d'offres Lancé pour L'organisation de la 81ème édition de la World Science Fiction Convention (la Worldcon 2023)", *Business Wire Français*, December 20, 2021.

[④] "Tennis: l'Espagnol Carreno Busta vainqueur à Marbella", Agence France Presse, April 11, 2021.

[⑤] "9 Reasons to Visit Chengdu When China Reopens", *The Cable News Network* (*CNN*), December17, 2021.

[⑥] "I Lost My Appetite Because of Covid. This Sichuan Flavor Brought it Back", *The New York Times*, January 20, 2021.

[⑦] "Doce Descubrimientos Increibles de Arte y Diseno de 2021", *The Cable News Network* (*CNN*), December11, 2021.

国际媒体的报道。

通过对国际主流媒体的报道进行归纳总结，可以发现成都在国际媒体上的识别度较高，特色较为鲜明，展现了开放包容、富有"活力"和具有发展"潜力"的创新之都、赛事之都的国际形象。

## 四、国际新闻报道对成都国际形象传播的启示

2021年国际媒体对成都的报道为成都进一步做好国际形象传播工作带来了一定的启示。

第一，挖掘优势资源潜力，做好大熊猫品牌传播。大熊猫主题的新闻兼具了报道数量大与正面评价多的特点，不仅极大地提高了成都的曝光率，更有助于提高国际受众对成都的正面认知。未来进一步充分利用大熊猫文化符号、挖掘大熊猫文化内涵、依托大熊猫资源打造国际合作关系网优势，以"大熊猫"为媒搭建起东西方文化交流的桥梁，是成都推进国际传播最有力的支点。央视开设 I Panda（熊猫频道）的成功尝试为成都提供了可借鉴的有效传播思路。I Panda 是央视网全力打造的面向国内外民众，以多终端、多语种为媒介的国际化新媒体产品，频道通过全天候、全方位和全时段直播大熊猫，不仅向民众展示了近年来中国在保护生物多样性和保护生态环境方面的成果，也凭借垂直化的内容和融合化的传播策略，扩大了中国国际影响力的投射范围。[1] 成都可考虑围绕大熊猫进一步整合多种传播资源，借力本国传播渠道和国际社交媒体平台，打造大熊猫IP，盘活文化资源，讲好大熊猫的故事，加强成都国际形象的可爱、可亲特性。

第二，借力新闻"话题"，提升宣传效果。媒体追求新闻价值的特征令成都因"话题新闻"的曝光度较高，呈现以"话题"为原点、弥散分布的特征。其中，成都大学生夏季运动会、世界科幻大会等大型赛事、节庆活动吸引了媒体关注，三星堆出土这类具有重大意义的事件也得到了媒体大量报道。目前来看，媒体的报道多集中于这些事件本身，话题所产生的外溢效应不够突出。例如，借助即将举办的大学生夏季运动会，成都联合文创企业以成都大熊猫繁

---

[1] 央视网熊猫频道简介，熊猫频道，https://www.ipanda.com/about/index.shtml?spm=C98970.PqCIQovJseHY.EMKQhwJdPRWP.1，2022年3月30日。

育研究基地里的熊猫"芝麻"为原型,面部绘制"川剧变脸"的形象,打造了大赛吉祥物"蓉宝",附带成都独特的文化信息,生动且独具特色。但"蓉宝"没能像北京冬奥会吉祥物冰墩墩那样产生话题效应和破圈化传播效果,在这个方面,成都还有较大的发展空间。随着成都的不断发展,成都国际交往需求日益增长,成都可能在未来会承担更多的主场外交活动,这也都为成都进行国际传播提供了契机。成都在紧扣国家对外开放脉搏,积极争取更多国际活动落地的同时,也可以主动利用这些契机,加强话题的设计,围绕熊猫之都、国际交通枢纽、绿色生态城市、成都大运会、外企工厂落地、外国领事馆开馆等突出主题,主动策划和设置国际议题,以故事化、可视化、数据化方式,讲好中国故事成都篇章,[①] 推动外事、外宣、外经、外资、外贸"五外"联动发展,在服务于国家总体外交的同时,拓宽自身的国际影响力。

第三,凝练城市特质,打造宣传蓝海。外媒报道的分析显示,除了"话题新闻"之外,最能带给成都国际曝光率的就是与高新科技有关的新闻,包括"数字货币""超高速磁悬浮列车""绿色城市"等主题。尽管这类主题的立足点是科技事件本身,但多数将成都作为典型实例进行列举。例如,在"绿色城市"主题中,成都作为典型代表之一,与新加坡、米兰、哥本哈根等地区共同成为世界范围内以绿色科技打造绿色城市的龙头地区。这也是基于成都近年来不断出台新政策、优化成都"双创"环境的努力。根据成都市《2022政府工作报告》,成都市若干的激励政策驱动成都市创新发展动能更加强劲,西部(成都)科学城、天府兴隆湖实验室、天府永兴实验室正式挂牌,国家川藏铁路技术创新中心开工建设,成都超算中心进入国家序列。22 项科研成果获国家科学技术奖,新增两院院士 3 人,国家级创新平台增至 215 个,全球创新指数排名第 39 位,[②] 成都逐渐领跑科技创新的双赛道。在创新驱动、数字经济、绿色转型成为经济增长新引擎的背景下,抓住国际媒体关心的热点议题,有利于打造除"大熊猫"外的又一城市新名片。

第四,盘活文旅资源,提升"天府文化"国际辐射能力。城市是文化的容

---

① 中共成都市委外事工作委员会办公室:《关于 2021 年"五外联动"工作总结及 2022 年工作计划的报告》。

② 成都市人民政府:《政府工作报告》,http://www.chengdu.gov.cn/chengdu/home/2022-01/29/content_d5f6bedf5ba54b508dc236e832aa3fd6.shtml,访问日期:2022 年 4 月 2 日。

器，文化是城市的灵魂。成都政府近年来努力打造成都作为国际美食之都、国际音乐之都、国际会展之都和世界文化名城、世界旅游名城、世界赛事名城的"三城三都"城市品牌。外媒报道显示，成都美食之都和赛事名城的形象较为突出，但成都的人文风貌、旅游资源等文化软实力没有得到充分呈现。在未来，成都一方面应从内容角度切入，继续涵养成都文旅资源，深度提炼天府文化标识，加强成都地标建设；另一方面应从方法角度切入，强化外语内容生产和传播，扩大与国际主流媒体、全球知名智库等合作，整合营销城市传播的渠道，扩大成都跨文化交流传播矩阵。从文化资源和传播渠道切入或可成为成都未来国际传播的发力点。

随着全球化的深入发展，城市的国际交往功能不断加强，城市国际形象愈来愈成为城市综合竞争力的核心要素之一。2021 年，成都市以"独具特色、开放包容的创新之地"的形象活跃在国际媒体之中，是成都阔步走上国际舞台的生动侧写。成都或可以进一步挖掘城市文化资源潜力，通过城市形象的品牌化传播，更好地提升成都的国际影响力和知名度。

# 2021 年成都参与全球治理研究

杨鸿柳[*]

**【摘要】**城市在全球治理中发挥着区别于国家的重要作用。2021 年，成都在参与全球经济、贫困、气候、疫情治理方面发挥重大作用。尽管城市间的合作给成都参与全球治理带来诸多机遇，但是参与全球治理行动依然面临挑战。展望未来，成都需要抓住全球治理的契机，在全球治理中加深城市间的伙伴关系，推动成都城市国际化进程，实现城市有序高效绿色可持续发展。

**【关键词】**成都；全球治理；合作

2021 年，成都全面落实市委关于智慧蓉城的决定，参与国家总体外交"一带一路"布局，大力推进中欧班列境外站点拓展，不断增强对外开放平台优势，全面提升枢纽能级水平，高水平建设开放城市和国际对外交往中心，为打造国际门户枢纽积极贡献外事力量，同时在参与全球治理方面贡献良多。

## 一、成都参与全球治理的进展

### 1. 经济治理

随着经济全球化的不断发展，过去的全球经济治理体系面临着巨大的挑战，旧有的全球经济治理理论已不能解释很多新事物、处理一些新问题。城市作为一支重要力量对全球的经济治理发挥举足轻重的作用，不容忽视。2021年成都加大参与全球经济治理力度，在国际政治经济体系中日渐崭露头角。

在国际组织参与方面，成都参加"宜可城 2021—2022 全球大会"，合作举办"中德城市可持续城市更新经验分享线上研讨会——成都专场"；在"中

---

* 杨鸿柳，北京市社会科学院国际问题研究所助理研究员。

德城镇化伙伴关系"框架下，作为中国唯一城市代表与德国多特蒙德市共同开展可持续城市研究项目，为全球城市提供经验借鉴；成功促成国际行政科学学会成都设立"世界幸福城市治理研究中心"。在港澳资源利用方面，主办"蓉港合作·对话安仁"活动，为本土企业参与国际竞争搭建平台，促成天府中央法务区与香港法律界的合作交流等11个项目纳入川港川澳合作会议第二次会议重点合作事项。

持续做强"五外联动"融合的国际物流支撑保障体系，助力提升国际交往便利度和经贸交流合作紧密度。发挥成都国际铁路港作为国家陆港物流枢纽的核心引领作用，加快建设城厢站新增国际集装箱功能区1束2线改造项目①、多式联运转换中心和集装箱共享运营基地等基础性功能性项目，增强枢纽资源集散能力。2021年，中欧班列在"一带一路"沿线新增伊明汉姆、格但斯克、斯瓦夫库夫、圣彼得堡、阿姆斯特丹、费利克斯托、马拉舍维奇、罗斯托克、奥斯陆、热平10个境外站点城市，成都国际班列已连通境外68个城市。②

在主办论坛对话方面，成都发起"蓉欧产业对话"，召开第三届"亚蓉欧"全球合作伙伴大会，创造"深化蓉欧投资合作交流对话会"等对话交流机会，创新开展中欧氢能产业合作大会、"成渝欧资企业走进中国—欧洲中心活动"。中意、中韩、新川园区"国别合作馆"已建成开馆，中法、中德、中日园区"国别合作馆"加快建设。实施"一区一策""一区一项"，深度探索转化利用领事资源渠道。

2. 贫困治理

在参与全球贫困治理领域，成都继续巩固脱贫攻坚成果，持续推进乡村地区全面振兴。根据中共中央中发〔2020〕30号文件意见、四川省人民政府川委发〔2021〕13号文件实施意见、省委办公厅省政府办公厅川委办〔2021〕23号文件指导意见，结合成都市实际工作情况，制定并印发《成都市实现巩

---

① 中国（四川）自由贸易试验区，"项目追踪｜初具雏形！中欧班列集结中心建设气势如虹"，http://www.qbj.gov.cn/qbjq/c137772/2021-11/19/content_d1f79b1211444f1a84e0d3aaa37588d8.shtml

② 陈仕印，"构建'7+5'国际铁路通道、铁海联运通道"，成都市人民政府，http://www.chengdu.gov.cn/chengdu/home/2022-05/16/content_d55a7e4a7ad1471f82be46879d8bc7fc.shtml

固拓展脱贫攻坚成果同乡村振兴有效衔接实施方案》。该方案中，计划至 2025 年，帮助已脱贫的对象跟上乡村振兴的步伐，充分激发乡村经济潜力，持续完善并健全对农村低收入人口的分类，并加强针对性的帮助扶持力度。对于重点帮扶地区居民进一步增强扶持力度，乡村振兴重点帮扶村和重点提升村农民人均可支配收入年均增幅高于 10%，经济社会发展达到所在区（市）县一般行政村平均水平。

2021 年，成都市扎实推进实现脱贫攻坚与乡村振兴的有效衔接。成都市组织有效力量，向乡村振兴拨付专项资金。2021 年 1 月，根据成都东部新区和简阳市辖区具体情况，考虑建档立卡贫困人口的比例等多个因素，向两个区域分别拨款专项资金 725 万元、22258 万元。2021 年 7 月，对中央和省级财政下拨资金 5614 万元分解下达，向成都东部新区下达 2274 万元，向简阳市下达 3340 万元。2022 年 9 月，成都市发布补助资金安排方案公告，安排 5000 万元补助资金，用于防止返贫动态监测和帮扶、巩固衔接两大领域。在防止返贫动态监测和帮扶方面，投入 100 万元，帮助正式纳入监测和帮扶对象的人员，一人一户一册，针对性扶持产业，对原贫困人口开展就业指导和相关劳动技能的培训，对其进行针对性、前瞻性、预防性和帮扶性的系统措施，从根本上彻底消除返贫风险。在巩固衔接方面，具体分析帮扶对象人群数量、人口结构、收入情况、政策情况、绩效考核情况，并按不同权重分配各因素，综合算比，科学分配资金。将巩固衔接资金一部分用于重点区域产业发展，壮大重点区域的集体经济，推动村产业的发展、建设基础设施；另一部分用于巩固衔接重点项目，按照实际需求，择优扶持。① 全面推动"万企兴万村"行动，推动民营企业参与成都全市 17 个省级、100 个市级及 55 个县级乡村振兴重点帮扶与提升地区的基础设施建设、园区产业发展等，确保企业、农民、提升地区利益得到充分保障，促进三方充满活力，共同发展。②

### 3. 气候治理

出国（境）团组主要包括赴韩国参加第 10 届国际空气质量论坛、赴荷兰

---

① "乡村振兴"，成都市农业农村局（市乡村振兴局、市供销社），http://cdagri.chengdu.gov.cn/nyxx/c109544/cdnyxx_list.shtml.

② "答好民企助力乡村振兴的时代考题"，http://cdagri.chengdu.gov.cn/nyxx/c109524/2021-09/28/content_322c7c0d03ae453aa6e9ede56dc4fe7f.shtml.

参加C40气候学院、赴苏格兰参加第26届联合国气候大会等；在第10届国际空气质量论坛和联合国气候大会上宣传推广成都大气污染防治和应对气候变化成果；在C40气候学院学习交流应对气候变化最新国际进展和经验，拜访当地政府，深化与主办城市在空气质量改善、低碳城市建设、生活垃圾分类等领域的合作交流，邀请其在蓉举办环保类国际会议。

编制完成绿色低碳发展报告、低碳成都100案例等成果报告，系统梳理成都全市绿色低碳发展情况，展示在产业、能源、碳汇、消费、制度、能力建设、污染防治等领域的重要举措和亮点工作，凸显成都本地企业机构的行业先进性和勇于探索创新的开拓精神，助力形成可复制可推广的"成都经验"，提升城市参与全球治理的力度。在省市、国家5个以上媒体平台宣传发表，全面客观展示成都市2020年绿色低碳发展进展和成效，进一步提升成都在绿色低碳发展领域国内国际知名度和影响力。此外，撰写区市县绿色低碳发展专刊22篇、行业领域绿色低碳发展专刊6篇，项目验收通过率达到100%。完成成都市温室气体清单编制及协同控制项目，为政府主管部门科学核算"十三五"控制温室气体减排目标提供数据及科学支持，并为编制"十四五"应对气候变化规划，制订碳达峰行动计划提供数据及科学支持；提出成都市大气污染物和温室气体协同控制减排路径和具体政策建议，以城市低碳建设引领大气污染物减排，为协同控制政策真正落地提供依据和支撑，促进成都市空气质量和碳排放的"双达"。编制《成都市重点企业和碳减排项目第三方核查及低碳评价规范》，按照计划和合同要求，按时保质完成全市电力、建材等重点排放行业共120家碳排放量较大的工业企业2019年至2020年碳排放数据第三方核查工作；对"碳惠天府"机制下碳减排量化项目开展年度审核，并出约30份审核结果；编制形成《成都市近零碳排放区示范工程建设指南》《成都市绿色低碳社区评价规范》，指导绿色低碳示范单位创建，进一步提升全市低碳发展意识和能力，推动生产生活绿色化，助力实现成都碳排放达峰目标。①

### 4. 全球疫情治理

坚持突出疫情防控，整体开放发展环境得到新提升。一是主动做好"外防

---

① 《2021年成都市生态环境局部门预算》，成都市人民政府，http://sthj.chengdu.gov.cn/cdhbj/c110785/2021-02/23/9e938e81a4184caf864b49b648c2f35b/files/0c8a3612ef494df585f1687f66f81937.pdf.

输入"。常态化开展双流机场口岸值守，疫情发生以来累计管控从成都口岸直接入境航班和从其他口岸入境后转乘国内航班抵蓉乘客航班 4000 余个，对近 16 万名入境乘客进行管理和服务。二是主动推进政策落地。落实国务院、外交部关于开通中日"快捷通道"有关要求，牵头制定出台《通过中日等"快捷通道"来华复工复产人员抵蓉接收组织和闭环管理工作方案》，累计为 32 个国家和国际组织 90 批共 248 位入境外交领事人员在蓉集中隔离提供便利和服务。三是主动落实疫苗接种。按照外交部及省委外办有关文件精神，牵头推进外籍人士及外国驻蓉领馆人员接种国产新冠病毒疫苗工作，目前已为近 5800 名外籍人士预约登记，累计接种 9600 剂次。四是主动服务复工复产。持续通过"成都领事服务"微信公众号及时对外发布外国人来华邀请函办理、签证申请有关最新政策，为全市 180 余家企业和机构办理 253 批次 1300 余份来华邀请函审核手续。五是主动参与基层防控。成立支援疫情防控工作小组，抽调 20 名党员干部赴高新区盛华社区，全力支援基层疫情防控工作，加强社区整体防疫基础。[1]

举办"2021 成都国际友城市长视频交流会"，邀请 23 个国家 28 个国际友城（含友好合作关系城市及友好交流城市）的市长或市长代表出席，[2] 发布《成都国际友城合作联合倡议》。邀请墨西哥知名画家卡洛斯·阿尔贝托参加 2021 成都国际友城雕塑展，为成都创作主题画作。

## 二、成都参与全球治理面临的挑战

### 1. 受大国权力政治的干扰

世界政治图景总是在"现实主义"和"复合相互依赖"两种假想模式之间徘徊。在国际局势日趋复杂严峻的历史当口，国家间的合作遭遇严重打击。各国民粹主义、保护主义大行其道，全球化进程遭遇逆流。反全球化的国内政治问题和国际关系事件层出不穷，各种战略力量都会努力使世界秩序向着有利于

---

① 成都市委外事办，"2021 年度中共成都市委外事工作委员会办公室（本级）部门决算"，http://gk.chengdu.gov.cn/uploadfiles/0211410627/2022092715231795.pdf

② 川观新闻官方账号，"成都携手 28 位'国际好友'发出倡议：共同推动互利共赢的国际友城关系"，https://baijiahao.baidu.com/s?id=1697175934536428044&wfr=spider&for=pc

自己的方向发展，不断挑战着现有的国际机制、多边主义组织和世界秩序，以国家为主体的全球治理模式受到冲击。国际层面的自由秩序受到许多西方国家国内因素的限制而被削弱，全球化趋势下国际合作的前景因为各种不确定性面临挑战。作为国家总体外交的重要组成部分，城市参与全球治理进程将受到大国间实力较量和政治现实主义逻辑思维回归的深刻影响。

2. 城市难以获得全球治理话语权

全球治理话语权依赖城市能力的支撑，城市的能力包括物质力与精神力。物质力主要以经济为依托，精神力主要以吸引力为基础。作为拥有全球治理话语权的城市，需要有殷实的经济物质基础和强大的文化吸引力。2021年，东京、纽约、伦敦、巴黎的世界500强总部分别是39家、17家、15家、13家。[1]世界500强企业位于全球产业链顶端，总部效应可以给城市带来巨大的经济效益，为所在城市提供大量税收及附加效益，为东道城市在全球治理博弈中提供强有力的实力后盾。[2]

## 三、成都参与全球治理的深化路径及意义

### 1. 多领域打开中国和平发展新路

成都参与全球治理有助于我国总体外交的有序开展。在"一带一路"建设中，强调民心相通，即需要坚实的民间基础。城市作为民心相通的主推手起到重要作用。以城市为主，持续深化服务贸易创新发展试点，加强与RCEP成员国、欧洲以及"一带一路"沿线国家（地区）经贸合作，拓展亚洲、非洲、拉美等新兴市场，加快海外市场布局，以和平的方式向其传达共商共建共享的理念实现共同发展，促进中国与其他国家的自由贸易合作。

### 2. 破解西方政府舆情困境

城市参与全球治理可以提早掌握国际话语权，破解美西方国家的舆论压制。通过参与国际治理，让世界看到中国景象，感受中国文化，体会中国精

---

① 《2021年财富世界500强排行榜》，财富中文网，https://www.fortunechina.com/fortune500/c/2021-08/02/content_394571.htm.

② 汪炜."世界政治视野下的全球城市与全球治理——兼谈中国的全球城市"国际政治研究 1(2018):19.

神，认知中国人民。

### 3. 参与传统议题或实现议题创新

中国推进全球治理仍处于起步阶段，并不意味着城市无法有所作为，可以在帮助外籍人士在蓉落户方面加大扶持力度。启动成都市公共外语标识规范化建设项目，积极推动"家在成都"工作的落实，帮助外籍人士落地成都。扎实开展国际化社区建设，尽力实现外籍人士在蓉生活零障碍，会同市级部门共同打造国际友城馆成都中小学课外实践基地，妥善处置涉外案（事）件，以优异的涉外成效服务全市对外开放发展。加强公共场所外语标识规范化建设，尽快制定《成都市公共场所双语标识英文译写规范》，出台《成都市公共场所外语标识管理规定》。依托"外籍人士社区服务中心"等外事资源，尽快编印《外籍人士在蓉生活指南》，探索设立基层综合涉外服务中心，提升城市国际语言环境和国际营商环境，加快成都国际化建设进程。

# 成都国际友城建设现状与对策研究

席珍彦 *

【摘要】为加快建设泛欧泛亚国际门户枢纽城市和内陆开放型经济高地，进一步展现城市国际名片，成都国际友城设不断拓展，取得了骄人的成绩。同时，成都国际友城建设仍旧存在不少问题，需政府部门和民间力量的继续努力，以全面融入"一带一路"和成渝地区双城经济圈建设，增强国际融入度，将成都打造为国际知名大都市。

【关键词】成都；国际友城；建设；对策

## 一、背景

国际友城是城市外交的主要支点，是民间外交的有效载体，在实践中发挥着服务国家总体外交、推进民心相通、拓展城市国际交流空间等重要作用。

成都与国际城市结好要追溯到 20 世纪 80 年代。1981 年，成都与法国蒙彼利埃正式结好，拉开了与国际城市开展交流合作的序幕。进入新世纪，成都市委外事办在市委市政府的领导下，深入贯彻落实习近平总书记来川视察重要指示精神，严格按照全省"四向拓展、全域开放"重要战略部署，深度融入和服务"一带一路"建设，加快建设泛欧泛亚国际门户枢纽城市和内陆开放型经济高地，友城建设发展取得了一系列成绩。

---

* 席珍彦，副教授，四川大学国际关系学院。

## 二、取得的成绩

### （一）友城版图持续拓展，朋友遍天下

通过近年来的不懈努力，成都友城布局涵盖北美、欧洲、亚洲、非洲、大洋洲等全球五大洲，截至目前，成都友城及友好合作关系城市总量达到105个，在全国副省级城市中名列前茅，其中国际友城37个、友好合作城市68个。

友城质量和友城交流质量分析如下：

1. 友城质量主要从4个维度考量：首都城市、世界知名城市、国际交通枢纽城市、一般城市。

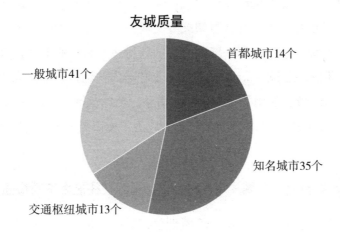

**友城质量**

一般城市41个
首都城市14个
知名城市35个
交通枢纽城市13个

2. 友城交流质量主要从4个维度考量：交流频繁，效果很好；交流较多，效果尚可；交流一般，维持关系；交流停止，联系中断。

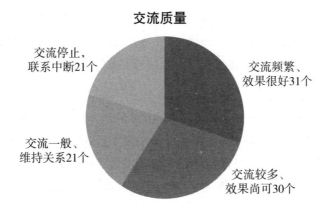

**交流质量**

交流停止，联系中断21个
交流频繁、效果很好31个
交流一般、维持关系21个
交流较多、效果尚可30个

### （二）重数量更重质量，优选友城计划

成都以产业互补为方向实施全球友城优选计划，全面梳理产业发展需求，研究形成《面向国际友城的城市机会清单》，广泛向国际友城发布，寻求合作机会。先后与白俄罗斯戈梅利市、老挝琅勃拉邦省、尼泊尔加德满都市等"一带一路"建设涉及的近 10 座城市交朋友结对子，真正做到了政策沟通、道路联通、贸易畅通、货币流通、民心相通，连续五次荣获"国际友好城市交流合作奖"。

### （三）围绕助力城市经济社会发展，将国际人脉转化为优势资源

近年来，成都坚持将与友城的友好往来，作为搭建国际交往平台、集聚人财物优势资源、助推城市发展的重要抓手，常态化开展国际友城市长创新论坛、友城青年音乐周、友城雕塑展等交流活动，提升国际影响力。有效整合对外营销品牌，以"一带一路"沿线国驻华使节和欧亚地区代表团访蓉为契机，宣传推介"蓉欧+"，举办非洲国家驻华大使巡讲、中澳农业投资说明会、成都东盟经贸合作周等境内外推介活动，全球范围推介"成都制造""成都服务""成都消费"，切实将友城资源转化为了城市经济社会发展和对外开放的动力。

### （四）创新提出"友城+"合作模式，国际交往能力不断增强

地方外事要发展进步，需要不断创新，只有立足全局、顺势而为，才能找到切合实际、取得实效的创新点。为此，成都抢抓公园城市建设等重要契机，创新"友城+雕塑"交流模式，为公园城市增添国际底色；构建"友城+高校"合作模式，为创新创业搭建国际舞台；打造"友城+教育"产业模式，为公办教育汇聚国际资源，为全市对外开放和经济社会发展发挥了积极作用。

"友城+雕塑"方面，共收到国际友城雕塑家提交的作品设计方案 102 份。首批落地天府绿道的 20 件作品已于 2019 年 9 月底前安装完成。"友城+高校"方面，以举办"成都国际友城高校技术创新论坛"为契机，策划推动教育多边合作平台，创立以青年创新创业为载体的"成都国际友城高校联盟"。近年来，在蓉高校走进联盟海外成员高校学习和交流的师生超过 600 人次。"友城+教育"方面，将提升公办教育国际化水平，作为利用外事资源、践行"外事惠民"

的突破口，共建了成都蒙彼利埃小学、霍森斯小学和幼儿园、成都哈密尔顿麓湖小学和幼儿园等一批融合中外教育精髓、适合中国教育体制和成都市情的公立国际学校，让公办教育国际化的路子走得更活、走的更宽、走得更好。

## 三、存在的主要问题和困难

近年来，成都在用好用活国际友城，服务地方经济社会发展方面积累了一些优势资源，但仍旧存在不少问题。

### （一）国外城市对结好主动性不强

国外城市由于管理体制等背景差异，在城市结好方面表现消极，对友城质量和交流质量影响较大。一是欧美等西方发达国家的城市多数更重视务实合作，对签署不具实质约束意义的友好协议普遍不积极不主动，交流往往蜻蜓点水，浮于表面，难以深入。二是西方地方政府多为小政府，多数没有设立专职外事机构，在开展友城工作方面人少钱少。如，美国州政府均无专门的外事机构，多数只有1名专职人员，基层外事人员基本均为兼职。三是由于成都地处西部内陆，部分国外地方政府愿意与经济发达的沿海城市结好。

### （二）与世界知名城市结好难度大

一是由于历史地理原因，如美国洛杉矶、加拿大多伦多、德国法兰克福、西班牙马德里等世界知名城市对成都认知有限，很难将成都列为首选交往对象。二是国外地方政府人事更迭较快，人脉资源涵养较难。三是国外大部分城市对外交往能力有限，难以实现同一国家同一区域结好多个友好城市。

### （三）与国内其他城市竞争激烈

一是国内城市扩大开放意愿强烈，纷纷将结好对象瞄准国际知名大都市，特别是重庆与成都地缘文化高度相似，同质化竞争程度激烈。二是成都属于西南内陆地区，与周边国家城市没有"近水楼台"的优势。例如云南、广西、广东等地城市与东南亚国家地理位置相近，文化相通，在抢占东南亚优质友城资源方面有天然优势；东北三省及东部沿海城市与日本、韩国等国家地理相近，友好交流起步早。

### （四）友城工作宣传力度不够，市民参与度不高

绝大多数市民不知道成都友城的存在，友城活动的参与度很低，多数人对友城漠不关心，主要原因：一是友城工作宣传力度不够，本地新闻植入少。二是引导普通市民参与友城交流措施不多、活动少。三是友城交往能使多数民众受益的项目少。四是友城远在他国，普通人去的时候少，去了有事也不知该找谁。今后应着力加强成都友城宣传工作，使普通市民了解成都友城的数量及分布区域，调动成都市民的积极性，鼓励市民参与友城活动和建设工作。

### （五）友城布局需进一步优化

当前成都市已实现"百城结好"，友城数量虽多，交流范围较广，但深度不够，质量偏弱，一般城市占比超过40%，今后力争缔结知名度较高、富有历史文化底蕴和经济竞争力较强的友城。在重点规划的"14+48+30"国际航空大通道上，尚有71个城市未与成都缔结友好关系。国际铁路大通道沿线城市和重要港口中，也有40个城市尚未与成都建立友好关系，友城布局仍需进一步优化。

### （六）交流不少，合作不多

虽然与友城的交流活动丰富，但真正意义上的合作并不多，还需与友城加强沟通，增强互补性，加强与友城的经贸、文化、教育等方面的合作。从交流程度来看，交流较多的友城占友城总数的49%，还有一半多没有充分激活；从交流效果来看，效果很好的占友城总数的29.8%，多数友城交流仍停留在迎来送往、参观考察层面；从高质量发展来看，成都每年与友城的交流活动在50场左右，但多停留在文化活动层面，机制性、长效性的具体合作项目较少，涉及外资、外经、外贸的更是乏陈可数。

## 四、深化国际友城建设的对策建议

今后，成都应以建设践行新发展理念的公园城市示范区为统领，以统筹

调动国际友城资源为抓手，全面融入"一带一路"和成渝地区双城经济圈建设，全力服务"一干多支、五区协同""四向拓展、全域开放"的战略部署，统筹做好"高质量发展攻坚年"各项工作，加快建设国际对外交往中心，确保"十四五"开好局起好步，为抓好四件大事、实施幸福美好生活十大工程、建设社会主义新天府和可持续发展世界城市提供强劲外事动能。

## （一）加强友城优选工作

实施全球友城优选和升级工程，围绕"一带一路"等通道城市，对接新经济等重点产业，结合大运会等重大国际事件，重点聚焦潜在国首都和成都直航城市，主动联络重庆和成都都市圈友城资源，采取"多边友城"方式，缔结国际友好城市和友好合作关系城市，扩容国际友城"朋友圈"。加强友城协调联动，创建友城网常态化、多向度、长效性信息服务平台，定期发布并转化友城动态，完善友城合作对接合龙机制。

## （二）提高友城质量

与成都有互补性的国际城市缔结友城，强化友城的主动性，开展项目合作，提高友城交往质量，顺应深化和扩大对外开放的需要。当前成都友城数量已经很多，再单纯去追求友城数量已经没有任何意义和必要，必须在提高质量上下功夫作谋划，坚持友城结好标准不动摇：非国际大都市或知名城市不结好，非与成都有极强互补性的不结好，非有具体合作项目的不结好，逐步提高友城质量，适应深化和扩大对外开放的需要，以务实促发展，以合作促开放。

## （三）扩大和深化与友城交往的范围和领域

制定友好城市发展战略规划；完善友城间高层互访和对话机制，推进友城间全方位、多领域合作。一是继续实施并扩大"国际友城学校"品牌项目，将友城教育资源持续引入公立学校，让学生不出国门，就能分享来自国际友城的优质教育。二是继续落实并维护好天府绿道友城雕塑项目，助力公园城市建设。三是推动传统交流向务实合作转变，创新谋划实质性友城合作项目。四是在缔结新友城时，把实质性合作项目写入协议。五是结合友城实际需求，及时向友城推介《城市机会清单》，寻找合作商机。

### （四）加强友城合作产业升级

梳理已缔约和若干目标国际友城产业优势，对接成都市各产业功能区和区（市）县特点，研判成都与友城可匹配发展的"友城产业地图"，精准国际友城产业合作。结合国际友城科教文卫等优势，持续推动友城学子易地求学求职，深化友城间人才交流、创新创业、学科共建、成果转化、域外安全等领域合作，增进友城合作成效。

### （五）加强区域协同发展

协同重庆和成都都市圈城市，做好与成都城市功能定位相适应的民间国际组织的覆盖，推进新经济、水项目等符合成都需求的专业协会和科技类国际组织落户运作。建立与全球权威城市评估机构、民间知名智库的对接合作机制，借此融入全球评估指标体系和联合国等国际平台，增强国际融入度。

### （六）加强城市品牌创建

以国际友城为重要依托，持续开展"PANDA 成都走世界""成都媒体访友城""成都美食文化节"全球宣介活动等民间特色交流，增强成都全球联系度。依托"五外"资源，联动大运会等重大活动，主动用好"请进来"的跨国公司地区总部等优质企业和高端功能机构、外国友人，借力用好"走回去"的跨国企业和国际宾朋，创新开展"全球大学生 +"等对外交往。

### （七）完善友城工作机制，创建友城工作站

建立成都友城工作信息数据库，积极引导社会组织、团体和个人参与友城民间交往。在条件成熟的友城，发展设立由对蓉友好人士组成的友城工作站，委托其负责日常与友城的交流合作事宜。一是有实体具体负责友城工作，也让有些虚无的友城工作真正有了抓手，便利于友城务实合作。二是友好人士驻在当地，与友城的沟通更为顺畅、及时。三是友好人士一般多为商务人士，借此既可调查了解有多少川蓉籍人员在友城经商、办厂、留学、定居等信息数据，把友城与经贸紧紧地揉在一起；同时也可叠加涉外社团机构、华人华侨、留学生等外部资源，涵养友城人脉资源。四是友城工作本属民间外交范畴，让更多

的民间友好人士作为友城工作的主体之一参与到友城工作中来，既体现了友城宗旨，也便于友城工作更接地气，有活力。五是可在意向结好的城市先建站后结好，专职负责友城建设工作。六是为激励工作，定期可对其考核考察，优秀人士可吸纳为市友协理事或授予荣誉市民称号。

### （八）创建成渝地区双城经济圈国际友城联盟

把成渝地区双城经济圈内的城市以友城为纽带形成集合，共建共享友城资源，轮值做庄，定期召开联系会，介绍做法，交流经验。适时举办友城联盟大会，表彰友好合作项目，商讨合作大计。一是可迅速扩大国际朋友圈。二是便于发现合作商机。三是成渝地区双城经济圈从此有了外事工作平台。

### （九）创办友城企业家大会

在广泛调研友城产业、企业情况的基础上，联合市级相关产业或企业部门，广邀友城企业家赴蓉参加友城企业家大会，交流经济观点，商洽经贸合作，推动友城交流从纵深转变。一是加强友城产业信息研判。依托相关部门及专业研究机构，研判友城信息，及时向企业推送或对外发布。二是适时组织外经外贸外资外事外宣等涉外单位赴友城开展产业行活动，举办两地企业家洽谈会，对接双向需求，摸清友城产业和企业基本情况，深化对口合作。三是以创办友城企业家大会为契机，搭建友城产业合作交流平台。

### （十）加强民间友好交流

充分发挥市人民对外友好协会的作用，利用协会成员的资源和渠道优势，推动与外国民间组织的友好往来。依托成都海外交流协会等涉侨平台，加强与海外华侨华人的联谊，用好海外侨务资源，增强对外交往。

## 小　结

成都国际友城交往取得了骄人的成绩，已与众多城市缔结了对外友好交往关系，对外展示了成都名片，扩大了成都的知名度，提高了成都的国际影响力，为城市发展开拓了更多国际交流新空间，增创了更多全球合作新优势。但是，仍有不少亟需完善和有待改善的地方，尚需多方共同努力，以发掘更多的国际交流合作机遇，带动成都进一步发展，将成都打造为中国西部具有全球影响力和美誉度的现代化国际大都市。

## 【参考文献】

[1]《成都国际交往发展报告（2020）》发布，华高莱斯献智，2021年7月7日。https://www.sohu.com/a/476006079_120168591

[2] 成都市人民政府，成都国家中心城市建设行动计划，电子科技大学出版社，2018年。

[3] 华高莱斯国际地产顾问（北京）有限公司，《城市国际化》，中国大地出版社，2021年。

[4] 刘波，席珍彦.《成都国际交往发展报告（2020）》，北京市社会科学院和中共成都市委外事工作委员会，2021年。

[5] 孙先科，蒋丽珠等。国家中心城市建设报告（2021），国家中心城市蓝皮书，中国社会科学文献出版社，2021年。

[6] "走出去"让成都名扬世界，中华人民共和国商务部，2015年1月6日。

# 国际服务篇

VI

# 加快推动成都国际语言环境建设的建议

刘　波\*

**【摘要】** 国际语言环境是城市国际化服务环境的重要组成部分，是构建与国际接轨的公共服务体系的重要内容。成都国际语言环境建设要聚焦成都大运会重点任务，更新城市国际语言环境；立足成都国际对外交往中心建设，加快地方立法，强化组织保障；完善统筹协调，加快建立市政府联席会议机制；加强源头防控，围绕重点区域，采取集中纠错；推进国际语言环境大数据系统建设运用好现代科技，及时更新全市外语标识数据库；动员社会力量，提高外语标识社会知晓程度；充分发挥志愿者、行业协会和专家团队的作用。

**【关键词】** 国际语言环境；国际对外交往中心建设；外语标识；成都

国际交往中心城市是一个拥有辐射世界、服务全球的国际交往功能，并在全球或地区发挥突出作用和影响力的城市。而国际语言环境是向国际社会展示自身形象的"第一扇"窗户，其是否优良是衡量一个城市国际化的重要指标，公共场所外语标识作为国际交往设施的重要组成部分，更是一个城市是否作为国际交往中心最直观的外在体现和感受。《成都市国民经济和社会发展第十四个五年规划和二〇三五年远景目标纲要》提出，成都市将聚焦增强国际对外交往中心功能，力争到 2025 年，全国重要的对外交往中心核心功能迈上新台阶；力争到 2035 年，全面建成泛欧泛亚有重要影响力的国际门户枢纽城市。国际语言环境是宜业宜居环境建设的有机组成部分，随着国际化环境日臻成熟，国际交往总量规模日趋扩大，外籍人口比重不断增加，国际语言环境建设重要性越发凸显。因此，提升成都市外语服务能力，建设优良的国际语言环境，全面展示国际门户枢纽城市良好形象，是当前推动成都国际对外交往中心建设的一

---

\* 刘波，北京市社会科学院国际问题研究所所长、研究员、博士。

项基础性工程。

## 一、成都国际语言环境建设的现状

近年来，作为公共服务领域的外语服务进入快速发展时期，语言种类及服务类型不断丰富。近年来，成都市大力加强国际语言环境建设，取得了显著的成效。成都现已形成较为完善的英语标识地方标准体系和审核机制，重点公共场所英语标识基本规范，外语标识纠错渠道更加广泛，各窗口行业外语服务能力显著提升，国际语言环境水平大幅提升。不过，国际语言环境建设是一项系统性工程，具有长期性、反复性和变动性等特点，而成都市外语标识点多、面广、量大，设置主体多元，参与人员外语水平参差不齐，尽管成都市近年多次开展外语集中纠错活动，但是外语标识滥用错用的"城市牛皮癣"现象在成都依然存在，已影响成都国际对外交往中心建设。成都市地方标准于2006年制定，因先于国家标准出台，两者有冲突之处，已于2018年废止，目前各标识设置及管理主体无地方标准可参考使用，导致公共场所外语标识译法乱象频出。政府监管缺乏法律依据和有效的管理手段，政府部门之间的行政协调缺乏强制性和约束力，外语标识纠错机制难以有效发挥作用。此外，还存在一些历史遗留问题，城市语言环境建设的各部门统筹协调机制还不够健全，需要进一步加强完善。

随着中国离世界舞台的中央越来越近，成都市加快推动建成泛欧泛亚有重要影响力的国际门户枢纽城市，一系列重大国际活动未来将在成都举办，这既给成都市构建优良的国际语言环境提供新契机，同时也对成都市公共场所外语标识规范提出更高要求。当前，规范成都市公共场所外语标识，是进一步提高城市公共设施服务水平的客观需要，事关成都市良好的国际化形象，具有重大现实意义，要提高认识，高度重视，充分认识国际语言环境工作的重要性，着力推进国际语言环境建设。

## 二、加快推动成都国际语言环境建设的建议

为进一步增强成都市的国际竞争力、影响力，打造对国际人士更加友好、

便利的国际化大都市城市环境，建议采取以下措施推动国际语言环境建设。

第一，要聚焦成都大运会重点任务，更新城市国际语言环境。结合服务保障第 31 届世界大学生夏季运动会，统筹推进成都国际语言环境建设。由于受疫情影响，成都大运会推迟至 2023 年举办。体育是世界通用"语言"，也是成都国际交往的一张崭新名片。语言作为人类沟通的桥梁，在体育比赛中发挥重要作用，语言服务是做好筹办工作的一项重要内容。特别是在大运会举办期间，为来自世界各地的人们提供优质的语言服务，实现各方之间的畅通交流，对于增强赛会体验，营造体育氛围，特别是展示开放、包容、自信的大国形象，实现办赛目标至关重要。组织开展城市用语用字情况检查，并及时向社会发布检查情况，确保成都大运会语言文字使用符合国家有关语言文字方针政策和规范标准。在 2023 年大运会举办前，尽快对覆盖交通、文化旅游、体育、商业等各个领域的外语标识地方标准予以修订。统筹大运会场馆和基础设施建设、赛会服务工作、城乡环境面貌、无障碍设施环境建设等内容，形成工作合力，协同开展语言环境工作。紧密加强与科大讯飞等国内智能语音公司合作，做好技术攻关，通过语音识别、语音合成、机器翻译等产品和服务，创造良好沟通环境、减少重复性劳动、提高赛会保障服务效率，在大运会赛场内外实现人与人、人与机器之间语音和语言交互无障碍。结合大运会对国际语言环境的综合需求，将实用性和有效性相结合，从服务环境和生活环境两个内容角度，构建城市国际语言环境评价指标体系。

第二，立足成都国际对外交往中心建设，加快地方立法，强化组织保障。北京等国内一些城市已相继出台国际语言环境建设地方性法规条例，在地方立法之前，要分阶段制定实施成都市外语标识地方标准《成都市公共场所双语标识英文译写规范》，编制推行《成都市国际语言环境建设工作中长期规划》，对公共服务领域外语标识使用予以规范，解决"怎么使用""怎么管理""谁来管""怎么管"等问题。结合《成都国际对外交往中心建设规划》，推动《成都市国际语言环境建设促进条例》纳入市人大立法调研工作计划，加快完善国际语言环境建设地方条例法规。在地方立法还没有出台前，在历史遗留问题方面，对于在新版成都地方标准公布前已经设置的外语标识，若有明显错误、误导性或违反《成都市公共场所外语标识管理规定》，责令标识设置主体限期整改；反之，则采用"名从主人"原则，沿用社会已公认的习惯称谓。对于新设置的外语标识，应由各行业主管部门和标识属地按照国家标准和成都地方标准进行监督管理。

第三，完善统筹协调，加快建立市政府联席会议机制。由于公共场所外语标识规范涉及面广、内容庞杂，需要各部门相互配合、落实责任，需把国际语言环境建设工作纳入成都外事工作领导小组工作议程，加快建立市政府联席会议机制，负责组织协调全市公共场所外语标识的规范化建设工作。加强统筹协调，及时与外交部、教育部等部委相关司局联系，建立沟通联络机制，定期会商，研究建设过程中的问题。各区可设立国际语言环境建设临时工作办公室，各成员单位要落实主体责任，逐步形成区领导重视、各部门协力、社会各界支持的良好局面。按照"谁设置，谁申报"的原则，建立公共场所双语标识协作审核机制，持续跟进国际语言环境建设进展情况，适时开展阶段性总结评估，借助"天府国际论坛"、成都大运会等重大国际性活动检验成果并推广应用。建立情况通报和监督检查机制，把国际语言环境建设工作纳入各单位绩效考核机制，推动公共场所外语标识规范工作持久深入开展。外事主管部门，要在年度经费预算中为语言国际环境建设提供经费保障。完善成都市外语人才培养体系，挖掘人才储备和资源优势，培养高素质、复合型的外语人才和不同语种的外语人才，加大培养非通用外语翻译人才以及新型语言服务人才的力度，全方位满足城市对外交流合作的需求。

第四，加强源头防控，围绕重点区域，采取集中纠错。从国内外城市实际操作层面来看，国际语言环境建设应先从较容易实施、较快见成效的外语标识规范化着手。对国际交往重点功能区，以及国际学校、国际医院、国际化社区等重点公共场所外语标识全面展开集中纠错。外语标识是城市的"脸面"，除"国际性"区域外，对双流和天府国际空港区、城市核心区、CBD 区域、大运会场馆周边等重点区域，以及机场、地铁、火车站、公园、医院、银行等重点服务单位场所的不规范外语标识实施限时整改，及时进行更换，坚决避免"知错不改"的现象；对其他不规范的外语标识，可结合标识牌的维修、更新、翻新工作逐步整改，实现新老标识有序接替。同时坚持经济节约原则，对旧标识标牌进行合理利用，通过技术处理，废旧利用，最大限度地减少浪费。提前介入新建涉外场所外语标识设置和译写工作，组织中外权威专家提供专业审查意见，从源头上避免错误外语标识的出现。积极开拓纠错渠道，开发纠错小程序，接入"国际蓉"微信公众号，设立外语标识常态化纠错渠道，及时处理和反馈市民的意见和建议。同时，将国家标准及成都地方标准所涵盖的词条录入纠错小程序词条库，方便市民及各单位快速查询标准译法。结合"背街小巷整治"、新时代文明实践中心建设、核心区市容环境景观改造提升等工作，组织中外专家对特定区域外语标识内容审核把关，将规格不一、信息不全、英文不规范的标识整合压缩至设计统一、风格沉稳、英文规范的外语导视标识。对一些重点区域道路要统一制式标准，更换交通标志牌、指路牌、楼宇指示牌等标志标牌，实现主要交通及指示标识双语化。结合市政府外办广泛开展的"爱成都·迎大运"城市公共英文标识纠错活动，建立长效的检查纠错机制，把外语标识设置工作纳入日常工作，严格按照工作流程办理，确保新增外语标识和外文宣传口号翻译规范准确。此外，要注意循序渐进，量力而行，适度使用外语，尤其是要避免为了一味追求"国际化"而在不需要使用外语的地方"画蛇添足"地加入外语。

第五，推进国际语言环境大数据系统建设，运用好现代科技，及时更新全市外语标识数据库。利用信息科技手段，建立多语种网络服务系统，加强多语种政府官方网站、城市咨询、法规政策、求救、经济文化动态、生活服务信息、翻译等系统建设。用好多语言电话服务热线工作机制，探索建设一站式双语政务服务大厅，提升重点窗口单位和服务行业外语服务能力。挖掘成都市外语类高校资源，创建专业的多语言服务团队。完善多语言服务管理体系和服务流程，提高工作人员的外语素养、知识水平和服务意识。更新完善全市外语标识数据库和网络查询平台，对全市各区、各窗口和服务行业现有外语标识数据进行重新整理，定期补充录入新增外语标识译法。加强数据整合利用，做到数据规范准确，完整可查，与百度等重点搜索引擎以及国际蓉等有关政府微信公众号进行连接，为社会各界免费查询使用提供便利。注重高科技、智能化手段的应用，鼓励运用现代科技创新外语标识设置，支持通过运用电子屏幕、手机导览、智能化触屏等方式，最大限度地利用标识显示新形态，增大单位面积标识内的信息容量。在故宫、中国国家博物馆等重点旅游场所，为中外游客提供10种以上工作语言导览设备，设立外语接待讲解机构，为游客提供全方位、多语种讲解服务。

第六，动员社会力量，提高外语标识社会知晓程度。外语标识规范化具有专业性和社会性两大特点，需要宣传动员社会力量一起参与。加大宣传推广力度，提升市民参与感与获得感，各区、各窗口行业要加大对公共场所英语标识规范工作和服务用语规范的宣传引导普及工作力度，加强人员培训力度，提升各相关单位外语标识设立的规范意识。通过提高成都市外语人口基数，使大部分市民掌握一定的外语听、说、读、写能力，具备一定的外语应用水平和对外交流能力。创建英语学习的大众平台，培养市民的英语学习热情和积极性，向市民赠送发放外语普及书册，举办主题丰富多彩的外语游园会，吸引市民广泛参与。强化"线上纠错"活动，要主动作为举办"成都市公共场所外语标识网上纠错活动"，充分发动在成都生活、学习、工作、旅游的人共同参与到规范外语标识的活动中来，开辟微信公众号、手机"随手拍"平台，上传错误的英文标识照片。在提升市民参与感的同时，对创建优秀外语服务品牌的单位、行业和个人给予奖励，可通过发放纪念品、评选"成都外语之星"等表彰活动，增强市民过程获得感。加大外语公益讲座场次，邀请中外公益讲师对一线工作人员开展行业英语培训，规范口语服务标准，提升外语服务水平。对重点企事业单位、重点人群，通过定期组织学习、筹划多种形式活动、培养"英语小教员"等方式，开展高质量的员工英语培训工作。注重培养跨文化交际意识，在大中小学生及普通市民中普及国际礼仪知识，提高市民整体素质，提升民间对外交流水平。要在公务员中普及外语、教授国际交往常识，增强政府涉外服务和涉外管理工作水平，提高对外公务交往水平。

第七，充分发挥志愿者、行业协会和专家团队的作用。加大政府对外语志愿服务的规范管理和培育激励，在更大范围发挥志愿者参与国际语言环境建设的作用。以"建设青年创新创业就业环境友好城市"为目标，充分调动青年群体参加国际语言环境建设的积极性。组建志愿服务团队，向社会公开招募志愿者，在广泛招募高校学生志愿者的同时，重视吸引离退休外事干部、高校外语教师等专业人士，驻蓉使节及配偶、外资机构驻蓉代表及配偶、留学生等外籍人士参与志愿服务活动。开展志愿服务专业培训，引导志愿者参与重大国际活动的服务保障工作，并在暑期和重大节假日期间为中外游客提供地区历史文化、旅游指引、英语咨询等志愿服务，持续组织开展成都高校志愿者检查成都市公共场所英语标识等志愿服务活动。积极发挥成都市标识行业协会的专业优势，加强与标识设计生产和翻译行业协会的对接服务，主动提供译写标准和数据库等专业支撑，推动优质语言服务企业纳入政府采购名录。通过行业协会组织加强成都市外语服务产业的自律意识和社会责任感，不断提高翻译公司和社会外语培训市场的规范化程度。倡导将规范外语标识纳入行业自律范畴，营造政府监管、社会监督、行业自律的工作统筹局面。组建多领域专家团队，积极加强与人大代表、政协委员、知名高校外语专家进行沟通研讨，定期邀请专家为国际语言环境建设工作建言献策。

## 【参考文献】

［1］刘超.北京营造优质国际语言环境 [J]. 北京，2017(21).

［2］张楠，高枝.2022年冬奥会前，北京公共场所外语标识实现标准全覆盖 [N].《北京日报》客户端，2019.11.26.

［3］刘波.北京国际交往中心发展报告（2020—2021）[M]. 北京：社会科学文献出版社，2021.

# 成都提升人口国际化水平研究 *

姜　楠　尚　峰　席珍彦 **

【摘要】提升人口国际化水平对成都建设世界城市至关重要，成都一直致力于提升人口国际化水平，以达到自"十三五"以来设定的国际化大都市的建设目标。本文总结了国际国内先进城市人口国际化发展的经验启示，以及目前成都推进城市人口国际化工作成效及不足，最后提出了提升成都人口国际化水平的举措建议。

【关键词】成都；人口国际化；全球城市

国际化大都市是成都自"十三五"以来就设定的建设目标，国际化和大都市是国际化大都市的两大主要特征。其中，城市国际化的一个重要衡量指标是人口的多样性，即出生地为外国的人口占城市人口的百分比以及文化生活的多元性。人口多样性是建设国际大都市的标志，同时也是国际大都市进程中必然发生的人口现象。人口多样性被公认为是衡量一个城市开放程度和吸引力的重要标志。系统研究成都推进人口国际化的远景目标和具体举措，加快成都城市人口国际化程度建设，提升成都人口国际化水平，将助推成都城市国际化建设和全球化进程，加快"十四五"时期成都国际对外交往中心建设。

## 一、提升人口国际化水平对建设世界城市的重要意义

### （一）有助于更快拉高成都在全球城市竞争力排名中的位次

当前，世界城市竞争力评价指标主要有两类：一是综合性指标，其中影

---

* 本文是成都市哲学社会科学研究基地 2022 年特大城市精细化治理研究基地一般项目"特大城市人口国际化对策研究——以成都市为例"（编号：TD22Z08）阶段性研究成果。

** 姜楠，四川旅游学院马克思主义学院副教授；尚峰，四川旅游学院马克思主义学院副教授；席珍彦，副教授，四川大学国际关系学院。

响力最大的是"全球城市指数"（Global Cities Index, GCI）与"全球化和世界城市"（Globalization and World Cities）。二是单项指标，最著名的是英国《经济学家》杂志的"世界最宜居城市"和世界文化论坛的"世界城市文化竞争力评价"。而人口作为社会活动的根本载体，是城市发展的重要前提。外籍常住人口的多少在一定意义上反映了一个城市的对外吸引力和影响力，是当前世界上用来衡量城市国际化水平的重要参考指标。

Ng&Hills 指出杰出城市具有卓越的管理模式，技术和经济领先，并延续着全球和地方的发展，因此具有丰富社会经济、人文、文化和环境资本。基于此概念框架构建了一套指标体系，并用该指标体系对比了东京、香港、新加坡、台北和上海 5 个当时正在崛起的亚洲城市。此套指标涉及治理、全球发展和地方发展、人力、社会、文化和环境资本方面共 57 个指标。因此，虽然各国执行的移民政策有所不同，但人口多样性被公认为是衡量一个城市开放程度和吸引力的重要标志，见表 1。

**表 1　世界城市主要评价指标**

| 名称 | 指标 |
|---|---|
| 世界城市年会 | 17 个指标：人均收入、产业结构、人均消费、人均绿地、对外交往等 |
| 全球化和世界城市（GaWC） | 4 个指标：跨国公司"高级生产者服务业"（会计、广告、金融和法律）供应水平 |
| 跨国公司和银行判别法 | 2 个指标："跨国公司指数""跨国银行指数" |
| 基础设施判别法 | 1 个指标：航空客运（4500 万人次） |
| 世界城市体系理论（弗里德曼） | 7 个指标：主要金融中心、跨国公司总部所在地、国际性机构所在地、商业部门（第三产业）高速增长、重要制造中心、世界交通重要枢纽、城市人口达到一定规模 |
| 伦敦规划委员会世界城市 | 基础设施、国际贸易和投资带来的财富创造力、服务于国际劳动力市场的就业与收入、满足国际文化与社会环境需求的生活质量 |
| Carlabbltt 列表 | 外国出生人口、外国银行数量、外国旅游者、新移民数量、进口物质的价值、具有外国领事馆的数量以及与外国建立友好城市关系的数量 |
| Ng&Hills 杰出城市 | 治理、全球发展和地方发展、人力、社会、文化和环境资本 57 个指标 |
| 全球城市指数（GCI） | 商业活动、人力资源、信息交流、文化体验及政治参与 5 个领域 26 项指标 |

2021 年 2 月 4 日，成都市第十七届人民代表大会第五次会议审议通过《政府工作报告》，明确提出到 2050 年，全面建成社会主义现代化新天府，成为充分体现中国特色、时代特征、成都特质的可持续发展的世界城市。弗里德曼的

世界城市理论认为，世界城市不仅要从事全球经济，而且要积极发展地方经济、社会、人力和环境资本。人口多样性既是建设国际大都市的标志，也是国际大都市进程中必然发生的人口现象。

### （二）有助于更好推进城市国际化建设和全球化进程

在全球城市发展过程中，国际化城市都拥有庞大的外籍移民群体。截至2008年，36%的纽约人是在美国之外出生的，48%的纽约人在家里不说英语，根据2011年人口普查数据，37%的伦敦人在英国之外出生，不具有英国国籍的外籍居民占伦敦人口的24%，以白人为主的伦敦现在白人所占比率已经低于50%。城市移民指数相关研究表明，城市的全球中心性与海外移民指数呈正相关，城市海外移民流动性增强推动了世界城市的建设发展。在创新领域，随着城市国际化进程和对外开放的深入，对外直接投资完成额、跨国公司总部吸引等都会增加外籍人士在城市中的比重。在经济领域，外籍人口流入通过多种方式对经济增长产生了积极影响。一方面，许多外籍人口正值青壮年，比劳动力人口平均年龄年轻，因此对当地生产总值的提升有显著作用。根据麦肯锡全球研究院的报告，2015年全球3.5%的国际移民对世界各国生产总值的贡献超过9%。另一方面，国际人才的增加与社会经济发展密切相关。国外研究发现，如果英国和德国从1990年开始禁止移民迁入，两国在2014年的实际GDP分别会减少1750亿英镑和1550亿英镑。另外，在社会文化领域也能感受到增加外籍人口带来的影响。比如，国际学校的管理者把先进的国际教育理念引入目的国，市民不仅可以享受不同国际文化的交汇，还可以探讨不同的教育观念、教育方式，营造良好的国际教育氛围。

### （三）有助于更好增强城市建设与管理能力

外籍人口特别是国际人才可以丰富城市治理体系，推动城市治理能力现代化。他们可以参与到当地各层次的公共治理活动中。比如，通过搭建外籍居民与政府面对面沟通的平台，鼓励其参与社区治理，营造共建共治共享的氛围。当国际人才暂时或永久返回祖国时，他们可以将所居住城市或是所在国的城市治理理念带回来源国，形成有波次的影响力。同时，为提升外籍人口生活便捷度所做的各项努力，包括不断完善外籍人口社会保障的规章制度，根据外籍人口聚集形态部署管理资源、建立文化服务机构、双向提高中外居民的语言能力、完善外籍人口子女入学教育服务、打造优质国际社区资源等，都有助于提高城市国际化公共服务建设水平。

## 二、国际国内先进城市人口国际化发展的经验启示

外籍人口通常被称为外籍人员或外籍人士，业内研究主要集中在外籍人口的服务与管理，文化融入和社会融合，外籍人口参与我国房贷、税收和社会保险的探讨等方面。以下为一些国际大都市人口国际化发展的经验。

### （一）伦敦：持续简化技术移民政策

为吸引更多海外移民，增强国际竞争力，应对人口老龄化和高技术人才相对短缺困境，伦敦不断调整移民政策，放宽移居英国的限制。伦敦自2002年开始试行"高级技术人员移民政策"，并于2003年正式实施，吸引有特殊技能及工作经验的人来英工作。这一政策对高技术人才移民的年龄、职业和语言能力方面限制较少，对于技术人员来说，只要有1年的工作合同即可来英，工作满4年后可申请类似绿卡的永久居留权，满5年就可申请英国护照，加入英籍。在申请成功后，申请人的配偶和子女也可申请高技术移民签证，实现全家移民。2003年英国进一步开放了投资创业移民政策，来英创办企业也可优先获得永久居留权和移民身份。这项政策有效缓解了医护人员、IT技术人员等行业人才紧缺的局面，极大地推动了英国在科技、制药和金融服务等领域的发展。同时，为应对"脱欧"局面，英国还为企业提供能够使用单一的基于积分的简化移民系统，形成更加开放公平、促进创新的商业环境，使企业能够接触来自世界各地的最佳人才，确保英国仍然是世界上"工作、创业和开展业务"的最佳场所之一。

### （二）硅谷：文化吸引和高端要素汇集推动人员流动

硅谷集聚了大量的跨国公司、技术和资金，高端要素富集和优越的工作机会为全球引智提供了良好基础。硅谷创造出10余家世界性的跨国企业，如惠普、Intel、太阳微、思科、甲骨文、安捷伦、苹果电脑等年销售收入均超过

或接近百亿美元的企业。2002 年，硅谷销售收入超过 10 亿美元的企业就达到了 39 家。从企业创业初期的天使资金、风险债券、职业投资人、风险投资到企业成长期的纳斯达克上市等，硅谷有一整套企业融资渠道，为硅谷的经济发展提供保障。因此硅谷成为高端人才的集聚地，会聚了 40 多位诺贝尔奖获得者、上千名国家工程院和科学院院士、几万名工程师，还诞生了许多知名企业家。

### （三）上海：持续完善外籍人才来华政策

截至 2021 年，上海常住 6 个月以上的外籍人口数量达到 17 万。为加快建设具有全球影响力的科技创新中心，上海不断创新吸引集聚外籍人才的政策举措，为在沪外籍人士提供相对便利的生活、工作及政策便利。目前在沪工作的外国人达 21.5 万，占在华外籍人士的 23.7%，居全国第一。2017 年 4 月全国全面实施外国人来华工作许可制度以来，截至 2021 年 2 月底，共核发《外国人工作许可证》27 万余份，其中外国高端人才（A 类）近 5 万份，占比约 18%，上海引进外国人才数量居全国第一。

对于用人单位确有需要的外国科技人才，可放宽年龄、学历和工作经历的限制，让外国人才享受更多"绿色通道"待遇，从外国专业人才（B 类）晋升为外国高端人才（A 类）。外国科技人才如需在沪兼职工作、创新创业，经聘请单位至市科委（市外专局）统一报备后，无须重新办理或变更工作许可证。通过多项措施并举，更大力度引进外国科技人才、创新创业人才和高技能人才。该项政策覆盖全上海，含上海自贸片区，此次升级的外国人服务单一窗口 4.0 版本，由市人社局、市侨办、上海海关、市公安局出入境管理局、市外专局、市人才服务中心、上海国旅保健中心、浦东新区区委组织部、自贸区保税区管理局、市公安局自贸试验区分局等共同开启。

## 三、目前成都推进城市人口国际化工作成效及不足

近年来成都国际竞争力和影响力不断提升，国际化进程和对外开放持续深入，吸引着越来越多的外籍人士来蓉就业、留学和生活。截至 2020 年，往来外籍人员数量位居中西部城市之首，外国人居留许可证签发量及境外人员住

宿登记量居中西部城市第 2 位，境外人员住宿登记达 66.9 万人次。

## （一）推进城市人口国际化

**一是突出顶层设计，强化政策驱动。**

完善出入境便利度。先后推动出台《成都市关于加强外国人永久居留服务管理的实施意见》（成委办〔2018〕16 号）、《关于建立成都市外国人永久居留服务管理联席会议制度的通知》等文件举措。推出"成都公安出入境改革创新十五条政策措施"，结合国家移民管理局 12 条移民与出入境政策措施和其他相关政策，降低申请门槛，开辟三条外国人申请在华永久居留的新途径，并对符合条件的 53 国外国人正式实施 144 小时过境免签政策。截至 2021 年 9 月，成都市共受理外国人永久居留申请 559 人，其中有 397 人取得外国人永久居留许可证，航空口岸 144 小时过境免签入境外国人 1355 人次，同比增长 95.81%。加强外专人才吸引度。研究印发《成都市鼓励引进外国人才实施办法》《成都市引进外国人才智力成果示范基地和示范单位评选管理办法（2017 年修订）》等重要文件，贯彻落实"成都人才新政 12 条""人才新政 2.0 版"，支持重点产业、领域企业引进培育国外顶尖人才、急需紧缺人才，累计给予 614 人引进人才安家补贴、引进人才奖励 4873 万元，其中 30 名外籍人才累计享受奖励补贴 270 万元。加强评价体系规范度。出台《成都市国（境）外专业技术人才职称评价实施办法》，建立全面开放的国际化职称评价体系，支持在蓉就业、持有外国人永久居留证的外籍人才或经认定的外籍高层次人才参加成都市开展的工程技术、经济等系列职称评审，对外籍专业技术人才境外工作经历和业绩予以认可。

**二是实行项目招引，加强人才引进。**

发布成都市外商投资指引、成都经济要闻、投资机会清单，指导区（市）县建立健全外商投资咨询服务点和投诉工作机构，进一步发挥外商投资咨询服务点职能，协助外企用好各项人才服务政策，吸引外籍人才来蓉。结合全市利用外资攻坚行动，启动《成都市国际中小企业招引专项资金管理暂行办法》，兑现外资企业资金奖励，激励外企招引国际优秀专业人才。2020 年，举办"共享新机遇·共建生态圈"等重大投资促进展会 100 余场，市区两级举办外商投资企业座谈会 25 场，引进重大外资项目 52 个，总投资 142.23 亿美元，新增注册外资企业 82 家。以重大投资促进活动为抓手，联合市级相关部门持续举办在蓉外企交流对话会，邀请外商协会、外资企业代表以及外籍高管参加，多维度、全方位、高频率地宣传成都外商投资环境和人才支持政策，推动国际人才、产业和城市深度连接。

**三是突出活动推介，强化平台建设。**

实施"国际资源引入计划"，连续促成希腊、西班牙、土耳其获批在成都设立总领事馆，目前获批在蓉设立的外国领事机构达到 21 个，保持内地领馆"第三城"的优势。友城和友好合作关系城市总数达 104 个，在蓉联合国机构及国际性组织 11 家，在蓉外国商会机构 26 个。实施"一区一策""一区一项"，累计协调各国驻蓉、驻渝总领事馆与市级相关部门和区（市）县线上线下拜访会谈 130 余次，深度探索转化利用领事资源渠道。创新开展国际文化交流活动，组织赴伦敦、都柏林开展"媒体访友城"活动，常态化组织"2020 成都国际友城青年音乐周""2020 成都熊猫国际美食荟""欧洲文化季""世界熊猫青年记者追成都"等活动，助力"三城三都"品牌传播。密切与国际高端智库、权威机构合作沟通，成都位列国际知名智库 GaWC《2020 世界城市名册》第 59 名，成为上榜城市中唯一入选 Beta+ 的中国城市。新华社《参考消息》首次发布《中国城市海外影响力分析报告（2020）》，成都海外形象品牌塑造及传播力指数高居榜首，国际体育赛事指标位居第二。

**四是突出环境留人，强化管理服务。**

第一，优化国际营商环境。密切对接外国驻蓉代表处、国际商协会等机构，组织开展"外资企业座谈会""蓉欧投资合作交流对话会"等活动，了解外资企业和外籍人士在蓉发展问题和诉求，完善专业化服务机制。首创外国人来华工作许可"一窗式"办理服务，实现了外国人来华工作行政审批事项无纸化办理。围绕推动中日示范项目，研究"持续推动日籍人士来蓉工作便利化"专题，梳理出台对日营商环境便利化措施 22 条。第二，优化城市商住环境。结合打造春熙路、交子公园、西博城、蓉北和天府空港 5 大商圈，集聚国际高端品牌，营造具有国际气息和成都特色的消费场景。围绕"三城三都"建设，联合行业协会、区市县组织开展国际美食节、成都国际川菜厨师节及国别特色节会、集市活动，为外籍人士提供类海外生活环境。第三，优化教育医疗环境。出台《成都市在蓉外籍适龄少年儿童入学办法》，建成包括成都丹麦霍森斯小学及幼儿园等 118 所"成都市教育国际化窗口学校"，2020 年各类中小学（含幼儿园）就读外籍学生达 2185 人。成立"成都大学中国—东盟艺术学院"，发放友城奖学金等共计 6000 余万元，打响"留学成都"品牌。结合"蓉城人才绿卡"推广，为海外高层次人才开通就医便捷通道，出台《成都市医疗机构加快国际化营商环境医疗服务能力建设行动方案》等文件，全市获批中外合资合作医疗机构 7 家，13 家医疗机构开展国际医疗保险直付服务，34 家医疗机构具备国际医疗服务能力。

### （二）当前成都人口国际化建设中存在的问题

虽然成都开放成效显著，但短板也很明显，特别是与国内先进城市相比，"人口国际化"这一体现城市国际化水平的重要指标增速较低。

**一是人口数质量不高，影响城市国际化进程。**

"十三五"时期，成都市常住外籍人口约 1.74 万，在蓉工作的常住外籍人员不足 1 万人，而 2018 年在沪工作外国人为 21.5 万人，广州市外籍常住人口达到 5.14 万人。无论是与伦敦、纽约等国外城市，还是上海、广州等国内先进城市相比较，成都在外籍常住人口数量、人才比例、迁移类型、人群结构等方面都有明显差距。

调研发现，当前外籍人士来蓉主要目的为就业和探亲，其次为学习，再次为商务和结婚，可见，虽然成都的国际化程度日益提高，但在外籍人士的整体占比及外籍人士对所在城市发展的整体推动上仍相对较低，"旅居性"人口较国际大都市还存在较大差距，外籍人士的移民倾向较伦敦、纽约、上海等国际大都市还存在较大差距。

外籍专家方面，成都打造外籍人才"一站式"服务平台，2020 年度在蓉持有外国人来华工作许可证的人数为 3762 人，新引进外籍人才 990 余人，与北京、上海等引进境外专家力度较大的国际化大都市相比差距明显。截至 2021 年 2 月底，仅上海就核发《外国人工作许可证》27 万余份，其中外国高端人才（A 类）近 5 万份，占比约 18%。北京、上海作为国际化大都市，文化和经济影响力大于地处西南部的成都，但并不说明成都的文化吸引力弱于北京或上海，只是还需要进一步挖掘自身优势，打造属于成都独特的文化名片，并持续更新人才引进政策和措施。

留学生方面，调查研究表明，2018 年成都来华留学人数为 13990 人，比 2014 年的 7124 人增长近一倍，来华留学生占当地在校大学生比例为 1.41%，相较于 2014 年提升 0.46 个百分点。当前，来华留学生主要集中在北京和上海，2018 年两地来华留学生分别为 80786 人和 61400 人，分别占当地在校大学生人数的 15.07%（相较于 2014 年提升 0.18 个百分点）和 15.35%（相较于 2014 年提升 0.02 个百分点）。

表 2　2014 年成都、北京、上海来华留学生人数与规模

| 城市 项目 | 成都 | 北京 | 上海 |
|---|---|---|---|
| 来华留学生数量（人） | 7124 | 74342 | 55911 |
| 在校大学生数量（人） | 749100 | 499300 | 364700 |
| 来华留学生占当地在校大学生比例（%） | 0.95 | 14.89 | 15.33 |

表 3　2018 年成都、北京、上海来华留学生人数与规模

| 城市 项目 | 成都 | 北京 | 上海 |
|---|---|---|---|
| 来华留学生数量（人） | 13990 | 80786 | 61400 |
| 在校大学生数量（人） | 993825 | 536068 | 399984 |
| 来华留学生占当地在校大学生比例（%） | 1.41 | 15.07 | 15.35 |

**二是体制建设统筹不紧，全市力量较为分散。**

外籍人员招引、管理、服务存在条块分离、机制障碍和部门壁垒，永居外国人推荐渠道未全面畅通，人才红利得不到充分释放。各部门之间的外籍人才数据信息共享机制尚未建立，信息缺少联通共享，较难对取得来华工作许可证和永久居留权的外国人及时开展定向宣传和精准扩面。在蓉外国人基础数据难以实现准确、鲜活，监管责任难落实。工商、教育、卫健等多部门联动协同机制尚未建立，"三非"外国人活动难发现难管控。人才创新激励机制针对海外人才引进政策相对较少，缺乏外籍人才奖励办法、评价体系和大众创新创业的积极氛围，在引进人才的方式、程序、待遇等方面可操作性不够。

**三是产业能级整体不强，对外招引能力不足。**

高新、双流等高技术企业密集区域，人才结构与产业发展需求不能完全

匹配，高层次创新创业人才总量不足、能级不够，顶尖团队"双招双引"亟待攻坚。郫都、蒲江等区域中小微企业、农业企业、加工企业较多，存在偏劳动密集型、高端产业聚集度不高、创新科研类项目不足等诸多短板，用人单位因产业国际化程度不高、用人成本较高、沟通有难度、日常管理服务缺乏经验等，聘用外国人才的意愿不强。简阳等地外籍人士来源主要集中在缅甸、越南、老挝等东南亚周边国家，以婚嫁为主，从事管理技术工作的人员、自愿来蓉创业工作的外籍人士数量较少，对经济文化贡献率低。设立在青白江等区域的国别园区、产业园区、物流港区在对外交流合作方面力度不够，缺少与相关企业和产业链布局的有效对接，在吸引外籍人士、国际人才方面相对经济发达地区有较大差距。同时，全市各领域企业、人才中介机构等组织参与度不够，未充分发挥官方渠道与民间渠道、市场主体的作用，总体引才成效不高。

**四是宣传推广力度不够，关注侧重点有待转变。**

成都在美食、旅游等方面全球宣推力度较大，但在自主创业、科研创新等领域的推广较少。2021年9月，市科技局（成都市外国专家局）主办的外国专家座谈会上，美国理论物理专家丹尼尔·戴维表示，成都拥有众多科技型企业和研究机构，但科研工作者之间的跨国交流还应进一步加强。同时，对外推介特别是境外推介活动多从服务商贸角度开展，不能更有针对性地营销成都品牌，更好地展示城市宜商、宜学、宜居环境，难以带动高端优质人口资源向成都市汇聚。

**五是服务管理水平不高，宜居环境有待加强。**

生活设施方面，全市大部分国际化社区工作人员不稳定、双语服务人员少，涉外服务水平有待进一步提高。郊区县与主城区相比，缺乏区位优势，存在基础设施薄弱、公共服务滞后、经济发展整体水平较低等问题，现实条件让国际人才望而却步。个别区（市）县如天府新区、东部新区，基础设施处于加快建设阶段，配套设施亟待健全，对于看重生活居住环境的国际人才吸引力有限。医疗卫生方面，外籍人士无法享受医疗保险、较难享受高质量医疗服务，就医时出现的就诊费用过高、语言不通、医院缺少外文指示信息、排队时间长、担心药品安全等问题，给外籍人士就医带来不便和负担，导致其通常选择使用自带药品或去国际诊所就诊，不愿意去当地医院。

## 四、提升人口国际化水平的举措建议

人口国际化的重点是人才国际化。纵观美国、日本、韩国经济腾飞之路，无不采取人才引进与加速培养并重的人才战略。成都在经济实力大为增加的今天，又恰逢全球金融经济危机的契机，应以更高目标参与国际人才竞争，加快国际化人才集聚步伐。应以成都紧缺行业高层次领军人才为重点，坚持高目标、高投入和多渠道、多层次、多模式，寻求体制和机制的突破，最大限度地利用海外人才；应建设长效性的国际人才流动、管理、运作和引进机制，为提升城市的国际竞争力奠定坚实的人才基础。

### （一）创新体制设计，把握好国际人才引进"窗口期"

一是建立沟通联动制度。充分发挥"五外"联动机制等平台载体作用，在市委外事工作委员会统一领导下，按照"明确主攻方向、整合各方力量、统一安排部署"的思路，由公安、人社、社治、外事等职能部门牵头，商务、投促、教育、卫生等市级相关部门共同参与，形成人口国际化建设联席制度，定期进行调度安排，深入做好人口国际化建设顶层设计。二是开展外籍人口信息登记建库。由公安、社治等部门牵头，开展外籍人口摸底调查，了解掌握全市外籍人口数质量底数。商务、投促、科技、人社、外事等部门及时走访各区（市）县、高校、企业以及在蓉高层次外籍人才，了解引才引智需求和在蓉人才停居留意愿信息，梳理供需清单，搭建对接渠道，不断提高主动服务引才引智政策的针对性和实效性。三是常态化加强全域交流。深入调研各区（市）县不同产业特点和人力资源需求，利用驻蓉驻渝领事官员区（市）县行、德眉资行等时机，有针对性地举办外籍人才交流活动，吸引不同类型海外人才在成都全域留学、就业、创业。加快国际化社区建设，科学指导各区（市）县建好用好外籍人士社区服务中心，营造"类海外"生活工作环境。

### （二）突破产业转型，打造城市全球人才生态体系

围绕重点产业发展需求，聚焦新技术、新产业、新业态、新模式，定期发布智能制造、新材料、新经济等重点产业海外人才需求状况，创新更具吸

引力的专项政策，实现人才供给与产业需求的有效对接。以"高精尖缺"为重点导向，聚焦西部（成都）科学城、成渝综合性科学中心、天府实验室和高品质科创空间建设，引聚全球一流科学家、科学领军人才、科研管理人才。一是基于科技部中国国际人才交流中心国外合作资源平台，从线上线下两个维度开展招引工作。二是以重点国别园区的需求为导向，最大限度地为园区用人单位引进外国人才智力提供助力。利用成都市海外人才工作站等政府平台宣传推介，引聚全球智力资源。三是借助成都人才发展促进会的平台资源，通过以才引才的方式，稳步推进外国人才招引工作。鼓励支持引智单位通过国际猎头等专业人力资源服务机构，利用市场化手段引进高端外国人才智力。对符合成都市科技创新和产业发展方向的引智单位，优先推荐申报国家、省、市各类招才引智项目，加大市级项目支持力度，给予经费资助。四是依托《服务成渝地区双城经济圈建设出入境警务合作机制》，推动入选成渝地区双城经济圈市级以上人才计划以及在成渝两地省级以上主管部门确定的高新技术企业、战略新兴企业和创新型企业工作且符合相关条件的外籍人才，在成渝两地重点高等院校、科研院所、世界500强在中国设立的企业等单位，跨区域兼职或创新创业，加强区域内人才的环流与流动，增强区域内知识交流的活跃度和开放度。

**（三）集聚优势资源，持续布局高端人才引入新网络**

一是依托领馆、友城、国际组织、商协会等优势平台，用好华侨华人、外专外办等各种渠道，多渠道引进海外高层次科技人才，继续加大北美地区高端人才引进力度，同时更加关注日本、韩国、欧洲等国家，以及俄罗斯、乌克兰等在科技上有比较优势的国家与"一带一路"沿线国家和地区，构建全球人才合作伙伴网络。二是积极承办国际学术会议、世界科学家峰会、全球青年学者论坛等国际活动，举办成都外籍人才招聘会、成都国际创新创业大赛等系列活动，组织参加中国国际人才交流大会等招才引智展会，吸引更多的高层次外国人才和专业团队来蓉创新创业，打造外国人才聚集平台。三是推进招才引智示范基地建设工作，积极创建国家、省、市级招才引智示范基地，充分发挥基地建设在引才引智工作中"政策引导、示范引领、公共服务"的作用，带动产业园区和所在区（市）县引才引智工作的开展。四是加大引进培育高端猎头等人力资源服务机构，充分运用市场化手段，为特殊领域、重点单位引进高层次人才，为用人单位提供人才培训、测评、人力资源管理咨询等社会化、专业化服务。五是加大宣传推广活动力度。以"PANDA 走世界"、友城青年音乐周、欧洲文化季等活动为载体，加大对成都"宜居、宜商、宜学"环境宣介力度。高质量办好都江堰国际教育论坛、亚洲教育论坛等，持续做好青少年对外交流项目。深耕"留学成都"教育品牌，优化留学生结构，吸引更多优秀外籍学生来蓉留学，提升社会—文化移民融入。

## （四）提升服务管理，形成有吸引力的外籍人口引进机制和人才环境

一是打造审批服务一体化平台。更新"一窗式"服务 2.0 版，通过系统信息后台共享及审批流程的深度整合，进一步提升外国人来华工作许可行政审批效能，减轻用人单位负担，最大限度体现高效便捷。积极争取在天府国际机场口岸实施"144"过境免签政策，探索实施永久居留推荐直通车制度、外籍人才口岸签证政策。全面推进政务服务向企业靠拢、向基层下移，力争在"十四五"期间实现外国人来华工作许可审批业务应放尽放。加强外籍人才参加社会保险的宣传推广工作，争取获得永久居留权的外国人在属地以灵活就业人员的身份参加社保，持续为外籍人士提供在蓉就业创业、劳动权益维护等公共服务保障，不断提升外籍人士幸福感、归属感、获得感。二是打造人力资源服务平台。建设"政务服务 + 创业服务 + 生活服务"全环节的人才服务链，搭建招才引智服务平台，提供购房、子女入学等"一站式、定制化"人才服务。出台《中国（四川）自由贸易试验区成都区域境外专业人才执业管理办法（试行）》，探索建立职业资格单向认可清单，对具有国（境）外执业资格的外籍专业人才，经相关部门审批备案后按规定提供专业服务。探索推进技术移民试点工作，发挥民间机构海外引才作用，探索更符合国际规则的引才机制与途径。推动外籍高端人才和急需紧缺人才税收优惠政策全面落地实施，进一步满足高技术外籍人士在蓉"安居、乐居、宜居"需求。三是打造文教卫生服务平台。研究出台《成都市教育对外开放"十四五"规划》，促进教育对外交流合作高质量发展。开展"巴蜀文化进外籍人员子女学校"系列活动，搭建在蓉外籍学生与中国学生沟通交流的平台。对接国际标准，持续实施《成都市医疗机构加快国际化营商环境医疗服务能力建设行动方案》，从医院管理、医疗服务、医

疗技术等各个方面进一步推进国际化医疗服务能力建设，推动更多国际教育、医疗合作项目在蓉落地。四是打造综合治理防控平台。围绕"公园城市示范区"建设，推动外国人实有人口管理对接社会治安综合防控体系，试点开展境外人员网格化管理，及时处置涉外风险隐患，维护城市"三安"①。

## 【参考文献】

［1］林卡，王丽铮．城市国际化指标体系研究，浙江社会科学，2019 年第 12 期。

［2］刘波，北京国际交往中心发展报告（2021—2022），2022 年 6 月。

［3］刘波，席珍彦．成都国际交往发展报告（2020），2021 年 4 月。

［4］尹涛，伍庆，胡泓媛．广州城市国际化发展报告（2020），2020 年 7 月 1 日。

［5］陶希东，《全球超大城市社会治理模式与经验》，上海社会科学院出版社 2021 年。

［6］Ben Derudder, Frank Witlox. Mapping World City Networks through Airline Flows: Context, Relevance and Problems[J]. Journal of Transport Geography, 2008, (16):pp.305-312.

［7］Brad McDearman，Greg Clark，and Joseph Parilla，"全球化都市区域的十个特点"，Global Cities Initiative, 2013。

［8］Ng M K, Hills P. World cities or great cities? A comparative study of five Asian metropolises [J]. Cities, 2003, 20 (3): pp.151-165.

［9］Sasen S. The Global City [M]. Princeton: Princeton University Press, 1991.

---

① 城市"三安"是指交通安全、社会稳定、环境和谐。

# 高校外籍留学生社会交往需求评估和循证实践对成都的启示

曾东丽　王艺璇　王玉琪　杨　傲\*

【摘要】外籍留学生群体是助力国家中心城市、深化国际交往的重要力量。长期背井离乡的外籍留学生易面临焦虑、孤独等心理困境，有较强的社会融入需求。本文以"华裳·FASHION"循证示范活动为例，通过视频内容分析及实地调研的方法收集了解在华高校外籍留学生的社会交往需求，基于需求评估的证据，设计、实施活动。对"华裳·FASHION"的过程和结果评估发现，该活动有助于提升外籍留学生对所在中国城市的认同感、归属感和融入感，能够为成都未来开展相关活动提供借鉴，有助于推动蓉城进一步吸引和涵养世界青年人才，打造国际交往的人才之都。

【关键词】外籍留学生；社会融入；中外青年交流；国际对外交往中心建设

随着《成都市国民经济和社会发展第十四个五年规划和二〇三五年远景目标纲要》的发布，成都市进一步明确了在"十四五"时期初步建成国际门户枢纽城市的目标，增强国际门户枢纽功能、促进国际交往已成为成都的重要发展任务。同时，作为国际高等教育的留学目的地，近年来成都积极打造"留学成都"国际教育品牌，优化奖助体系，建设全国首个中外人文交流教育实验区，不断完善国际化教育环境以吸引全球青年人才来蓉深造。截至 2022 年 6 月，在蓉外籍留学生数量超 1 万人，居中国中西部城市的首位。让外籍青年人才愿意来、留得住，是扩大成都教育国际影响力、提升成都教育对外开放水平的重要举措，也是创建国际人才都市的必要条件。本文通过介绍一项基于循证实践

---

\* 曾东丽、杨傲，中国青年政治学院（中央团校）研究生；王艺璇、王玉琪，中国青年政治学院（中央团校）讲师、硕士生导师。

范式设计的，有效满足外籍留学生的社会交往需求且提升其对所在中国城市认同感、归属感和融入感的示范性活动，以期为成都市相关职能部门和社会组织赓续优化中外青年交流活动与服务提供参考和建议，加快推进成都建设国际门户枢纽城市的步伐。

## 一、高校外籍留学生群体概况

国家统计局发布的数据显示，2020 年我国来华外籍留学生规模突破 21.9 万人次，已成为亚洲最大的留学目的国。由于学习生活环境的改变，外籍留学生普遍面临着多元文化冲击带来的适应性压力。现有研究发现，来华外籍留学生囿于语言文化差异，与中国青年友谊发展较为缓慢、交流交往不充分，社会支持网薄弱，社会融入不足。尤其是那些对中国社会文化了解不足的外籍留学生，易产生"局外人"心理，畏难于积极融入中国社会，普遍经历着心理和学业方面的不适应，面临跨文化融入的难题，不论是自身的孤独，抑或是学业、社会关系的压力，都在一定程度上给留学生的身心健康、生活状态带来了负面影响。基于此，我国各政府职能部门、高校留学生主管部门及社会组织积极开展诸多面向外籍留学生的友好交流与实践活动，并取得了一定成效。此外，国外研究发现参与基于兴趣的休闲活动可以有效促进留学生与本地学生建立联系，进一步构建其社会支持网络，提升他们的文化融入和心理、学业上的适应程度。因此，如何在现有条件基础上，识别外籍留学生真实的社会融入需求，推进外籍留学生建立本地化的社会支持网络，融入本地社会，是当下各方开展青年外籍留学生活动面临的重要问题。

本文在对高校外籍留学生的社会交往进行需求评估的基础上，设计并实施了以"华裳·FASHION"为主题的示范性服务活动，目的是加强外籍留学生对中国传统文化的了解，加深中国学生与外籍留学生间的沟通交流，促进外籍留学生社会支持网的建立。具体而言，本文的研究过程主要包括需求评估和服务活动示范两个阶段。在需求评估阶段，调研团队一是对全网 388 条来华留学生街头访谈视频的内容脚本进行主题分析，二是在北京市五道口、三里屯、国际青年汇等外籍留学生聚集地开展实地观察和访谈，并在此基础上分析在华外籍留学生的服务需求；在服务活动示范阶段，调研团队基于第一阶段的需求评估，结合相关研究与实践，设计、实施了以"华裳·FASHION"为主题的服务活动，并在活动后深刻总结本次服务活动的经验与不足，为成都相关职能部门设计服务于外籍青年群体的活动提供经验借鉴，为成都实现建成国家向西南开放门户枢纽城市的目标把薪助火。

## 二、面向高校外籍留学生的需求评估

### （一）需求评估的方法与过程

首先，调研团队收集并观看了"歪果仁研究协会"截至 2021 年 5 月 31 日于哔哩哔哩平台发布的 388 条视频。"歪果仁研究协会"是一个在微博、B 站、抖音等视频平台上拥有百万级粉丝体量的新媒体团队，其视频内容以"在中国学习和生活的外国人"为第一视角，展示在华外国人的所见所闻所想。其次，调研团队在"歪果仁研究协会"所发布的 388 条视频中识别出 128 条标题范式为"自从这群歪果仁……以后"的视频，这些视频采用"一主题 + 多问题"的采访框架，对外籍人士进行街头随机访谈，收集他们对热点社会问题或文化相关问题的态度和观点，是本文评估时的重点研究对象。此外，调研团队通过对128 条视频的反复筛选，提取了与外籍留学生社会融入和交往活动相关的 14个采访问题（见表 1）。

表 1　歪果仁研究协会关于社会融入采访问题列表

| 视频主题 | 采访问题 | 采访人数 |
|---|---|---|
| 扎根在中国后你觉得什么更神奇了？ | 1.1 有什么不习惯的吗？ | 8 |
| 自从……被中国朋友套路以后 | 2.1 中外相处有什么文化差异？ | 10 |
| 自从……被中文蒙以后 | 3.1 学中文难在哪儿？ | 11 |
| 自从……加入大学社团搞事情以后 | 4.1 在社团经历的奇葩事？ | 13 |
| 自从……被中国速度吓到以后 | 5.1 你觉得中国的速度快吗？ | 4 |
| 自从……在中国代购以后 | 6.1 你如何看待中国品牌？ | 7 |
| 自从……中了中国网红的毒以后 | 7.1 你喜欢看什么类型的视频？ | 7 |
| 自从……在中国刨根问底以后 | 8.1 刚来中国的时候你觉得什么很神奇？ | 10 |
| | 8.2 扎根在中国后你觉得什么更神奇了？ | 6 |

续表

| 视频主题 | 采访问题 | 采访人数 |
|---|---|---|
| 自从……误解了中国以后 | 9.1 你来之前对中国的印象是什么样的？ | 5 |
| | 9.2 这些误解是怎么消除的？ | 9 |
| 自从……非要留在武汉过年以后 | 10.1 去年过年的时候在武汉隔离，你的真实经历是什么？ | 13 |
| | 10.2 有什么不习惯的吗？ | 9 |
| | 10.3 你如何看待外网对于武汉的负面报道？ | 13 |

最后，调研团队在对视频内容进行分析的基础上，设计了一对一的访谈提纲，选取北京市高校外籍留学生较为聚集的五道口、三里屯等商圈开展街头访谈，了解外籍留学生对服务活动的具体需求。为了丰富评估数据，调研团队还实地走访了北京朝阳区国际青年汇，了解目前社区层面开展的涉外活动内容和形式。

### （二）需求评估的发现

通过对以上数据的整理发现，外籍留学生的社会交往活动需求主要集中在了解中国文化、缓解生活压力、参与社会实践三个方面。总体而言，在京高校外籍留学生群体呈现出以下三个特点。

1. 社会融入总体水平一般。外籍留学生在来到中国之前对中国的印象主要局限于饮食、建筑群、中国制造等方面，大部分被访者表示不能够从国外的媒体和书籍中了解到真实的中国，对中国人的性格和生活方式存在一定的误解。且刚来北京时，由于文化差异、刻板印象等，不能完全适应学校生活，对中国人日常生活方式、社会礼仪习俗等存在困惑，难以融入中国的社会生活。例如，有的留学生在视频采访中表示："在美国，面对面交流的时候会保持距离，在中国有时不会这样。"此外，一些外籍留学生在北京居住时间较短，对北京的认识和了解不深，表达了其希望与北京大学生沟通交流提升自身汉语水平的意愿。

2. 学习、就业压力较大。在学业方面，外籍留学生认为中国大学生不仅自身学习努力，还会为他们提供学习上的帮助；但学业优秀的中国大学生也给他们带来了一定的压力。例如，有的留学生在视频采访中直言："中国同学太聪明，上课我不敢说话，我觉得我说话肯定是错的。"在就业方面，各类企业对外籍员工的招聘标准越来越高，竞争激烈，外籍留学生感到在华就业的形势严峻，产生了较大的就业压力。在访谈过程中，部分留学生表达了期望缓解自身压力、丰富日常生活的需求。

3.有强烈了解中国传统文化的需要。不同生源地的外籍留学生跨文化适应过程存在着较大差异，对社会实践活动也有着不同的看法，但他们普遍对中国传统文化有着浓厚兴趣，在访谈中表达了想要参与传统文化相关活动的强烈需求。例如，有的外籍留学生表示对中国的传统汉服、京剧服装等很感兴趣，有的外籍留学生想了解中国传统手工的制作方法等。

### （三）需求评估的启示

通过需求评估，调研团队发现在华外籍留学生在文化适应、社会融入上的需求较为强烈。同时，他们面临着较大的课业和心理压力，需要更有效的社会支持系统。目前开展的对外交流活动中，文化体验类的活动越来越多，但受访外籍留学生已不满足于参加单一形式的文化体验活动，他们对更加深入了解中国传统文化、缓解学习生活压力、融入本地青年社交圈、提高中文沟通能力有着实际需求。基于这些需求，研究团队以在青年群体中较为流行的中国传统服饰为切入点，设计并实施了以传统服饰与礼仪文化为中心的多环节社会工作小组服务。

## 三、服务活动示范 —— 华裳·FASHION

调研团队秉持"需求为本"的服务理念，在2021年6月于北京市朝阳区国际青年汇开展了以传统服饰文化为主题的小组活动示范——华裳·FASHION。小组人员由中外大学生以1∶1的比例构成（见表2），共招募外籍留学生4名，了解传统文化的中国学生4名。小组活动主要分为三个环节，分别是体验中华汉服文化、手工制作汉服香囊配饰以及国风照片的拍摄等（见表3）。对于有中文学习需要和渴望融入中国社会环境的外籍留学生，一方面，可以通过中外大学生共同参与活动、互帮互助合制香囊，提升他们的中文情景化应用能力，拓展他们的社会支持网络；另一方面，通过汉服体验活动满足外籍留学生对学习中国传统文化的需求。

表 2 活动参与人信息

| 序号 | 代号 | 性别 | 国籍 |
|---|---|---|---|
| 1 | WKS | 男 | 马拉维 |
| 2 | NK | 男 | 乌克兰 |
| 3 | HWE | 男 | 墨西哥 |
| 4 | MLN | 女 | 保加利亚 |
| 5 | LQ | 女 | 中国 |
| 6 | CJX | 男 | 中国 |
| 7 | ZDL | 女 | 中国 |
| 8 | CZ | 男 | 中国 |

## （一）活动设计与实施

本次活动以传统服饰文化为载体，剖析其中蕴含的中国传统价值观和行动理念，加深在华外籍留学生对中国传统文化的认识和理解，提高其文化适应能力。此外，活动招募了中外大学生共同参加，并在活动过程中营造友好交流环境，引导互助沟通，有效推动了双方良好关系的建立，促进中外文化交流和中国文化的对外传播。活动的设计与实施分为以下三个环节。

1. 汉服体验。中国汉服已在海外地区掀起热潮，本次活动通过让外籍留学生亲身试穿汉服，引导他们感受中国传统服饰文化的魅力，激发他们深入了解中国文化的兴趣。社会工作者还邀请身着汉服的中外大学生共同学习古代人的见面礼仪，比如，行礼、作揖，让外籍留学生体验中华礼仪文化，引导其分享并反思在日常生活中对中国人社交行为的困惑，在这一过程中促进其对中文的情景化应用，提高其中文应用能力。

2. 中外学生共同制作香囊。中国香囊历史悠久，在《楚辞·离骚》中已有"佩帏"之称，制作香囊的环节可以更加直观地展示中国传统手工技艺及魅力，让外籍留学生在体验传统中国文化的过程中收获成就感。同时，为实现搭建外籍留学生社会支持网络的小组目标，香囊制作以中外大学生互助的形式开展，促进双方相互认识、深入交流、建立友谊，达到拓展外籍留学生在北京本地社会支持网的预期效果。

3. 国风照片拍摄。基于新媒体时代的青年特点，团队设计了"国风"照片的拍摄环节，让外籍留学生身着汉服，采用中国传统礼仪姿势，在国风背景墙前拍照，并在活动结束时每人获得精修国风形象照一张。外籍大学生自发将照片发布在其个人社交平台上，不仅加大了活动宣传力度，有助于未来活动的招募，更是让外籍大学生成为中国故事的亲历者与讲述者，使更多外籍留学生通过照片感受中国文化的意境。

## （二）活动成效评估

"华裳·FASHION"活动采取中外青年共同参与的形式，让青年影响青年。同时，以汉服元素为特色的服务活动方式也在北京市的其他国际青年汇得到推广。通过对活动的过程评估和结果评估，"华裳·FASHION"活动圆满达成预期目标，即有助于外籍留学生提升对北京的认同感、归属感、融入感。

**表3 活动逻辑模型示意**

| 问题和需求 | 活动投入 | 活动内容 | 活动产出和效果 |
|---|---|---|---|
| 1. 增强社会融入（如语言应用能力） | ● 汉服<br>● 社工人员<br>● 多媒体课件 | 汉服体验 | ● 沉浸式体验汉服文化和中华礼仪文化<br>● 澄清文化误解<br>● 提升中文情景化应用能力 |
| 2. 缓解生活学习压力 | ● 香囊制作物料<br>● 社工人员 | 合制香囊 | ● 促进中外大学生交流<br>● 拓展外籍留学本地社会支持网 |
| 3. 学习中国传统文化 | ● 摄影设备（相机、国风背景布、打光灯）<br>● 社工人员 | 国风拍摄 | ● 精修国风照片<br>● 活动品牌建设与宣传<br>● 外国人讲中国故事 |

1. 过程评估。在活动过程中，外籍留学生总体积极参与沉浸式的文化体验活动，通过热情的肢体语言展示其对中华礼仪文化和汉服文化的理解。同时，基于需求评估的服务设计使中外大学生在活动过程中逐渐走近彼此，充分地交流互动，并主动与对方添加微信好友，拓展了彼此的朋友圈。另外，尽管带组社工对整个活动流程进行了充分预演，并在实操中严格参照执行手册，但由于带组社工从未接触过外籍青年服务对象，外事素养有待提高，活动前的接待过程未能充分营造轻松氛围，使中外大学生在破冰环节前羞于直接交流。

2. 结果评估。参加活动的中外大学生在活动结束后填写了"活动满意度评价表"并接受了结构化访谈，其对活动内容设计和活动过程体验都做出了正面评价，认为该活动丰富了他们的课余生活，加深了他们对中国文化的了解，拓展了他们的本地社交圈，并表达了对未来参与类似传统文化活动的期望。

### （三）活动反思

作为示范性小组活动，"华裳·FASHION"存在着一定的局限性。首先，研究发现不同留学生群体对跨文化交流的需求和反馈存在很大的差异，而受多种因素影响，此次活动的覆盖面较小，未能对外籍留学生群体进行细分。其次，活动可持续性与品牌化都有加强的空间。例如，后续项目可以考虑设计和开展基于不同主题的系列文化体验活动，以建立外籍留学生对中国文化的体系化认知，并且有利于他们与中国大学生建立更稳定的社交关系。最后，活动还应加强后续的跟进和评估。调研团队发现外籍留学生与中国大学生参与者互加了微信，初步建立了友谊，双方都表达了对后续活动的期待。但受北京疫情零星散发与疫情防控的影响，后续评估与活动未能如期开展。

## 四、讨论与建议

### （一）对"华裳·FASHION"服务活动的讨论

回顾本文的研究过程，不难发现证据（Evidence）发挥的重要作用：正是基于前期对服务对象的充分需求评估，才能够"对症下药"地设计和开展有效的服务活动。具体而言，本文的活动案例遵循循证实践的逻辑，以证据为本，在对外籍留学生需求调研的基础上，结合现有研究成果和实践，设计并实施了以汉服文化为中心的文化体验活动，并对其过程和满意度进行评估。在社会工作活动语境下，循证实践是指明智地使用当前最佳证据为服务对象设计并提供服务，即服务活动的内容和形式不再是由主办方主观决定，而是基于一定的理论基础及对服务对象需求充分调研的证据之上而设计。循证实践已成为西方国家政府和机构开展青年服务工作的理想准则。例如，美国在联邦层级的青年工作纲要性文件《青年之路》中，已将循证和创新战略（Evidence-based and Innovation Strategies）作为开发和实施青少年活动的宗旨。然而目前我国部分市域开展的中外青年民间交往活动的形式大于内容，设计活动的理论基础不明确，需求评估不深入，缺少清晰明确的活动逻辑模型，对活动效果的评估重视不足。

**（二）对成都服务中外青年交流的建议**

成都作为国家中心城市之一和国家级国际交往承载地，肩负着服务国家总体外交的职责，在服务中外青年交流事务中应扮演重要角色。成都也在积极探索旨在提升中外青年交流的新途径。例如，2021年举办的"线上＋线下""爱成都·迎大运""跟着大运学英语"等语言服务惠民活动，搭建中外交流平台，建设全国首个中外人文交流试验区，积极营造成都国际化的语言环境；再如，成都以国际友城为载体，连续15年举办"成都国际友城青年音乐周"、创设"成都国际友城高校联盟"，全力支持国际青年交流，努力打造"成都友城圈"国际交流平台。笔者立足成都当下中外大学生交往情况，参考"华裳·FASHION"活动的评估经验，对成都进一步提升在蓉中外青年交流服务，涵养国际优秀人才提出以下具体建议。

一是加大前期调研力度，并依据调研证据和相关理论设计外籍留学生喜闻乐见的活动。例如，以友好城市交流营为契机，或借助在蓉高校的共青团组织平台，探索政企校共进的中外青年人文交流新模式，通过实证研究，深度了解来蓉外籍留学生的实际需求，提升外籍留学生参与服务活动的热忱，以更好地对接"需求为本"的服务活动的宗旨和目标。

二是利用自身独特的历史文化优势，通过多种形式的文化活动满足外籍留学生了解中华传统文化的需求。例如，以蜀国风情为背景，开展川剧变脸、川菜美食等传统巴蜀文化体验活动，不断丰富"家在成都"工程内容和形式，不仅能够加深外籍留学生对成都传统文化的理解，也能促进巴蜀悠久传统文化的国际传播，拓宽成都国际影响力。

三是重视在蓉中外青年的民间互动，拓展外籍留学生的本地同辈支持网，让青年影响青年。例如，各高校和青年之家等青年服务平台可组织中外青年共同参与的品牌活动，不仅包含类似"华裳·FASHION"的文化类、手工类服务，还可就中外青年共同关注的蓉城发展议题组织中外青年议事厅，让中外青年对成都的国际城市建设建言献策，共同打造社会人人参与的公共生活空间，并在中西方文化思想的碰撞中增进中外青年的相互了解与互学互鉴，为中外青年搭建友谊之桥。

四是积极培育和发展社会组织，培养专业人才队伍，鼓励社会力量参与中外青年民间交往，为外籍留学生提供社会融入相关服务。例如，成都外事部门可扩大面向基层社区工作者的涉外礼仪、文化和语言等方面的培训，提升一线工作者的外事素养和技能，帮助他们更有效地在基层开展以人际沟通和文化交流为主题的涉外社区服务。同时，成都各街道和区级民政部门可试点孵化服务外籍青年群体的社会工作组织，通过政府购买专业社会工作服务促进外籍留学生的基层社会融入和中外青年的民间交往。

五是提高在蓉外籍青年的基层社会生活参与度，在高校层面进一步鼓励外籍青年参与社会实践和基层社区治理的社会化活动。例如，鼓励外籍留学生参与其所在校园或所生活社区的志愿服务，组织"乡村振兴社会实践团"等形式的乡村扶贫实践项目，或开展"铁路修到哪里，成都故事就讲到哪里"社区活动。一方面使外籍留学生成为成都故事的亲历者和实践者，帮助他们了解和融入社会，提升其对蓉城的认同感，让国际人才乐于留在成都、建设成都；另一方面，参考北京国际青年汇所开展的"华裳·FASHION"等活动经验，真实的社会参与体验往往能够激发外籍留学生对中国故事的深入反思，使他们有感而发，自愿在其个人社交平台分享参与社会实践所带来的心灵触动，成为向世界讲述真实成都故事的传播者，侧面展现成都以人为本、共同发展的国际城市形象。

综上所述，在国际人才竞争日益激烈的新时代，成都在大力推行国际人才吸引政策的同时，还应重视在蓉外籍留学生的社会融入需求与发展，即不仅要把优秀的国际人才引进来，还要充分利用成都的政策与文化优势，把国际人才留在成都、让国际人才建设成都，形成国际人才流动的正循环趋势。此外，在相关部门和高校的合作统筹下，成都应重视社会工作等专业服务在促进国际交往中的潜在作用，提升国际服务软实力，以专业服务推动中外青年的积极民间交往。

## 【参考文献】

［1］成都教育局.教育概况 2022-06-06：http://edu.chengdu.gov.cn/cdedu/c112991/jygk.shtml

［2］国家统计局．第七次全国人口普查公报（第八号）2021-05-11：http://www.stats.gov. cn/tjsj/tjgb/rkpcgb/qgrkpcgb/202106/t20210628_1818827.html

［3］王艺璇，曹正，胡世润．北京中外青年民间友好交往现状与需求研究 [J]．北京蓝皮书：国际交往中心，2021: 156-165.

［4］徐筱秋，胡妮．来华留学生文化适应性问题研究——以南昌航空大学留学生为例 [J]．教育学术月刊，2017,No.305(12):64-72.

［5］杨军红．来华留学生跨文化适应问题研究 [D]．华东师范大学，2005.

［6］Mesidor, J. K., & Sly, K. F. (2016). Factors that contribute to the adjustment of international students. Journal of international students, 6(1), pp.262-282.

［7］An, R., & Chiang, S. Y. (2015). International students' culture learning and cultural adaptation in China. Journal of multilingual and multicultural development, 36(7), pp.661-676.

# 经验借鉴篇

VII

# 国际大城市科学城建设经验及对成都的启示

倪维秋 *

【摘要】建设成都科学城是落实党中央关于成渝地区双城经济圈建设国家战略的重要举措，对成都着力建设具有全国影响力的科技创新中心，加快构建以科技创新为支撑引领的现代产业体系具有重要战略意义。为了进一步推动成都科学城高质量发展，本文选取典型国际大城市科学城作为案例，系统总结其在科技创新、产业发展、公共服务等方面的经验做法，为成都科学城的建设带来启示和借鉴。

【关键词】国际大城市；科学城；高质量；成都

## 一、国外大城市科学城建设的经验

### （一）国外主要科学城概况

根据《2021年全球创新指数》报告，美国、英国和以色列三个国家的全球创新指数排名一直处于世界前列。美国硅谷、英国伦敦、以色列特拉维夫是国际著名的科技创新中心。这些科创中心都有着便捷的交通、完善的基础配套以及优质且富有特色的品质空间。政府在税收、投资、知识产权和政府采购等方面均给予极大的政策支持。

硅谷地处美国西海岸加州旧金山南端，其核心领域为电子工业和软件制造业。该地区的科创企业和科研产业沿着湾区公路两侧的滨水地区组团式分布，产业研发区外层是居住社区，最外层的山地区为硅谷打造良好的生态环境。3条主要交通走廊也与海湾平行布局，将各城市组团串联，形成一体。

---

* 倪维秋，北京市社会科学院城市问题研究所副研究员、博士。

　　伦敦地处英格兰东南部平原的泰晤士河畔，其核心领域为人工智能和金融科技。嵌入型集聚是这一老城区科创空间的重要特色。其科创企业和研究机构分布在历史城区的大街小巷中，较好地融入了原本的城市肌理。伦敦将培育科创产业与工业遗产改造相结合，加上配套的公共空间品质提升与原本通达度高的轨道交通系统，打造了步行体验好、环境优雅且文化氛围浓厚的科创空间。

　　特拉维夫位于地中海东岸，以色列西部，产业以计算机软件、医药和通信设备等高新技术工业为主。政府建立了 5 个工业园区，扶持了大批创业公司孵化器、加速器、科技研发中心，吸引大量世界知名企业争相入驻。特拉维夫通过在创新创业领域里的持续投入，使各创业元素日臻完善，逐渐形成继美国"硅谷"之后的"硅溪"美誉。

### 表1　国际科创中心基本情况一览表

| 科学城名称 | 硅谷 | 伦敦 | 特拉维夫 |
|---|---|---|---|
| 地址 | 美国西海岸加利福尼亚州旧金山南端 | 英格兰东南部平原的泰晤士河畔 | 以色列西部，地中海东岸 |
| 面积 | 4801平方公里 | 1577平方公里 | 102平方公里 |
| 重点产业 | 电子工业、软件制造 | 人工智能、金融科技 | 计算机软件、电子、医药和通信设备等 |
| 科研基础 | 斯坦福大学、卡内基梅隆大学分校等 | 伦敦大学、帝国理工大学等英国1/3高校 | 特拉维夫大学、巴伊兰大学、魏兹曼科学研究所等 |
| 公服配套 | 会计、税务、文档与图片处理、打印、机械与装备等配套商业服务 | 全光纤宽带网络、金融科技加速器 | 企业孵化器、研究中心 |
| 交通条件 | 邻近墨菲特联邦机场、101号公路等 | 由地铁、地上铁、码头区轻轨、电车构成的轨道交通系统 | 轻轨红线项目 |
| 空间品质 | 邻近生态优美的山景城和安逸舒适的帕罗奥图市 | 拥有泰晤士河、伦敦塔桥、金丝雀码头等地标，历史底蕴深厚，风景优美 | 精心规划的海滨浴场，充满文化气息的弗莱德里克·曼恩礼堂、钻石交易大厅、雅法古城 |
| 规划特色 | 刚性与弹性结合的分区、较高的用地兼容性 | 工业遗产与科创空间相结合，注重空间的步行体验 | 花园城市的城市规划，林荫大道与包豪斯建筑相结合 |
| 支持政策 | 政府采购支持 | 研发基金投入、产学一体化政策 | 《天使法》、R&D政策、产权法等 |

### （二）国外三大科学城建设的经验

**1. 产学空间紧密结合，实行面向创新产业的空间管控**

建设产业与学校紧凑布局的空间结构，为创新产业发展营造良好的生态环境。以硅谷为例，该地区西临生态保护区，东临海洋，加上风险投资、生产服务商和生活类服务商的入驻使当地形成了一种商业组织、研究结构和配套服务区紧密结合的空间布局。同时，政府还会设置一些弹性的分区，以方便构建功能复合的新区。此外，硅谷在创新产业周边还会设置如会计、税务、印刷、股票发售、机械与装备等服务于创新的商业用途。

**2. 注重步行性与公共空间质量，构建优质创新生态系统**

对于历史较为悠久的城市，发展创新产业还需要关注创新产业区的交通可达性以及公共空间质量。伦敦的 Knowledge Quarter 知识区为这类嵌入式创新产业区的规划提供了较好的参考样本。

自然景观与工业遗产的充分结合是国王十字区改造的重要特点。为了构建创新生态系统，伦敦政府通过把如仓库、工厂等历史工业建筑改造为学校、步行街，激发当地的活力。在交通规划上，国王十字区把步行和骑行放在了优先发展的位置，设置了较为宽敞的人行和自行车道，对区内的机动车进行了一定的限速与限行。

**3. 实行全方位的政策支持**

搭建面向投资方、企业方和研发方的政策。以以色列为例，面向投资方，减免投资者的税收额度，鼓励投资高科技公司；面向企业方，为创业初始阶段高新企业提供补贴降低私人成本，政府帮助高科技公司寻找跨国合作伙伴，通过法案减免高科技公司部分税收；面向研发方，建立完善的国内现代知识产权制度，保障科研工作者的权利和产权。

## 二、国内大城市科学城建设的经验

### （一）国内主要科学城概况

北京未来科学城和上海张江科学城是中国乃至世界上创新人才最密集、

创新活动最活跃、创新成果最丰富的区域之一，围绕促进我国产业结构优化升级和国有经济布局结构的战略性调整，是我国相关产业应用研究技术最高水平的人才创新创业基地。

北京未来科学城位于北京市昌平区南部，地处中关村科学城和怀柔科学城的连接点上。未来科学城以引进央企研发机构和海外人才为特色，面积是170平方公里，以"全球领先的技术创新高地"为发展目标，坚持绿色智慧宜居的理念，构建"两区一心"空间格局，其中东区规划面积41.8平方公里，打造以企业为主体的技术创新中心；西区规划面积61.4平方公里，承载学科建设与人才培育、汇聚企业研发中心和科技创新服务平台；生态绿心位于未来科学城核心位置，与东、西两区共同构建蓝绿交织、水城共融的生态发展格局。

张江园区位于上海市中心东南部，浦东新区的中心位置，与陆家嘴金融贸易区和上海迪士尼乐园毗邻。历经4次跨越式发展，张江园区从高科技园变成科学城，从开发区变成上海城市副中心，是中国高科技园区从1.0版本到4.0版本的一个缩影。张江园区94平方公里，"一心一核、多圈多点、森林绕城"

图1　上海张江科学城空间结构

的空间结构特点，"一心"是以科创为特色的市级城市副中心，"一核"是南部城市公共活动核心区，"多圈"即以轨道交通站点为依托的城市商圈和城市生活圈，"多点"则结合办公楼、厂房改造设置分散、嵌入式众创空间，"森林绕城"是在张江科学城内部板块之间以楔形绿地和绿带间隔，在南部形成绕城林带。

### （二）国内主要科学城建设的经验

#### 1. 布局国家重大科技基础设施

北京未来科学城园区布局了中国工程物理研究院核物理与化学研究所、清华大学核能与新能源技术研究院、陈清泉院士科创中心等一流高校与研究所，并引入了国家电网公司全球能源互联网研究院、国家能源集团北京低碳清洁能源研究院等大型国企研发机构总部。通过大科研机构的布局落户，为园区发展提供研究成果、技术支撑和人才输送，使园区始终占据高新产业的制高点。

上海张江科学城通过产业用地转型、规划新增等方式，提出教育科研用地比例不小于21%，为大科学设施、顶尖科研机构和研究型大学等科创设施预留未来发展空间。目前张江科学城已经引进了上海光源中心、上海超算中心、中国商飞研究院等一批重大科研平台，以及中科院高等研究院、北大微电子研究所、李政道研究所、复旦张江校区等近20家高校和科研院所。

#### 2. 打造一流科研人才的聚集高地

人才是赢得国际竞争主动的战略资源，各地均通过政策优惠、服务升级等途径，积极展开人才争夺战。北京未来科学城充分强调配套先行，优先进行交通、教育等基础配套设施建设，为科研机构和高端人才的进驻进行提前铺垫，尤其大力引入北师大学校等优质教育资源，有力地提升了园区对人才的吸引力。

上海市对外公布《上海加快实施人才高峰工程行动方案》，优先使用张江科学城布局的大科学装置，集聚高峰人才。目前，张江科学城共引进诺贝尔奖得主3人、国内院士46人、海外院士8人、中央千人计划151人，科学创新能力已现成效。

#### 3. 构建高标准公服配套、高效快捷交通网

北京未来科学城围绕"绿色生态、智慧高效、和谐宜居"三个方面以及

22 个二级指标高标准建立公服指标体系，计划 2035 年智能设施水平达到 90% 以上，实现 15 分钟社区服务圈覆盖率 100%，绿色出行比例达到 90% 以上，打造具有国际影响力的科学城公共服务中心。

上海张江科学城集中设置科学会堂、图书馆、博物馆、体育场馆等高能级文化体育设施。结合水泥厂改造建设文化创意园，保护张江老街等历史风貌，塑造具有科学城地域特色的文化格局。 同时上海张江科学城中规划轨道交通站点覆盖率达到中心城区平均水平，实现张江科学城与对外交通枢纽、重点科研院所、城市中心 45 分钟快速便捷交通互达。

4.紧扣高精尖产业、加强一流企业集聚

北京未来科学城积极紧扣高端产业，入驻的央企人才基地的科研方向涵盖了国务院发布的全部七大战略性新兴产业。目前已引入包括国家电网、华能集团等 24 家中央企业。

张江科学城目前已初步形成了集成电路、生物医药等战略性新兴产业集群，第三产业占 2/3 以上。如生物医药产业，形成了从新药研发、药物筛选、临床研究、中试放大、注册认证到量产上市的完备创新链，目前全球排名前十的制药企业中，有 7 家在张江设立了研发中心。

## 三、国际大城市科学城建设对成都的启示

### （一）国外大城市科学城建设对成都的启示

1.重视科学城空间规划

成都科学城的建设应该进一步完善对外交通和基础设施条件，保护创新区的生态空间，构建紧凑的产学空间结构，在创新区的内部以及边缘地区设置弹性的土地用途和配套的服务，创造优质的办公环境。

2.加强科学城空间设计

成都科学城的建设要更加注重创新区的步行性以及公共空间的质量。通过限行、限速、拓宽人行道等方式改善创新区的步行体验，通过构建立体公共交通系统，提供便捷的出行、通勤方式，同时结合自身历史建筑、公园绿地等空间资源，提升创新区内的空间质量。

### 3. 制定扶持配套政策

成都市"十四五"规划提出，要将成都科学城建设成全国重要的创新驱动力源、全国一流的高端创新要素集聚地、全国领先的创新创业生态典范区。为了实现这个目标，必须制定配套扶持政策，吸引世界知名企业入驻，完善市场以需求导向的科研评估和项目评审机制。在政府招标的标准中适当降低对企业规模的要求，提高对具有技术、专利的本地企业的扶持力度。

## （二）国内大城市科学城建设对成都的启示

### 1. 集聚一流资源，打造国之重器

北京未来科学城、上海张江科学城案例充分体现了大科研机构和高层次人才是创新的基础动力，成都科学城要提高自主创新能力，提升企业科技含量，当务之急是集聚一流的科研和人才资源，打造国之重器。建议规划布置多个国家重点科研平台和国家顶级大科学装置，重点引入多所一流高校与研究院所，落户多家国家大型企业研发机构总部等。

### 2. 优化用地布局，提升土地价值

对标北京未来科学城和上海张江科学城，成都科学城科研用地占地较少，低效用地问题突出，需要进一步优化用地规划布局。建议优化用地配比，突出"科学"特征，将科学城的教育科研用地比例调整至20%以上；创新土地利用方式，研究存量土地灵活升级改造途径，增强升级改造动力，如张江"创新十条"有关政策：鼓励核心园区二次开发，鼓励园区企业利用存量工业用地建设研发类建筑，鼓励园区开发主体收购存量用地等。

### 3. 配套优质公服，加强产城融合

当前成都科学城存在配套档次不高、文化氛围较差等问题，亟须推进城市公共服务设施高标准建设。北京未来科学城、上海张江科学城均致力于打造高标准的公共服务设施，并力求实现职住平衡。建议优先推进科学城的公共设施配套建设，实现10分钟邻里生活圈；增加高端文体资源，加快建设博物馆、美术馆等文化设施，结合科技和专利产业特色，重点建设科学城公共中心，推进网络智能服务；增补完善教育、医疗等公配用地，尤其要大力建设人才公寓，以及积极引入中小学名校，强化对高层次人才的吸引力和服务能力。

## 【参考文献】

[1] 王刚，孟凡超，等.国外科学城发展对光明科学城科技治理的启示[J].城市观察，2021
(3):38-47.

[2] 张强.全球科技创新中心建设的国际模式比较[J].商业文化，2015(12):265.

[3] 杨瑾.国内外综合性科学中心建设的借鉴与启示[J].杭州科技，2021(6):59-64.

[4] 吴曦月.未来科学城 构筑未来之梦[J].投资北京，2018(12):56-59.

[5] 姚树洁，刘锁.西部科学城建设推动成渝地区双城经济圈高质量发展[J].西安财经大学
学报，2022，35(1):1-7.

# 国际儿童友好城市建设经验及对成都的启示

南 方*

【摘要】"建设儿童友好城市"已成为我国各级政府"十四五"发展规划和民生保障的重要内容。总结和学习世界其他国家建设儿童友好城市的良好实践，可为成都儿童友好城市规划和社会发展提供创新思路。本文以联合国儿童基金会提出的儿童友好城市建设策略的六个维度为框架，对国外多个城市的儿童友好建设经验进行梳理。基于国际经验，本文对成都市儿童友好城市高质量发展提出四个方面的建议：一是健全儿童友好城市建设顶层框架；二是形成具有公园城市特色的儿童友好建设经验；三是建立儿童参与城市决策和社区治理的制度化渠道；四是拓展儿童友好城市"朋友圈"提升国际影响力。

【关键词】成都；儿童友好城市；国际经验；城市规划；儿童参与

## 一、前言

在过去 20 年中，随着世界日趋城市化，城市社区对儿童的生活和福祉影响更为直接且深远。1996 年，联合国儿童基金会（UNICEF）和联合国人居署（UN-Habitat）共同发起儿童友好型城市倡议（Child Friendly Cities Initiative, CFCI），指出少年儿童的福祉是衡量人居环境健康与否、民主社会文明程度和政府良好治理水平的终极目标。在联合国的倡议里[①]，"儿童友好型城市"是指致力于实现联合国《儿童权利公约》规定的儿童权利（无歧视；在涉及儿童事宜中以儿童最大利益为出发点；确保儿童生命权、生存权和发展权；尊重儿童

---

* 南方，管理学博士，北京市社会科学院综合治理研究所副研究员，研究方向为：儿童和家庭社会政策、儿童友好城市、社会组织、社区治理创新。

① 联合国儿童基金会：《构建儿童友好型城市和社区手册》，联合国儿童基金会，2018 年，第 10 页。

意见）的城市、城镇、社区或任何地方政府体系。在这些城市或社区，儿童的心声、需求、优先事项和权利是当地公共政策、程序、决策不可或缺的一部分。因此，一座对儿童友好的城市本质上也是适合所有人栖身的宜居之城。儿童友好城市发展概念得到全世界的广泛认可。近年来，儿童友好城市倡议在全球有显著的增长，现已有 38 个国家的 3000 万儿童从中受益。①

我国城市经济和社会的快速发展，对社会环境营造和公共服务质量提出更高要求。年青一代父母对于子女成长环境的希冀，不仅包括优质的学习和生活环境，更包括儿童安全的休闲和游戏场所、便捷的母婴设施，以及儿童参与社会生活的机会。建设儿童友好城市、促进儿童健康发展成为缓解我国人口老龄化和少子化压力，提升城市可持续发展水平和人民群众幸福感的一项战略举措。越来越多的中国城市响应了建设儿童友好城市的号召，尝试将儿童友好城市的概念引入当地发展规划，如深圳、上海、成都、杭州、长沙、北京等地开展了一系列卓有成效的探索和创新。

2021 年 3 月，"儿童友好城市建设"被正式写进我国《国民经济和社会发展第十四个五年规划和 2035 年远景目标纲要》，明确"开展 100 个儿童友好城市示范"的战略目标。2021 年 10 月，国家发改委等 23 部门印发《关于推进儿童友好城市建设的指导意见》，对中国特色儿童友好城市建设的指导思想、基本原则、建设目标、任务措施和实施保障机制进行了综合部署。展望2035 年，预计全国百万以上人口城市开展儿童友好城市建设的超过 50%，100个左右城市被命名为国家儿童友好城市，儿童友好成为城市高质量发展的重要标志。

2019 年 4 月 26 日，国家主席习近平在第二届"一带一路"国际合作高峰论坛开幕式上发表重要讲话，指出要"发起'关爱儿童、共享发展，促进可持续发展目标实现'合作倡议"。②总结和学习世界其他国家建立儿童友好城市的典型经验，积极与通过联合国认证的儿童友好城市进行交流学习，既可以为本地城市规划和发展提供创新思路，还有助于提升城市的国际交往深度和国际

---

① 联合国儿童基金会：《构建儿童友好型城市和社区手册》，联合国儿童基金会，2018 年，第 8 页。

② 《习近平在第二届"一带一路"国际合作高峰论坛开幕式上的主旨演讲》，来源：新华网，发布时间：2019 年 4 月 26 日；http://jhsjk.people.cn/article/31052388.

形象。①

## 二、国际儿童友好城市建设总体情况

### （一）儿童友好城市建设的目标领域和实施框架

联合国儿童基金会对儿童友好城市建设提出了五大目标，即：（1）尊重儿童、平等对待：每个儿童和青年都应该在各自的社区中，受到地方政府的重视、尊重和平等对待；（2）儿童优先、充分表达：每个儿童和青年都有权表达自己的意见、需求和优先事项，任何影响到儿童的公共法律、政策、预算、程序以及决策，需充分考虑这些意见、需求和优先事项；（3）高质量的社会服务：每个儿童和青年都有权获取高质量的基本社会服务；（4）安全的生活环境：每个儿童和青年都有权生活在安全、可靠、清洁的环境中；（5）与家人团聚：每个儿童和青年都有权与家人在一起、享受游戏和娱乐。

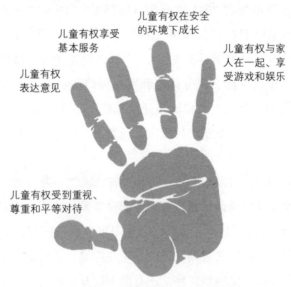

图 1　儿童友好城市建设的五大目标领域②

① 张会平：《儿童友好型城市建设：发展中国家经验及其启示》，《社会建设》2021 年第 2 期，第 64–74+45 页。

② 联合国儿童基金会：《构建儿童友好型城市和社区手册》，联合国儿童基金会，2018 年，第 12 页。

联合国儿童基金会 2018 年出版的《构建儿童友好型城市和社区手册》中，还提出了八项儿童友好城市战略，包括：（1）出台儿童友好型政策和法律框架；（2）宣传推广、增强意识、推动倡导；（3）全市战略规划（儿童友好型城市倡议行动计划）；（4）为儿童事务划拨专项预算；（5）跨部门协调和伙伴关系；（6）有包容性的儿童参与机制和流程；（7）培养能力，为儿童实现可持续的成果；（8）通过监测，采集数据和实证资料。①

### （二）全球儿童友好城市认证情况

从 1996 年至今，全球已有 3000 多个城市和社区积极参与儿童友好城市建设，包括伦敦、巴黎、慕尼黑、温哥华、哥本哈根、首尔在内的 900 多座城市和社区通过 CFCI 认证。其中既有加拿大、芬兰、荷兰、瑞典、韩国、日本等发达国家，也有巴西、白俄罗斯、蒙古国、越南等发展中国家，以及塞内加尔、莫桑比克等欠发达国家。可以看出，"儿童友好"并不仅仅适用于经济和社会已经发展到较高阶段的国家和城市，联合国鼓励在现状基础上为保障儿童权利做出积极改变的任何施政体系加入 CFCI。②

2019 年和 2021 年，联合国儿童基金会举办了两届"国际儿童友好城市峰会"（International Child Friendly Cities Summit），同时颁发"儿童友好城市和地方政府激励奖"（Cities Inspire Awards）以表彰在全球各地促进儿童权利并改善当地儿童日常生活的良好实践和鼓舞人心的创新方案。从儿童友好型治理、儿童参与、社会保护和儿童减贫、关爱儿童的社会服务、安全清洁可持续和对儿童友好的环境、休闲娱乐和家庭时间等六个维度，来自全球 60 多个国家的近 200 个城市提交了项目案例。③ 这些来源于全球儿童友好城市建设一线的生动实践，为成都的儿童友好城市和友好社区建设，可提供有价值的经验参考。

---

① 联合国儿童基金会：《构建儿童友好型城市和社区手册》，联合国儿童基金会，2018年，第15页。
② 邱红，甘霖，朱洁：《国际儿童友好型城市建设路径及对北京的启示》，《城市发展研究》2022年第1期，第1-5页。
③ 联合国儿童基金会儿童友好城市官网，https://childfriendlycities.org/initiatives/.

## 三、国际儿童友好城市建设的策略和经验

根据中国实践，将联合国儿童基金会提出的 8 个维度的儿童友好城市战略整合为以下 6 个维度：（1）儿童友好政策和行动计划；（2）公众教育和宣传倡导；（3）为儿童事务划拨专项预算；（4）跨部门的协调和伙伴关系；（5）有包容性的儿童参与机制和流程；（6）通过监测，采集数据和实证资料。[①] 本文将以此 6 个维度为框架对国际儿童友好城市建设经验进行梳理。[②]

### （一）儿童友好政策和行动计划

儿童友好的政策和行动计划，意味着制订城市经济社会发展规划优先考虑儿童需求，推进公共资源配置优先满足儿童需要。还意味着要制订和实施儿童友好城市建设行动方案，为每个目标领域定义具体的目标、行动、指标和预算分配方案。

#### 1. 日本流山市"育儿友好"系列政策

日本从 20 世纪 90 年代开始，出现了比较严重的少子化、双职工父母难以平衡工作和子女照料等问题。位于日本首都都市圈内的流山市也一度面临少子化、老龄化等城市发展困境。流山市抓住国家少子化政策支持的契机，制定了"易于育儿""安心安全"等儿童友好的城市规划原则，主营高绿化率、高品质的育儿和居住环境，重点吸引双职工父母和子女到流山市居住。2005 年策划《流山市下一代培育支援行动计划（前期）》，宣扬"大家一起育儿"的基本理念。2007 年制定了《流山市利于育儿的城市规划条例》。2010 年，通过对前期实施效果进行评估，响应国家层面和千叶县的法律法规，流山市制定了《流山市下一代培育支援行动计划（后期）》，与儿童福利、母子保健、工商劳动、教育、住宅等相关的部门合作提供了依据，并得到各方面的协力助力。2014 年

---

① Nan F. Policy innovation on building child friendly cities in China: Evidence from four Chinese cities[J]. Children and Youth Services Review, 2020,118. Available online 20 September,2020.

② 本节所引述的案例，除特别注明资料来源以外，其他案件均引自 2019 年和 2021 年 "儿童友好城市和地方政府激励奖" 申报案例材料。详细资料见联合国儿童基金会友好城市官网：https://childfriendlycities.org。

基于此法，制定出《一起养育孩子的计划——流山市儿童、育儿支援综合计划》，进一步促进育儿支援事业的发展。2016年，流山市成为同级别城市中人口增加数的第一名，年轻人口带动产业发展，成为城市持续发展的关键。①

2. 瑞士日内瓦市"儿童权利促进行动五年计划"

瑞士日内瓦市政府制定了一项为期五年的《儿童权利促进行动计划》，以提高全市儿童的生活质量，确保为所有儿童提供包容、全纳和优质的社会服务，增加儿童参与城市发展机会。在制订该行动计划时，该市行政部门首先对全市为12岁以下儿童提供的公共服务进行评估，并发布《日内瓦市儿童权利报告》，同时针对全市1000名10～12岁儿童进行了参与式调研。根据以上两份报告的发现，日内瓦市政府通过了该行动计划，并明确由该市所有公共服务部门的代表组成的委员会监督该计划，以确保其战略性和实施效果，并成立一个跨部门的协调小组以监督计划的有效实施。

### （二）公众教育和宣传倡导

儿童权利和儿童友好只有广而告之并深入人心，方能发挥作用。要不断向地方政府的决策制定者、专家学者、社会工作者、父母、看护人以及儿童本身进行儿童权利的宣传，更要提供在日常生活中践行儿童权利的机会，才能提高公众知晓度和参与度，把儿童友好的理念向全社会推广。

1. 美国博尔德郡多元参与制作儿童友好地图

位于美国科罗拉多州的博尔德郡动员了近千名儿童和父母，共同创制了该地的第一张儿童友好型城市地图。在博尔德郡的一个本地社会组织的协调下，该郡的政府部门、学校、社会组织等40多个利益相关方都参与其中，以多样、包容、协作、参与等为共同的价值观，经过反复与儿童、社区、各个利益相关方的沟通和反馈最终制作而成。该地图的制作印刷由博尔德图书馆基金会和博尔德社区卫生局赞助，免费的儿童友好版地图在全市各个公共场所均有提供。在这版儿童友好城市地图的制作过程和呈现形式的启发下，博尔德地区的交通管理部门已使用该地图来推进当地儿童友好出行方面的工作。旧金山湾区捷运（BART）正在考虑创建适合儿童的公交地图，丹佛市希望创建适合儿童的自行

---

① 本案例参见沈瑶、刘赛、云华杰、赵苗萱、郭应龙：《"育儿友好"视角下城市竞争力提升启示——以日本流山市为例》，《城市发展研究》2020年第4期，第72-81页。

车地图。

2. 日本流山市"育儿友好"城市营销策略

还有一些城市将"儿童友好"作为城市营销的主题，如上文提到的日本流山市以"育儿友好"为主题，从 2010 年起，使用"成为母亲，就来流山吧""成为父亲，就来流山吧"等广告标语，每年在东京 16 个车站进行为期两周的海报宣传，持续在车站及电车车厢里播放广告，打造了以呼唤年轻的"父亲""母亲"入住城市的人口促进和城市发展战略，显著提高了城市品牌效应对于青年人才的集聚效果。[①]

### （三）为儿童事务划拨专项预算

建设儿童友好型城市的一个关键目的是确保在预算编制中充分体现对促进儿童福祉的投入。制订城市经济社会发展规划时，需优先考虑儿童需求，推进公共资源配置优先满足儿童需要，充分利用现有资金渠道，对儿童友好城市建设予以积极支持。

1. 蒙古国部分地区地方发展基金确定儿童预算投资比例

作为儿童友好省和区战略的一部分，蒙古国库苏古尔省 / 纳莱赫区地方政府发布了一项决议，将不少于 10% 的地方发展基金（LDF）用于儿童福祉。因此，地方发展基金为儿童分配的预算投资百分比为从 2013 年的 8.8% 上升到 2016 年的 32.5%。儿童主导组织获得地方政府预算支持的比例从 2013 年的 5.8% 提高到 2015 年的 22.5% 和 2016 年的 75%。[②]

2. 葡萄牙儿童友好城市探索参与式预算编制模式

葡萄牙的里斯本、卡斯卡伊斯等城市，为提升市民对参与式预算的理解，并增加学校社区、儿童和青少年与市议会之间的对话，2016 年至 2020 年期间，在当地学校预算编制过程中，引入参与式工作方法，通过邀请 16 岁以下的学生参与学校的预算决策，培养儿童对公共投资发表意见的能力。在试点项目中，

---

[①] 本案例参见沈瑶，刘赛，云华杰，赵苗萱，郭应龙：《"育儿友好"视角下城市竞争力提升启示——以日本流山市为例》，《城市发展研究》2020 年第 4 期，第 72-81 页。

[②] 详细资料见联合国儿童基金会友好城市项目国别经验材料 "BETTER RESULTS FOR CHILDREN IN MONGOLIA"，https://s25924.pcdn.co/wp-content/uploads/2017/10/Mongolia-Local-Governance-Key-Results.pdf。

每个地区选择 4 所学校，每个学校有一个班级的学生担任"参与大使"。从每年 9 月到 12 月，学生和教师需要参加培训。来年 1 月每所学校都会举行会议，对预算使用情况进行讨论，进而通过圆桌论坛投票选出要在学校实施的三项最佳提案，并就一项针对整个社区的提案达成一致。

### （四）跨部门的协调和伙伴关系

跨部门协调是构建儿童友好型城市的必备要素。建立健全多领域、多部门工作协作机制，积极引入社会力量，充分激发市场活力，从而形成全社会共同推进儿童友好城市建设的合力。

1. 白俄罗斯建立"儿童友好城市倡导协调委员会"

白俄罗斯从 2007 年开始实施联合国儿童基金会"儿童友好城市"倡议项目，目前已有 25 个城市加入。为更有效地推进建立儿童友好城市，白俄罗斯在国家层面成立了"儿童友好城市倡导协调委员会"，由国民大会、卫生部、教育部、劳工部、社会保障部、内务部和外交部官员，以及来自非政府组织、参与 CFCI 的城市政府和联合国儿童基金会代表组成的议事协调机制，负责协调白俄罗斯的儿童友好城市建设工作。该委员会为全国参与儿童友好城市倡议的城市提供支持、培训和引导，通过改善城市的基础设施、建设智慧城市，促进政府财政稳定可持续地保障儿童友好城市建设的实施。①

2. 德国科隆市政厅与社会组织合作开设"儿童和青年合作办公室"

德国科隆市为更好地促进儿童和青年的公共政策制定，激活儿童和青年的参与城市治理进程，科隆市政厅与社会组织合作，开设了"儿童和青年合作办公室"，办公室位于市政厅的街道对面，为年轻人和地方行政部门建立有效的联结。青少年和儿童可以在这个办公室获得有关儿童权利、政府相关公共政策的信息和知识，市政厅工作人员也能够以此为渠道，咨询青少年儿童对于政策和服务的反馈建议。该办公室还负责对科隆市的《儿童友好城市行动计划》的实施措施进行监督，并起草新一期的《儿童友好城市行动计划》。

---

① 详细资料见联合国儿童基金会友好城市项目国别经验材料和相关评估报告："ASSESSMENT OF CHILD FRIENDLY CITY INITIATIVE (CFCI) DEVELOPMENT IN THE REPUBLIC OF BELARUS"，https://childfriendlycities.org/belarus/。

**（五）有包容性的儿童参与机制和流程**

参与权是所有儿童的基本权利，也是构建儿童友好型城市的核心。要想提供儿童使用或对儿童有影响的政策、服务、设施，切实回应儿童的问题、想法和优先事项，就必须通过政策设计和实践创新，以确保所有儿童群体，包括弱势儿童，均有机会积极表达意见、参与治理。

1. 西班牙阿维莱斯市建立制度化的儿童参与城市治理机制

为加强整个城市的儿童参与并使其制度化，同时为减少全社会对弱势儿童群体的歧视状况，西班牙阿维莱斯市议会批准了该市的"儿童和青年计划"，成为支持当地儿童参与城市治理的政策框架。在"儿童和青年计划"的支持下，从 2010 年起成立了儿童委员会。该委员会每周都在不同的社区举行会议收集儿童和社区居民对城市建设和公共服务的建议，还与残疾儿童、各类弱势儿童建立联系并定期会面，以确保这些困境儿童群体的声音和意见能够被听到。为更有效地促进儿童参与该市的政府决策过程，儿童委员会按照市议会在城市发展和环境、文化、体育、教育、家庭和社会服务等部门设置，分别创建了对应主题的委员会，每个委员会都分别制定本主题提案，这些提案最终定稿并起草成一个联合版本，提交到市议会批准并由此获得公共资源。为更好地支持儿童参与城市治理，该市还成立了由教育机构、非政府组织、媒体等组成的支持网络，以协助儿童委员会的活动，传播和倡导儿童参与的信息，确保弱势群体的参与。

2. 瑞士图恩市邀请儿童参与城市建设规划修订

2017 年起，瑞士图恩市邀请儿童参与到图恩市城市建设规划的修订过程中，并收集儿童关于城市空间和个别社区设计存在的缺陷的改进建议。该项目由图恩市政府城市规划部、教育和体育部的两个政府部门共同发起，向儿童和青年代表进行了两轮咨商。在第一轮咨商中，两个部门委托的专家小组对全市四所小学进行了有关休闲活动的调查，邀请学生们对如何使用城市地图在社区内开展和组织休闲活动提出建议。在第二轮咨商中，专家小组对来自部分社区的儿童和家长代表进行采访，以了解他们对于社区生活环境的看法、对未来城市空间设计的需求等信息。图恩市城市建设规划修订中采纳了两轮咨商所收集到的意见和信息，以充分体现儿童、家庭对城市规划和社区空间规划的建议和需求。

## （六）通过监测，采集数据和实证资料

组织制定儿童友好城市建设评估指标体系，对本地儿童发展整体情况实施动态监测，这不仅是构建儿童友好型城市的重中之重，也是最具挑战性的方面。

### 1. 白俄罗斯开发"城市儿童友好指数"

白俄罗斯开发了一套"城市儿童友好指数"，作为对本国申请参加"儿童友好城市倡议"的城市开展认证和督导的工具，使用该指数得分较高的城市会获得"儿童友好型城市"荣誉称号。具体认证过程中，如想要被正式认证为儿童友好型城市，该城市需要与儿童和青年、社区成员和其他利益相关方合作评估当地情况，获得足够的基线数据和指标。在此基础上，需制订一个优先考虑儿童需求的城市行动计划，该计划将使用儿童友好指数对实施情况进行监测。如果该城市三年期限内在优先事项方面有显著改善，它就会获得"儿童友好型城市"的美誉。"城市儿童友好指数"由 7 个衡量儿童福利和发展的参数计算而来，包括儿童参与社会生活及决策、教育和发展、保健和健康的生活方式、休闲和文化、城市儿童安全、生活环境以及在生活中的困难情况下提供帮助。每个参数是基于对各指标进行的客观和主观两种类型的评估。客观指标的资料来源是统计报告数据，由负责社会领域的地区执行委员会各司定期收集数据；主观指标的资料来自对 6 ～ 17 岁儿童以及 0 ～ 12 岁儿童家长进行的调查。儿童友好指数具有结构稳固、操作便利的特点，在收集儿童参与决策、儿童参与社会生活、儿童对环境的看法等维度引入这一指数，确保监测的有效性和可持续性。[①]

### 2. 冰岛开发适用于发达国家儿童福祉监测的"仪表板指数"

当前国际上通用于监测儿童健康和福祉的指标常常会包括儿童死亡率、获得清洁饮用水、适当的医疗照料等，但这些指标并不总能适应经济和社会发展程度较高国家的情况，像冰岛等高度发达国家，儿童死亡率通常很低，绝大

---

[①] 详细资料见联合国儿童基金会友好城市项目国别经验材料和《"城市儿童友好指数"计算方法》等材料，"Methodology for Calculating the Index of Cities' Child-Friendliness (CFC index)"，https://childfriendlycities.org/belarus/。

多数儿童可以获得清洁的饮水和医治水平，但会不断出现如儿童心理健康问题、屏幕时间增加等新挑战。基于以上现实，冰岛科帕沃古尔市与联合国儿童基金会合作，开展了"儿童福祉仪表板"项目，用以监测该市儿童生活质量的指数。"仪表板指数"以《儿童权利公约》的四项核心原则为基础，包括公平、教育健康和福祉、安全和保护、社区参与等四个子指数，每个子指数由 5 ~ 11 个指标组成，可以单独检查并随着时间的推移进行跟踪。基础数据委托一家公司进行收集，有专业数据分析人员将收集的数据编译成交互式仪表板，将其提供给市政府相关部门，并向公众开放，以帮助全社会监控儿童的权利状况及生活质量。仪表板指数项目引起了很多人的兴趣，其中世界城市数据理事会和经合组织均认为"仪表板指数"有可能成为高收入国家儿童生活质量的适应性指标，建议在更大范围内推广和使用"仪表板指数"。

## 四、成都高水平建设儿童友好城市的思考和建议

《成都市国民经济和社会发展第十四个五年规划和二〇三五年远景目标纲要》指出"要践行新发展理念，服务新发展格局，推动高质量发展，创造高品质生活，实现高效能治理，以建设践行新发展理念的公园城市示范区为统领，全面提升成都发展能级和综合竞争力"。为全市近 300 万儿童及家庭提供高水平的福利保障和高质量的公共服务，是成都市"十四五"时期高质量发展的重要内容。

成都市人民政府于 2022 年 3 月印发了《成都市儿童友好城市建设实施方案》（以下简称《实施方案》），儿童友好城市建设进入快车道。全球数十个国家在儿童友好城市的探索中积累了丰富的经验和教训。学习和总结国外儿童友好城市建设经验，可为成都儿童友好城市规划和社会发展提供新思路、新模式。

### （一）落实《实施方案》，健全儿童友好城市建设顶层框架

一是建立市级层面的儿童友好城市建设协调机制。以落实成都市"十四五"经济和社会发展规划、儿童友好城市建设实施方案、制定儿童友好城市建设指引为契机，强化儿童工作"一盘棋"理念，发挥党委领导、政府主导作用，建

立由市政府职能部门牵头、与儿童公共服务相关的多部门协同的儿童友好城市建设协调机制，整合政府各部门的优势资源，形成儿童友好城市建设合力。

二是在建设过程中积极发动社会组织、科研机构、市场资源等开展多方合作。与私营部门、高校智库、社会组织、社区居民等各方主体合作，成立专家小组，提供培训、咨询等服务，建立本地的儿童权利和儿童保护的智库与专业服务队伍，为儿童友好型城市的建设与持续性发展提供智力、技术和资源保障。

三是探索体现成都特色的城市儿童友好度评价体系。借鉴白俄罗斯的儿童友好度指标、冰岛"仪表板指数"等做法，成都市也可以结合大数据社会治理平台，探索对各区县、社区的儿童友好度的评估和监测体系，对儿童权益保障和儿童友好城市建设进行动态监测和科学评价。

### （二）形成具有公园城市特色的儿童友好建设经验

一是在"幸福美好生活十大工程"建设中充分体现儿童友好建设理念。组织专业力量编制儿童友好社区、儿童友好学校、儿童友好医院、儿童友好公园、儿童友好图书馆、儿童友好交通等各领域儿童友好城市建设指引，并将之应用于"十四五"时期成都市"幸福美好生活十大工程"建设中。在深入推进城市有机更新，老旧小区、棚户区和城中村改造中，充分考虑儿童的生活需求和使用习惯，促进儿童和社区居民参与社区治理，直接面向儿童和社区家庭反馈改造方案、收集针对方案的意见和建议。依托社区治理、"小微空间"更新等，进一步拓展提升社区的功能品质。

二是抓好儿童友好的试点建设和经验推广。探索在公园城市示范区建设中体现"一米高度看城市"的典型做法以发挥示范效应，在"生态区—绿道—公园—小游园—微绿地"等五级城市绿化体系中，打造每个层级的儿童友好生态空间，总结不同尺度建设儿童友好空间的经验。

### （三）建立儿童参与城市决策和社区治理的制度化渠道

一是建立健全儿童参与的体制机制，使城市决策真正听到儿童的声音。借鉴西班牙阿维莱斯市建立制度化的儿童参与城市治理机制、瑞士图恩市邀请儿童参与城市建设规划修订等经验，应积极发挥儿童参与的主体性，建立市级、街道乡镇、社区等层级的儿童议事平台，拓展儿童参与城市建设的渠道；通过举办论坛、主题讨论等方式提高儿童的参与度。

二是优化协助儿童参与的技术与方法，保障不同年龄段儿童参与的有效性。要邀请社会组织、专业工作人员等为儿童参与提供恰当的现场支持、引导，并开展儿童参与的培训和成人协助者培训。还要营造重视儿童参与的社会氛围和家庭氛围，鼓励儿童积极参与学校、社区和社会生活中的活动事项，让儿童感受到自身的主人翁地位，通过对周围生活的积极反馈，不断促进儿童高质量参与。

### （四）拓展儿童友好城市"朋友圈"提升国际影响力

一是积极"走出去"展现成都做法。将儿童友好理念融于成都的城市表达之中，积极参与联合国儿童基金会举办的"国际儿童友好城市峰会"，围绕"讲好成都故事、传播成都声音"，提炼总结成都的优秀案例。参与"儿童友好城市和地方政府激励奖"的评选，主动向世界介绍成都的儿童友好理念和经验，全面提升成都的国际影响力。

二是主动"请进来"借鉴国际先进经验。依托"世界文化名城""国际会展之都"的建设机会，邀请全球优秀的儿童图书出版社、动漫音乐游戏制作公司、教育集团等，共同合作开发成都的儿童友好城市 IP、儿童友好数字文创产业、主题游乐园。举办具有国际影响力的儿童友好主题展览、艺术节、电影节，将儿童友好作为成都高水平建设"三城三都"的特色和创新。

# 国际大城市"口袋公园"管理与启示借鉴

戴维来*

【摘要】随着城市化的迅速发展，城市尤其是城区需要多种散状、小规模的公园来补充活力。纽约、伦敦、东京等主要国际城市都在探索和建设以"口袋公园"为主要形式的点缀式公园绿地。这些城市在大力建设的同时，还注重管建并举，通过加强规范、扩展功能、投入资金、建立机制、吸引社会力量参与等方式，把建成的"口袋公园"管好，做到可持续利用，这对于成都市加快国际化进程、加速对外交往中心城市建设有着可供启示和借鉴的地方。

【关键词】国际城市；口袋公园；管理；经验

"口袋公园"（pocket park），也称袖珍公园，通常指规模很小的城市开放空间，常呈斑块状散落或隐藏在城市结构中，为当地居民提供服务。随着人口的增长、住房密度的增加和绿地压力的加剧，"口袋公园"已经成为大多数城市的特征，不仅建好，更要管理好，突出可持续利用特点。

## 一、主要发达城市"口袋公园"管理模式

纽约、伦敦、东京等世界主要城市都依靠"口袋公园"来为其不断增长的城市人口提供急需的绿色空间及其带来的额外益处，并形成了各自的管理模式。

### （一）美国纽约市"口袋公园"的建设和管理

"口袋公园"最早起源于 20 世纪 60 年代的纽约，由美国第二代现代景观

---

* 戴维来，复旦大学中国研究院副研究员、博士。

设计师罗伯特·泽恩所设计。城市上班族大部分人的午休时间短，急切需要在避免商场人流量过多的情况下，寻找一个公共休息的空间。在此情境下，罗伯特·泽恩提出了更符合大城市的新型公园——佩雷公园（Paley Park）。这个世界第一个"口袋公园"位于高密度建筑的纽约城市中心，空间面积小，很方便上班族独步到达。公园占地仅 390 平方米，三面环墙，前面是开放式入口，面对大街。园中使用了叠水、树阵广场空间、轻巧的园林小品和简单的空间组织，为喧哗的都市提供了一个安静的绿洲。公园主体区域是树阵广场，每棵皂荚树间距 3.7 米，能提供足够宽敞的空间给游人活动。亮点是 6 米高的水幕墙瀑布，每分钟有 6800 升的水倾泻而下，产生的噪声淹没了城市的喧嚣。公园的设计十分人性化。入口位置是一条四级阶梯，两边是无障碍斜坡通道。整个公园地面高出人行道，将园内空间与繁忙的人行道分开。墙壁上茂密的常春藤和低矮的树冠也起到了隔音的作用。设计还将各种元素混合在一起，将不同材质、多种色调及声音元素融合在一起，营造轻松的氛围。如铁丝网做成的椅子搭配大理石材质的小桌台轻巧却不影响周围的环境。广场地面用粗糙的蘑菇面方形小石块铺装，富有自然情趣。①

1961 年纽约在城市第一部《区划法》（zoning）——城市强制性法定规划中引入容积率奖励制度，允许开发商建设更高楼层或更多建筑面积，撬动开发商或私营资本的力量，参与公共空间改善以及历史街区保护。自 1961 年到 2000 年，在纽约，社会资本参与提供了近 32.5 公顷的公共空间，换取了 150 万平方米的楼面面积奖励。这些小型公共空间以不同的空间形态，散布于纽约曼哈顿核心区 500 多个地区，且大部分位于土地价值高、人口密度大的曼哈顿的下城、中城、上东区及上西区（皇后区与布鲁克林区也有零星分布）。这种以政府引导、市场为主的公共空间供给方式，扭转了纽约市公共空间严重不足的情况，也改善了高密度环境下的市民生活质量。其中，这些开发商配建的"口袋公园"与城市地铁站也有良好契合度：许多开发商均会将地块与地铁站建立通道联系，或直接提供资金维护落实开发地块上的地铁站。这种公共空间策略，不仅将许多地铁出入口与公共空间连接，改善地铁"最后一公里"服务，同时也借助地铁网络，提升了公共空间的可达性。

---

① 《伟大公共空间佩雷公园》，公共空间工程网站，https://www.pps.org/places/paley-park。

纽约"口袋公园"并非千篇一律：从形式划分，"口袋公园"包括目的地（destination）、邻里（neighborhood）、休憩台（hiatus）、通道（circulation）、边缘（marginal）。从功能划分，"口袋公园"包括不同空间属性与功能，包括专属的休憩空间、步行通勤空间，或二者兼顾。纽约"口袋公园"在设计、建设与管理上大致体现出三个特点。首先，"口袋公园"在形式上具有较高的灵活性。例如，第三大道 885 号的"口袋公园"，由于建筑形状不规则，可以充分将本属于"建筑边角料"的空间利用起来，提升了用地效率。其范围几乎包括了建筑之外的所有室外公共空间，形成了一个三面开放的公共空间，提升了场所的视觉可达性。而华尔街 60 号"口袋公园"作为室内步行空间，连接华尔街和派恩街，是曼哈顿下城两个完全在室内的公共步行空间之一。与外边较为狭窄的街道相比，该室内步行空间格外宽敞，将区域的步行系统延伸到室内，带动街区活力与趣味性。其次，通常将"口袋公园"与地铁口通道这两项公共设施的建设与维护，捆绑在一起，视为可提供容积率奖励的条件。例如，第六大道 1095 号、华尔街 60 号的两个"口袋花园"，在容积率激励下，开发商划出一定地块面积作为"口袋公园"，也同时出资建设与维护地块上的地铁站出入口。这不仅调动市场力量，也通过开发商来统筹地铁出入口与公共空间的规划与维护。最后，纽约规划部门对"口袋公园"的设计与配套设施做出详细要求。例如，在华尔街 60 号，为提升"口袋公园"的吸引力，设计要求中，除了最低配置要求的照明、垃圾桶、植被等，也配套了 2 个公共洗手间、220 平方米零售店（要求至少一半以上为餐馆）、至少 104 个可移动椅子，以及 27 平方米的景观花坛。由于提供了许多可用设施，加之地铁站的人流，这一公共空间在早餐、午餐与茶歇时间十分活跃。①

纽约规划局制定相关设计与运营规范，例如，政府对私营公共空间的开放有强制性要求：除涉及室内的空间可在晚上关闭之外，所有"口袋公园"必须每日 24 小时向公众开放。打造开放、可见度高的公共空间：公共空间应能轻易从人行道上看到，同时具备相当的趣味性与吸引力（如将娱乐设施或零售店设在较显眼的位置）。增强公共空间可达性：公共空间应该与人行道设置在

---

① 《在纽约，开发商、政府与公众共同打造的城市口袋公园》，世界资源研究所，https://wri.org.cn/insights/new-york-pocket-park。

同等高度，便于行人进出。另外，人行流线设置也应该与公共空间的设置一并考虑。提供安全和保障：公共空间与主要街道实现物理衔接，并提高可见度，避免公共空间孤立于街道系统。另外，需提供充分照明与监控系统。提供可驻足、休憩的空间：公共空间必须提供足够的、舒适且设计精良的休憩空间，供个人休憩或群体聚会（例如，提供固定或可移动的座椅设施）。[①]

### （二）英国伦敦市"口袋公园"建设管理

自20世纪80年代起，伦敦公共设施等方面的财政投入减少，造成了公共空间品质变差、数量下降及普遍的私有化等问题。进入21世纪，伦敦市政府在继续推动城市转型的基础上，倡导通过公私合作（PPP）等方式，明确将城市设计作为制定城市战略、解决城市问题的重要抓手来提升公共空间的品质。伦敦将城市设计与公共空间更新以及塑造城市形象作为自己的基础战略，在实施过程中，政府引导管理、多部门协同合作、公众共管共治这些要素缺一不可。同时，城市公共空间改造不是"一步到位的解决方案"，而应通过满足多维的社会需求，在较长时间跨度做出持续的、渐进式的努力。

在前市长约翰逊任内，伦敦市提出"口袋公园"计划，由市政府资助2000万英镑（约合人民币17240万元），在市区内打造100个"口袋公园"。项目重点推进了伦敦街道、绿地以及滨水空间的更新改造，减少伦敦街头车辆的主导地位，改善步行和自行车骑行环境，重新设计公园以提高其使用率，在城市密集区域增建"口袋公园"为户外文化活动提供空间。自该计划启动以来，政府已投入超过2.5亿英镑（约合人民币21.5亿元），投资超过78个项目。伦敦LDA景观设计所对伦敦西区的绿色空间进行改造设计，新建了马戏团王子广场（Princes Circus）等3个"口袋公园"[②]。马戏团王子广场原为一处繁忙的城市广场。通过新建人行道，保障行人的安全通行，并连接了周边的考文特花园和大英博物馆。这个经过精心设计的公园具有许多不同的用处。一是设计取

---

①《佩利公园：小巧的口袋公园仍然强大》，《全面景观养护》杂志，https://www.totallands-capecare.com/design-build/article/15040785/paley-park-in-new-york-city-the-original-vest-pocket-park。

②《口袋公园》，伦敦政府网站，https://www.london.gov.uk/what-we-do/environment/parks-green-spaces-and-biodiversity/pocket-parks-map。

消了原先连接两条街道的通行连通交通线路，营造出一个公共广场。这一公园也与伦敦的各处公园一样，闲暇时间是居民健身、休闲的场所，节假日则变身为热闹的集市、表演或比赛场地。二是设计中体现出很多人性化方面，如提供了较宽敞的慢行交通空间，保证了人行与自行车的安全通行空间；公园中的绿色种植为居民提供了宁静的休闲场所；另外，还设置了饮水设备等。圣约翰教堂公园是一个袖珍公园，多年来得到了圣约翰教堂之友的积极支持，与当地合作伙伴和资助者合作，不仅为城市提供了一个难得的绿洲，而且在疫情期间为许多人增添健康活动场地，并提供了就业途径。

伦敦市政府还注重与市镇以及其他伙伴的合作，斥资超过4000万英镑（约合人民币34482万元）用于建设更美绿地和滨水空间。沿着以泰晤士河为主的河道网创造更多优质的滨水空间，以及能够惠及社区的高质量绿色空间网络（包括优先发展公园计划和改善现有休憩用地），鼓励人们更好地进行户外休闲和娱乐活动。例如，伦敦哈尼克区的"口袋公园"。在改造之前，一直是一个杂草丛生、土地被污染了的废弃车场，因而吸引了一些反社会行为如盗窃和暴力破坏等。在来自各界如伦敦市长的"口袋公园"基金、Biffa奖、国家信托和NT支持者的资金支持下，废旧车场经过改造转变成一个富有吸引力的"口袋公园"①。它之所以能够受到市民的青睐，一个很重要的原因在于它在空间上的易得，这里是隐藏在街头巷尾零散的小型公共空间，不需要对公园用地进行特别规划，这种空间在位置选择上可以说是俯首可得。

2020年《伦敦规划》中，伦敦市设立的新目标为最绿色的全球城市，因此，城市公园系统更新提速。对于"口袋公园"这种打通城市绿化"最后三百米"的实施项目，伦敦不仅在设施规划、建设资金上下足功夫，还致力于完善后期的维护管理。目前，伦敦26个行政区拥有100多个"口袋公园"，政府拨款970万英镑（约合人民币8071万元），用于对这些项目的建设、运营维护，项目范围包括社区的"口袋小花园"和公交站的绿化布置。资金支持涵盖场地、土方工程、景观美化、植树、结构工程等，还用于维护公园，使其维持良好的

---

① 《口袋公园：支持有吸引力的小区域公共空间》，英国政府网站，https://assets.publishing.service.gov.uk/government/uploads/system/uploads/attachment_data/file/528874/Pocket_Parks_Prospectus_Archived.pdf。

开放状态并可实现持续利用。此外，由英国国家信托基金和英国国家彩票基金支持的"未来公园加速器计划"将向"口袋公园"资助超过 100 万英镑（约合人民币 832 万元），用于管理维修公园。①

经过政府近 20 年的建设更新和持续努力，伦敦公共空间数量和品质都得到极大的提升，公共空间项目已远远超出 100 个。通过这些计划，目前伦敦已形成了形态多样化、功能复合化、社会权属混合化的城市公共空间体系。政府与代表公园行业领导者的"公园行动小组"合作，支持"社区赋权计划"，帮助园艺工人提升专业技能，实施社区替代政府管理的"口袋公园"运行模式。建立绿色空间支持网络，组织景观设计师、律师、园艺师、更广泛的绿色机构专家等相关人员，对现有的"口袋公园"空间发展予以专业性的支持，丰富公园的各类元素，并根据居民需求增调公园布局。②伦敦市"口袋公园"的改造管理，并没有一成不变、一劳永逸，而是在满足多样性社会需求的基础上，通过市民提出需求、专家提供专业性的意见，不断增添新的绿色元素，赋予更多的公共空间功能，持续进行优化。

### （三）日本东京都"口袋公园"建设和管理

日本从 1980 年开始，将"口袋公园"融入城市设计、街道维护工程、公共设施空间修复和商业区复兴的建设中。由建设部门推动的"口袋广场"国库补贴制度诞生，建立了城市广场补贴制度。口袋公园设置在市中心、车站前、中高层建筑区的角落等人流较多的路边，旨在打造适合作为休闲场所的广场功能空间供市民休息和交谈。后又启动袖珍空间项目。超过街道宽度的部分被称为口袋空间，作为道路改善或桥梁维护等其他施工类型的一部分，旨在使行人空间变得舒适。

特别是近 20 年来，日本东京都的城市重建事业有了翻天覆地的巨大变化。东京都市区内，尤其是摩天楼扎堆的商业及办公街区内冒出很多小微型的"口袋公园"，这些"口袋公园"除了具备美化城市的功用以外，还可以作为地震

①《近 200 个袖珍公园将帮助改变国家》，英国政府网站，https://parksforlondon.org.uk/wp-content/uploads/2020/08/Good-Parks-for-London-2020-Final.pdf。

②《小就是美：口袋公园的崛起》，公园联盟网站，https://www.theparksalliance.org/small-is-beautiful-the-rise-and-rise-of-pocket-parks/。

等灾难时的临时避难场所和楼与楼之间的防火地带。大多数的"口袋公园"内都备有消火栓、蓄水池、临时厕所用具、太阳能路灯以及防洪沙袋等。东京江户川区的"口袋公园"位于公交车站周边的风景区，面积都非常小。值得注意的是，东京都政府十分关注"口袋公园"的禁烟。根据修订后的《健康促进法》和《东京都防止被动吸烟条例》的实施，① 从2021年1月7日起，公园等177个地方将禁烟或无烟，减少被动吸烟。根据厚生劳动省令规定的特定户外吸烟区外，"口袋公园"因面积小，无法设置专门的吸烟区，因此被列入禁烟范围，防止游客被动吸烟。在运营管理上，"口袋公园"不仅由政府部门运营，而且还与私营部门合作运行管理。例如，东京都丰岛区南池袋公园由相邻商店、土地所有者、咖啡厅餐厅经营者、学者等组成的"改善南池袋公园协会"自治机制，为社区的治理发展做出贡献。该公园从池袋站东口步行约5分钟。虽然规模不大，但布置精美的草坪，以别处少见的儿童玩具套装为中心，布局阶梯式木甲板、乒乓球桌，以及带开放式露台的咖啡厅餐厅。② 这是一个有可能成为城市"十字路口"的地方，彼此不熟悉的人可以在此聚集相互交流，看起来像钢铁城市中的绿洲。东京部分地区还结合防疫要求，如东京都台东区禁止举办包含酒精饮料的宴会，禁止在广场上摊开床单进食和饮水，采取戴口罩、保持社交距离等措施防止感染传播。同时，政府还对"口袋公园"防火要求做了特别规定。③

## 二、对成都的启示

第一，优化"口袋公园"功能。一方面，新的公园和绿地可为儿童提供新的游乐区、为居民提供户外健身设施以及家庭和朋友聚会的场所，有助于鼓励社区融合和消除孤独感。另一方面，拓展街区空间功能复合利用，在"口袋公园"建设中加强文化、体育、党建、便民等元素应用，打造"公园+"品牌，

①《关于在市政公园和袖珍公园防止被动吸烟的措施》，东京都中野区政府，https://www.city.tokyo-nakano.lg.jp/dept/504000/d029057.html。
②《南池袋公园：一个城市口袋公园》，日本note网站，https://note.com/wthd/n/n503cc5caeba7。
③《台东区公园》，东京都台东区政府，https://www.city.taito.lg.jp/kenchiku/hanamidori/koen/shokai/bousaihiroba.html。

强化城市特色，最终形成集功能性和景观性于一体的公园绿地网络服务系统，让绿地真正发挥生态功能和服务功能。

第二，明确管护责任主体。园林绿化部门是"口袋公园"的行业主管部门，负责指导、监督、协调"口袋公园"的管理工作；各街道、各社会单位等作为"口袋公园"权属单位，构成"口袋公园"多元化的管理主体，负责"口袋公园"的日常管理工作。园林绿化部门应主动协调各管理单位对接公园所在街道的公安、城管等职能部门，共同参与"口袋公园"的公共秩序管理和安全保障工作。消防部门对公园的防火设施予以监督保障。管理主体应按照养护标准，保障足额养护经费，落实专业养护单位开展日常养护工作，确保"口袋公园"管理实时跟进、常态管理、细致维护，保持景观面貌。其中道路、广场的保洁可由绿地养护单位负责，也可落实道路环卫养护单位负责。

第三，建立常态管理制度。"口袋公园"养护包括植物和水体养护、景观小品（建筑）维护、设备设施维护、保洁措施和保安措施等。按照有关部门对园林绿化养护技术等级标准、园林绿化养护技术规程等相关技术标准和城市管理精细化要求，制定"口袋公园"管理细则，实施相应的绿地养护标准，做到植物生长健壮、枝叶茂盛，设施完整完好、美观协调，三季有花（色），四季有景，干净整洁，体现精湛的园艺技术和精细的养护水平。鉴于"口袋公园"公共开放、步行可达、小而美的绿地属性，相应形成多人次进出、高频率使用的游园特点，有条件的可针对专类植物养护、花卉更新、设施维护、安保巡查等列支专项费用，以增补养护经费。建立"口袋公园"管理档案，并根据实际情况及时更新"口袋公园"管理信息。组织开展城市"口袋公园"检查统计。建立城市口袋公园数字化管理系统，实行动态管理。

第四，鼓励社会力量参与。提倡吸纳周边社区居民作为志愿者，参与协同管理。坚持多方参与、共建公园，例如，组织设计方案竞赛、园艺竞赛等活动，鼓励公众参与"口袋公园"的设计和建设过程，发挥全民设计的动力，把居民需求纳入"口袋公园"的设计中，营造居民喜爱的公共空间。通过协同多方管理力量，确保各"口袋公园"运行平稳有序。通过双向激励的方式，提高"口袋公园"建设质量。在项目的实施过程中，可定期开展各板块的"口袋公园"建设进展情况的巡查，通过"座谈＋实地调研"方式，征求市民意见，及时解决"口袋公园"建设中出现的标准参差不齐、建管主体多元化等问题。为实现绿色空间与公众活动的融合，实现绿地开放共享，鼓励各街镇、社区以"口袋公园"为阵地，开展市民喜闻乐见的各类公益性文体活动。推动引入社会资本，参与公园建设管理及配套服务设施的运营维护，实现"口袋公园"的空间活化和自我更新。

# 国际大都市软实力提升经验及其对成都的启示

王 丽*

【摘要】纽约、伦敦、巴黎等国际大都市皆重视发挥文化在提升城市软实力中的作用，以文化赋能城市发展。该文通过总结国际大都市在文化软实力建设方面的宝贵经验，指出成都市建设国际大都市必须以增强文化软实力为关键切入点，采取多种措施推动文化产业的继续发力，把成都市建设为我国中西部有全球影响力和美誉度的现代化国际大都市。

【关键词】国际大都市；城市软实力；文化软实力

当前，衡量一个城市综合实力的重要标志越来越多地体现在软实力上。成都欲提升作为社会主义现代化国际大都市的全球影响力，其中最重要的途径就是要更好地发挥软实力的加速器功能，进一步提高城市能级和竞争力。成都市第十四次党代会报告中提出，要以文化人、培根铸魂，不断提升城市软实力，力争建成中国西部具有全球影响力和美誉度的现代化国际大都市。在这种大背景下，本文通过对纽约、伦敦、巴黎等国际大都市软实力提升经验进行研究和总结，为成都进一步增强城市软实力提供重要参考价值。

## 一、城市软实力概述

美国学者约瑟夫·奈在 1990 年第一次明确提出"软实力"（Soft Power），他指出：软实力是一种能够让别人自愿按照你的意图去做事情的力量。随后，约瑟夫·奈又在一系列作品中对这一理论做出了延伸、说明、增补与修改，并

---

* 王丽，博士，北京市社会科学院传媒研究所助理研究员，美国杜克大学访问学者，研究方向：国家形象与跨文化传播、文化传媒等。

在 1999 年提出"软实力是一个国家的文化和意识形态的吸引力，它通过吸引力而不是强制力来获得理想的结果，它可以说服别人跟着你走或者让别人跟着你设定的行为标准或制度走，按照你的设想去做"；2002 年提出软实力即"让别人也想要你所想要"的能力；在 2006 年提出"软实力为通过吸引而非强制或者利诱的方式改变他方的行为，从而使己方得偿所愿的能力"[①]。可见，从本质上讲，软实力是一种重要的吸引力。

软实力这一概念自提出之日起就迅速引起国际关注，国外对"国家软实力"的关注更多一些，而我国对"文化软实力"的重视程度则更高。文化软实力最早在 1993 年由王沪宁提出这一概念，他指出文化软实力对国家发展具有重要意义，认为文化可以通过跨越国界进行传播，并由此极大可能影响或成为国际社会或其他国家的主流文化或基本价值，从而极大地提升本国的文化竞争力和影响力。[②]

目前，我国城市软实力的研究主要有两个方面：第一，城市软实力与国际马拉松、城市体育、传媒等单项维度的关系；第二，对综合评估指标体系建设等涉及城市软实力的指标进行探索。当前，我国城市软实力尚未形成一个统一的界定，而软实力的不同内涵也受学者不同的研究视角影响。学界大多认为软实力的内涵主要是指各种文化力量、精神力量和对外影响力，有些学者进一步论述了城市软实力主要包括社会和谐力、文化感召力、区域影响力和城市传播力等八个方面构成的有机整体[③]。也有一些学者指出城市软实力的内涵主要包括功能层、表现层、目标受众层以及资源层四个方面，并具体分析了四个层面所蕴含的城市文化力和创新力等[④]。

近几年，成都城市软实力不断增强，归因于成都始终坚持以文化人，培根铸魂。从文化内涵看，狭义上是提升城市软实力的重要因素，广义上无所不包，几乎可以涵盖城市软实力的一切要素。所以，我们需要从文化的角度探索其他知名国际大都市提升城市软实力的经验，从而为提升成都城市软实力提供

---

① Joseph S.Nye Jr. ,Soft Power：The Means to Success in Word Politics，New York：Public Affairs,2004.

② 王沪宁. 作为国家实力的文化：软权力 [J]. 复旦学报，1993(3):91-96.

③ 周继洋. 国际大都市软实力提升经验及其对上海的启示 [J]. 科学发展，2022 年 1 月.

④ 庄德林，杨颖. 城市软实力建设热潮下的冷思考 [J]. 云南社会科学，2010 年 2 月.

更多的借鉴和建议。

## 二、他山之石：国际大都市软实力提升经验

国际大都市，是城市化进程中所产生的一顶荣誉皇冠，是一座城市的极高搭配，享有此盛誉，这座城市就可以被认为是一个伟大的城市。一般而言，城市在推动自身发展过程中，除了形成城市—区域关系之外，还在于其在世界城市体系中的位势能级，即通常所说的：世界城市价值链所处的位置。格迪斯（苏格兰知名城市规划师）于 1915 年提出"国际化大都市"（International Metropolis）的概念，主要是指那些拥有卓越的政策、经贸、科技能力，且同时与全球主要或多数各国产生经贸、政策、技术与文化沟通等联系，并具有国际性效应的全球顶级城市。现今全球承认的国际大都会是中国北京、中国上海、中国香港、美国纽约、英国伦敦、法国巴黎、日本东京等城市[1]。文化在国际大都市软实力提升过程中扮演着越来越重要的角色，为我们把成都打造为国际大都市提供了丰富的经验和启示。

### （一）立足自身特色，推进文化创新

尽管国际大都市的文化建设具有不同的特点，但同时也根据城市各自特质，紧密结合都市功能，寻找一条有利于自身发展和创新的新道路。

纽约的文化建设主要是紧密结合其移民文化特点，创新发掘出多样化的文化。在宗教方面，纽约有三千六百多座教堂、礼拜堂、圣殿、庙宇等各种宗教建筑，信奉罗马天主教的纽约人占近一半，信奉基督新教的人占 23%，信奉犹太教的人占 26%，信奉其他或不信教的人占 3%。纽约在对自己文化特性的清晰了解基础上，逐步培养出自强不息、海纳百川、创新多元的文化品位，从而形成建设世界文明中心的高度自觉和强烈自信。在纽约，许多重大节庆文化活动都为那些边缘化特殊群体开展活动提供了丰富的社会交流平台，这些文化活动呈现出多元化和包容性特点，这也是纽约各种文化活动获得国内外人群的广泛关注和积极参与的重要原因。

---

① 郭万超. 借鉴国际经验加强全国文化中心建设 [J]. 前线，2016 年 7 月 19 日.

法国的文化传统和产品，在"二战"后受到以美国为首的英语国家的侵蚀与渗透。针对这种文化入侵，法国政府采取了强势回击。1959 年，戴高乐政府建立了法兰西史上的首个文化部，并阐述了法兰西的文化战略，明确指出要使大多数的法兰西人能了解全世界的，首先是法兰西的传统文化精髓；使法兰西的文化遗产具有最广大的民众根基；鼓励文化艺术创作，繁荣艺苑。针对美国纽约将代替法国巴黎成为一座全新的国际大都会的时代背景，法国人根据自己的现实情况制定了法国人独特的文化发展建设策略：即充分利用自己丰富和独特的文化底蕴魅力，在全面弥补公共文化设施的缺陷的同时，赋予其新世纪新的活力。同时，法国巴黎也以其独特的魅力吸引了国内外大量的社会文化精英，把巴黎变成了欧洲甚至全球的"文化之都"，许许多多全球各地的"有志之士"以及法兰西的"外省优秀青年"都来到这里奋斗和拼搏，从而创造了多元包容的文化发展大环境，使其散发着无穷的吸引力。

### （二）文化科技融合，增强发展动力

美国纽约充分发挥其科技优势，使得纽约的优秀文化产品能够在全球范围快速推广，特别是在大众传播载体领域广泛应用高新技术，如通过对电子排版、互联网传播和地球通信卫星等新技术的应用，将科技创新和文化创意有机融合在一起，从而产生了最大的文化产品附加值。高新技术与文化产业的融合发展，改变的不仅是传统的文化产品，更对人们的生产和生活方式产生重大影响，同时在经济上也给纽约带来了巨大的效益。无论是文化科技融合产业的发展初期，还是文化企业后期的顺利发展，都离不开社会资本的支持。美国政府积极探索解决这一状况的措施，针对小微企业融资难的问题，出台了各种融资担保扶持措施，以缓解小微公司的资本困境。其中包括多种形式的混合投资、利用金融市场制度创新筹集资本和利用国外企业进行国际直接投资 (FDI) 等各种途径。丰富多元的金融市场制度让纽约变成了一个文化相关行业企业迅速繁荣发展的沃土，它也造就了一个又一个文化创意公司的纽约梦想，最终也推动着纽约经济社会的蓬勃发展。

由于日本本土非常缺乏自然资源，为了提高日本的经济社会发展速度，在 1996 年提出了"文化立国"的规划，以加速日本国家经济社会全面发展。该规划强调促进日本高科技文化产业的大力发展，通过加强高新技术的普遍运

用，使东京的动画游戏、电影、电视，特别是动漫产业，做出了令人瞩目的成就。同时，东京都也在充分发挥传统的文化产业发展优势，根据自身的民族特点，在发展会展、演出、体育、新闻媒体、广播影视等传统文化产业的基础上，创新培育了动漫产业，并使其成为拉动经济的"拳头"产品，实现民族文化产业和高新技术的创新融合，有利于更好地展现和传播日本的民族文化。

伦敦市高度重视科技的发展，提倡运用科技促进文化创意产业的发展。尤其是英国政府制定了旨在全国范围内推广数字化技术、提高数字化保护力度的国家级发展纲领文件——《数字英国》，重视并推动数字化技术的飞速发展。这些积极的政策措施，使英国科技创新工作者的积极性得到了提高，数字化技术也得到了迅猛发展。随着文化产业中数字化的比例愈来愈大，艺术产品品质和技术水平都获得了进一步的提高，文化和科技融合也促进文化创新发展，推动文化产品的质量和层次不断提高。

### （三）精心培育品牌，提升国际影响

国际大都市往往拥有自身独特的文化品牌，并使其产生重要的全球文化吸引力和影响力。此外，发达国家在城市文化建设中也非常重视培育和发展国际企业品牌，不断提升品牌的全球知名度。比如，美国纽约的百老汇与迪士尼，英国伦敦与文化创意，日本东京与动漫产业，法国巴黎与艺术之都等。

品牌形象作为城市的无形资产，对提升城市的文化声誉具有重要影响。伦敦政府非常重视城市的整体品牌，有效树立了伦敦"世界文化创意之都"的形象，而身为举世闻名的国际性大都会，伦敦也早已饮誉全球，蜚声于国内外。不过，伦敦仍然在一如既往、锲而不舍地塑造着伦敦都市的品牌形象，这也是伦敦作为全球知名大都市地位屹立不倒的主要原因所在。伦敦市设立了专业的品牌机构，由市长办公厅进行直接管理，并成为伦敦市政府重大决策的最高领导层，负责伦敦市政府各种对外项目的规划和执行。伦敦悠久的历史和文化标识为这个曾经主宰世界的帝国之都带来了重要的竞争优势，同时也具有一定的局限性。面临着快速发展的经济全球化，伦敦不但要与纽约和巴黎这样的世界主要金融中心、文化中心或经济枢纽进行较量，而且还要和孟买、北京甚至其他可以在未来产生挑战的国际大都市进行竞争。但是，伦敦市在城市形象的推广和传播方面，善于把握时期，根据自身的优势，打造多元化的交流平台和传

播渠道，展现自己独特的民族文化，诠释了与众不同的城市文化内涵和文化精神，成功打造了创意伦敦这一世界闻名的名片①。

纽约的"百老汇"是一种比较传统的表演艺术，但是在充分依赖于市场集聚效应的情况下，创新形成了一种具有传统剧场演出的新领域，在市场经济发展中，成为美国演艺行业和市场运作的一个重要指标，最后形成一个重要的国际文化品牌。除演出领域的经营者外，还存在着一些演出内容的制造者和其经纪人。纽约有二百八十多家音乐舞蹈类表演组织，而全美的节目内容运营企业则有三千家，内容制造与运营企业着眼于原创节目的研发与市场的细分，通过筹集和投放大量资金，主动地获取了原创节目的著作权；相关的专业协会也非常健全，如全美剧院和节目制作者联盟、全美戏剧联盟等，承担相关产业内部的权益保障与协助工作②。纽约的又一著名品牌"迪士尼"的运营开发模式，也显现出品牌优势和产业链建立后的多元化经营发展特色。1955 年建成美国首座洛杉矶迪士尼主题公园，1971 年创建了奥兰多迪士尼世界，1983 年和 1992 年迪士尼以出售专利的方式，先后在东京和巴黎建设迪士尼主题公园。2012 年 4 月开始在中国上海浦东打造迪士尼主题公园。互联网出现后，迪士尼公司迅速开展电商业务，并以收购的模式建立了十九个自己的大型网站。目前，在迪士尼的整体总收入中，影片发布、电视拍摄等占据了百分之三十，主题公园的整体总收入约为百分之二十，而百分之五十以上则来自品牌产品的营销③。可以说，迪斯尼是现代意义上的文化产业模式，它是在艺术创意产业化后实现的一次成功转化。

### 三、提升成都软实力的对策建议

#### （一）大力保护文化遗产，全方位打造城市特色文化标签

作为一座具有二千多年历史的现代化都市，成都不仅自然风光独特、历史古迹厚重，更拥有代表川人文化和川人精神的非物质文化遗产。先人给我们

① 黄正骊.文化大都会 2010 伦敦文化战略的传播 [J].时代建筑，2010 年第 6 期.
② 郭万超.借鉴国际经验加强全国文化中心建设 [J].前线，2016 年 7 月 19 日.
③ 黄发玉.纽约文化探微 [M].北京：中央编译出版社 2003 年版，第 30、32 页.

留下了许多宝贵的文化财富，包括都江堰、青城山、武侯祠、杜甫草堂、宽窄巷子、蜀绣、蜀锦制造、成都糖画、四川扬琴等，它们见证着成都近千年来的发展变化，更蕴含着成都的人文特色和人文精神，所以，我们首先要做的就是大力保护好文化遗产。对于物质文化遗产，要健全保护机制和法规制度，加强对破坏侵害物质文化遗产者的处罚力度，在确保遗产安全的情况下，才能进行合法使用。同时，为了更好地保护非物质文化遗产，政府要加强对新一代文化传承人的培养，为他们营造良好的创造环境，建立相应的保护机构，加强对非遗传承人的补助。同时呼吁社会各界的共同重视，把非物质文化遗产保护工作渗透到所有组织的社会文化活动中。

数千年来，成都孕育出了独具魅力、绚丽多彩的天府文化，体现了对灿烂辉煌的华夏文明的传承和发展。成都鲜明的特点是："美食之都""熊猫之乡""休闲之都""时尚之都"等。因此需要我们充分运用其文化特色，建立一个鲜明的城市文化标识，使成都在众多竞争对手中脱颖而出，在市场价值和竞争优势上具有很大的竞争优势。一是根据成都的发展情况，建立以成都人文特色为基础的旅游业。以市内和周边的旅游资源为依托，以"衣食住行"为中心，有效整合商圈购物、特色小吃、古镇民宿、山水旅游等，在"一站式"旅游线路中充分展现成都要素。二是重视传统与现代的创新融合。成都文化是融复古和现代于一身的文化综合体，这也是区别于中国其他都市文化的优势所在。成都新地标大慈寺—太古里商圈便是典型代表，古老的大慈寺与时尚的太古里形成了成都市迷人的一道风景线[1]。借鉴这种发展思想，既能充分地展示现代观念，又能应用于其他领域，在保护文化遗产的同时，也全面展现城市的风采。这种把公众喜闻乐见的流行文化特点与大众不太熟悉的文化相结合，不仅可以推陈出新，而且可以将冷门文化推入到大众的视线中，以此促进社会经济文化的全面发展。

**（二）加强技术创新，推动产业融合发展**

作为城市文化影响力和竞争力的关键因素之一，文化产业的发展是构成城市综合实力的重要组成部分。要确保供应的不断增加，必须持续扩大市场

---

① 吴丹. 成都市城市文化竞争力提升研究 [D]. 西南交通大学，2020 年 11 月 16 日 .

的需求，保证供需平衡，促进成都文化市场稳中求进不断发展。一方面，为提高居民的社会文化消费意识和参与度，地方政府部门可采取各种文化补贴、调整价格优惠政策等手段激发居民的消费愿望；另一方面，社会文化相关企业也需做好自身的广告宣传引导，以提高社会文化对消费者的吸引力，调动消费激情。还应该出台对文化企业加强管理的各项措施，更好地完善文化产业链、形成规范产业群体。并培养一些具备实力的文化公司，作为政府重点扶植对象；促进中小微企业的文化产业发展，降低文化市场准入门槛，为中小微企业发展与壮大创造便利，引导中小微企业积极开展特色文化发展。

作为文化内容的重要载体，技术一定程度上决定了文化产业的发展水平。瑞典和日本是这方面的典范。随着数字创意产业的不断发展成长，融合发展形成必然趋势，文化发展与技术创新对文化产业的驱动力逐步减弱，新时期成都文化产业发展必须有效结合文化创新、技术创新，开发具有特色的文化产品和文化服务。第一，加大技术创新力度。不断推动虚拟现实、物联网、安全等重要性科技创新，深入运用大数据分析、虚拟现实等基础技术创新成果，推动技术创新链与产业链的高效衔接，继续强化网络信息技术、人工智能、大数据分析等核心领域研究力度。第二，推动企业经营模式的创新。研究开发新型数字创意产业的商业模式，创新个性定制、精准营销、网络共享等新的商业模式应用。鼓励通过众创、众筹等新的模式来开发数字文化产品，并充分利用信息技术和网络平台来进行创新创业。第三，促进数字科技与传统文化的融合。一是促进传统文化中的门类进行数字化改造提升。二是促进公共文化资源与数字科技的整合开发，以提升博物馆、图书馆、艺术馆、文化馆等各种文化场馆的数字化、智能化程度，以及研发数字艺术产品的水平。三是促进数字文化产品与工业、农业、旅游以及信息产业等各领域融合开发，以促进传统产业的积极转型，更好地推动数字创意产业发展。

### （三）加强城市文化人才培养，提升市民整体文化素质

人才是提高城市软实力的重要因素，人才培养是提升城市软实力的前提和关键。我们必须构建人才培养体系，更好地健全和完善人才培养机制。第一，加强高等院校及科研机构对文化发展相关人才的培养，引导和鼓励高校设立文化产业相关专业，培养高学历、高水平的专业研发和管理人才。第二，促进社

会、政府、企业、高校等建立人才培养的联合共同体。促进文化产业研发设计、经营管理等领域人才的培养；鼓励高校引导学生参与到企业的发展实践中，促进产学研融合；积极聘用具有丰富企业实践经验的创意人才和管理人才参与教学，促进产学研一体。第三，加强对高端人才的引进。地方政府应当支持民营企业吸纳高端人才，对高端复合型人才的落户、福利等方面给予优惠待遇，为其提供较为舒适的工作与生活空间。

人是构成都市最基础的部分，在提高城市创新能力的进程中具有关键力量。单纯依赖少数专业人才的力量，显然是不足的，所以除加强对专业文化人才的培养，也必须提升全体市民的文化素质。第一，大力提升全民的文化教育水平。教育无疑是城市创意产出的最根本保障，人们透过教育可以开阔视野，不断提升思维模式和文化素质。第二，积极推动城市公共文化设施建设。图书室、博物院、画廊、体育中心、文化站、各种文化主题公园、各种文化教育活动管理中心等，都是向市民传播中华文化的最直接渠道。加快"全覆盖"的建设步伐，合理安排公共文化场馆的使用面积，同时注意合理布局，确保在各个街区、村镇均有能够开展文化宣传活动的专业场地。第三，加强市民之间的交流与合作，组织形式多样的文创活动。通过举办各种文创活动赛事，增进人与人之间的沟通和交流，不断提升人民群众的文化素质，从而促进城市文化的发展再上一个新台阶，不断提升城市的文化影响力和竞争力。

# 成都建设国际大都市的对策研究——以纽约市为例

李　琪[*]

【摘要】成都市政府于 2022 年 5 月 9 日宣布"奋力打造中国西部具有全球影响力和美誉度的现代化国际大都市"的战略目标正式确立。本文概述了纽约在建设国际大都市过程中的一些理念与举措，通过归纳梳理纽约最新发布的城市规划，并结合成都市第十四次党代会报告的有关内容，针对成都未来的国际大都市建设在产业升级、居住空间、公共交通、绿色生态等方面给出了相应建议。

【关键词】国际大都市；成都；产业升级；居住空间；公共交通

## 一、引言

5 月 9 日，在成都市第十四次党代会上，正式确立了将成都建设成为中国西部具有全球影响力和声誉的现代化国际大都市的战略目标。成都在过去的 5 年取得了有目共睹的优秀成绩，总经济规模已接近 2 万亿元，电子信息产业规模也达到了万亿级，更有 8 个产业集群登上了千亿级的台阶。天府国际机场的建成和投入使用，也标志着成都成为中国第三个拥有双国际枢纽的城市。[①]立足于这些难能可贵的成就，如何精益求精地将成都打造成现代化国际大都市？换句话说，什么样的城市才可定义为国际大都市？国际大都市应具备哪些特点？成都与国际大都市之间是否存在差距？世界上知名国际大都市的建设经验有哪些可为我所用？下文将通过重点介绍美国纽约市的建设经验，作为成都

---

* 李琪，中国国土勘测规划院正高级工程师，研究方向：公共管理、国土调查等。
① 李艳玲，杨富，刘泰山 . "万亿级"机遇来了 [N]. 成都日报，2022-05-12.

构建现代化国际大都市的一些启示。

## 二、国际大都市的定义与特点

综合中外的一些研究，可以将国际大都市定义为具备远高于平均水平的政治经济实力，在全球具有极高话语权与影响，并与世界各国都有着广泛的科技文化交流的超级城市。也曾有研究将国际大都市比喻为城市化发展进程中的金字塔尖，将其视为全球各大城市的顶配版。[①] 目前，在各种研究中公认的国际大都市主要有纽约、伦敦、东京、巴黎等。

### （一）国际大都市的主要特点

经济方面，它是一个能够在一定程度上引领世界经济的国际金融中心和贸易中心；以雄厚的资本、吸引更多的跨国公司进行投资；且拥有完善的市场交易体系；城市规模方面，在城市人口达到一定标准的同时，外籍人员及流动人口也须占比较大；且配备有完善便利的生活工作基础设施；在对外交流方面，经常举办各种国际会展，吸引世界各国的研究人员及相关人士，旅游服务体系也能立体、多元地开展。

### （二）如何评定为国际大都市

对于如何将一个城市评定为国际大都市，国内研究普遍采用综合指标体系。国家发改委国际合作中心 2012 年 4 月 1 日在博鳌发布了《中国区域对外开放指数研究报告》，详细且系统地列举了中国区域各城市的对外开放指数。其中选取了 48 项指标作为评定标准，一级指标有 3 个，分别为经济开放度、社会开放度和技术开放度。二级指标有 9 个，分别为经济合作、学术交流、贸易往来、投资往来、技术交易、人员交往、科研成果国际化、信息流动和文化交融。再往下细分还有 36 个三级指标，比如外商直接投资新签合同数以及金融机构外币存款占比等。

---

① 汪玉凯.城市数字化转型与国际大都市治理[J].人民论坛·学术前沿，2021(Z1).

### （三）国际大都市的发展趋势

虽然国内外城市的发展背景并不相同，城市特点也各具特色，城市建设中所面临的问题也不尽相同。然而，参考纽约最新发布的城市规划中建设国际大都市方面的经验，可以将其大致归纳为以下几点：完善公共服务体系、打造优质生活空间；改善就业创业环境令其充满活力；升级公共交通系统令其更加便利；改造城市公共空间令其更人性化；完善产业服务保障令其更具包容性；改善城市生态、建设可持续绿色城市。首先从纽约最新发布的城市规划，来看看纽约是如何平衡国际大都市建设中面临的一系列问题。[①]

## 三、建设中加大产业升级转型

纽约最新的城市规划是于 2019 年发布的，全名为《纽约 2050：打造一个富强、公平的城市》（*One NYC 2050：building a strong and fair city*），下文简称纽约 2050 总体规划。[②] 纽约 2050 总体规划是在 2015 年提出的"一个纽约"提案的基础上发展而来，规划由 9 部分组成，分别为总览篇和 8 个专题部分，展现了 2050 年纽约市城市发展的规划目标、行动策略和考核指标。在进一步地深入调查研究之后，该规划围绕规划目标提出了未来建设的发展思路。基于上文所述的国际大都市未来的几个发展趋势，结合纽约发布的最新一轮总体战略规划，本文选取了其中对成都发展具有较强借鉴意义的重点举措加以分析。

### （一）促进产业多元化，以服务经济为主导

近年来发展生产性服务业已逐步成为国际大都市的主导产业，服务经济逐步取代工业经济，呈现出以高端服务业为主导，文化创意、专业服务、咨询

---

① 韩朋序，戴金.国际化先进城市最新发展规划研究及城市发展指标体系构建——以纽约、伦敦、新加坡、香港、上海为例 [C]. 共享与品质——2018 中国城市规划年会论文集（14 规划实施与管理）. 中国城市规划学会.

② One New York 2050：Building a strong and fair city[R/OL].[2019-07-20].https://onenyc.cityofnewyork.us/.

服务等城市产业多元化特征。

一是服务经济成为纽约城市经济发展的主导产业。根据统计，2018年纽约服务业占比为94.9%，比1990年上升了5个百分点。其中，专业和商业服务达到17.4%、金融和保险业达到13.6%、政府服务业达到17.6%。二是文化创意产业成为纽约发展的支柱产业。根据《世界城市文化报告2018》显示，伦敦、纽约国家文化交流软实力排名处于前两位。纽约的文化创意产业聚焦在创意、娱乐、出版、广告等重点领域，其生产的文化产品以"核心版权"为载体延长产业链的上下游，抢占价值链的中高端。三是科技服务业成为全球城市现代服务业发展的最有活力的行业。[1]

另外，从国内外主要城市的角度来看，大多数进入万亿级GDP"俱乐部"的城市都注重发展和长期布局，有自己独具特色的"万亿级"产业集群。这也进一步说明在中国实体经济的主体、国民经济的生命线还是制造业。衡量当今城市竞争力的重要标准，是其是否拥有年产值超过一万亿大关的产业或产业集群。

无独有偶，在成都召开的第十四次党代会也强调了支柱产业的发展，并提出成都在过去制造业专注于构建产业生态系统和创新生态链，形成了万亿级电子信息产业和8个千亿级产业集群的基础上，继续坚定不移地扩大万亿级产业集群的制造业，是建设城市的基础，是振兴城市的关键。根据党代会报告，成都将在未来五年坚定实施以制造业为支柱的振兴战略，持续推动制造业转型，稳步加大制造业占比，令其更智能、更高端、更环保，进一步打造国家先进制造业示范区。

### （二）加快构建高质量的产业创新生态体系

国际大都市被视为科技创新的发源地、生长土壤和开花结果之处。每个国际大都市都高度重视构建科技创新型企业的创新生态系统，提升产业创新力。根据联合国世界知识产权组织及其他机构联合发布的"2019年全球创新指数排行榜"显示，在专利和出版物数量方面领先世界的城市有——日本东京、英国伦敦和美国纽约。

① 王景利，张国忠，张冰，李静. 城市产业转型升级的经验与启示——以纽约、东京和伦敦为例 [J]. 金融理论与教学，2020(5)。

首先，为科技创新企业融资拓展多元化渠道。纽约为此设立了两个基金，即纽约合作基金与纽约种子期基金。纽约种子期基金的主要投资目标是处于种子期或者扩张期的公司，投资方向主要涉及生命科学、医疗健康、金融技术等。纽约合作基金也主要投资于种子阶段的公司，要求至少一名创业者具有技术背景，且公司业务在软件或网络技术领域，其次，纽约为产业生态创新打造了良好生存环境。初创社区将网络作为主要连接工具，创造共享工作空间，帮助来自世界各地的创业者能够更快融入其中。最后，大力引入高素质人才资源。根据《2019 年纽约移民状况报告》显示，纽约市当时的移民有 320 万，占该市总人口和劳动力人口的 37.1% 和 44%。[①]

相对于纽约的总体规划，成都市第十四次党代会报告也在未来 5 年的产业创新领域作出了具体部署。增大数字经济核心产业与战略性新兴产业在地区生产总值中的占比，成倍增长科技型中小企业与国家高新技术企业的数量，每年10% 以上的速度增加全社会的研发投资。坚定不移地推进创新产业发展，加快新旧产业不断转化。在把实体经济做强做优的基础上，争取先进的产业基础设施和产业链现代化，增强现代产业体系区域的发展竞争力。坚持以创新为竞争优势、让成都在新旧动能转换中脱颖而出、赢得未来，成为具有全国影响力的科技创新中心。[②]

### （三）优化全球资源配置

首先，纽约市是全球城市网络体系的核心节点和交流枢纽。根据 2020 年全球化和世界城市研究所（GaWC）的年度调查，该调查通过分析 175 家高端生产性服务跨国公司的全球商业网络数据而得出，伦敦和纽约在网络联通性方面始终位居前两位。

其次，纽约还是多个世界 500 强公司总部所在地、国际组织的聚集地，是跨境资本的交流中心。有 20 家世界 500 强的公司在纽约设立总部，还有 5346家法律服务机构和 4297 家行政和公共部门的总部也扎根于此。由此看来，成

① 陈曦. 构建协同发展现代产业体系的国际经验与启示[J]. 宏观经济管理，2020，（62）:32-38.

② 成都市人民政府官网，成都市国民经济和社会发展第十四个五年规划和二〇三五年远景目标纲要，http://www.chengdu.gov.cn/chengdu/c147312/2021-04/25/content_a1392890ad0e411a860d0439a5077e5d.shtml.2021-03-29.

为国际大都市，其战略定位不仅应服务于本国和当地经济，还应面向全球资本市场。国际大都市不应仅仅局限于国内资源配置，应放眼世界，优化全球资源，实现产业链与价值链的全球布局。充分利用国际大都市在全球研发网络中的领先地位，促进全球产业的创新和发展。

成都是我国参与全球产业链分工的重要一员。就算是在全球城市体系中，成都也占有重要地位，并且排名还在逐年稳步上升中。在 GaWC2020 年的《世界城市名册》中，成都的排名已经达到了世界第 59 位①。因此，成都还将进一步扩大、深化和引领开放，发挥其丰富的西部地区科技人才资源优势，以制度开放为导向，全面拓展泛欧和泛亚国际门户枢纽功能。在打造扎实的创新产业基础上，引领国际商业环境建设，在国际上积极参与全球资源分配，在国内辐射促进中西部地区的优质发展，全面提升城市整体承载力和国际竞争力。

### （四）升级就业创业环境、完善产业服务保障

在纽约的总体规划中，较为侧重于培养高技术劳动力资源，并非常注重就业公平。规划以 2040 年为界，预计重点在创新科技产业领域创造 490 万个新岗位。通过增加高技术工人家庭收入，将创新产业相关就业岗位比例提高到 40%，保持社会结构稳定。总体规划中还提出为了满足高端产业发展需求，计划培训 30 万名高素质劳动者，将总体就业率提高到 61%。②

据了解，成都新经济企业主要集中在新能源、智能制造等高新技术服务业领域。而且新经济企业的地域与产业分布也相对集中，大部分的新经济企业都集中坐落于成都市高新区，之所以如此分布也可能存在着资质和合规性的考量。改善这种过于集中的行业分布，成都可以通过实施企业创新激励机制以及加强政府的定向支持来促进、刺激高技术型服务业的进一步发展。

针对产业服务保障，培养高技术人力资源，成都可以打造产业链和创新链相结合的创新产业生态系统。连横区域内的高校、科研院所、企业开发资源

---

① 每日经济新闻网站.GaWC 发布 2020 世界城市名册：6 座中国城市入围世界一线 成都 排 名 连 续 三 次 拉 升 .https://baijiahao.baidu.com/s?id=1675796567992415910&wfr=spider&for=pc.2020–08–23.

② 赵霄伟，杨白冰.顶级"全球城市"构建现代产业体系的国际经验及启示 [J].经济学家，2021，(2).

共同合作，协同建设高技术研发平台。以成都市重点科技新区为基础，增加基础研究投资，利用民营企业和新型研发机构与高校间配合，重点攻克关键技术难关。以产业需求反向引导科研机构，加速高新技术孵化，令创新落到实处。①

## 四、纽约改善居住现状，打造便捷交通系统

在国际大都市的建设过程中，纽约政府已经意识到，容纳来自各种背景的人才能推动经济增长，因为众多企业来到纽约是为了利用这个城市庞大的人才库，保持和扩大这些就业机会取决于解决住房危机。所以增加住房供应、保障租户权益成了纽约改善居住现状的当务之急。

### （一）增加住房供应并保护租户权益

在培养高技术人力资源的同时，如何留住高技术人才，也是国际大都市在建设过程中免不了直面的问题之一。改善居住环境也成为纽约总体规划的重要一环。为了扩大整体住房供应，纽约市于 2018 年末首次推出了 "NYCHA 2.0 计划"②，这是一项保护公共住房的综合计划。为了彻底杜绝纽约居民的老旧公共住房长期存在的安全隐患，该计划将投入 240 亿美元（约合人民币 1640 亿元）对其进行全面翻新。

为了保护租户的整体权利，纽约还在 2019 年新建立了一个专职维护租户权益的市长办公室，为行动不便的弱势群体及低收入租户提供免费的法律援助。为了令老年人能够优先获得住房，纽约市还启动了 "老年人第一" 战略；为了低收入老年人能够负担得起房租，纽约住房保障部 HPD（The New York City Department of Housing Preservation and Development）还推出了 "高级经济适用出租公寓 SARA" 计划（Senior Affordable Rental Apartments）③，以低息贷款的形式向大量低收入老年人提供财政援助。

---

① 高国力，李智.成渝地区双城经济圈建设背景下提升成都中心城市辐射力研究 [J]. 发展研究，2021，38(6).

② Regional Plan Association. The fourth regional plan:Make the region work for all of US［EB/OL］.(2017–12– 12).［2018–05–17］. http:/ /fourthplan.org/.

③ 孟美侠、张学良、潘洲.跨越行政边界的都市区规划实践——纽约大都市区四次总体规划及其对中国的启示 [J]. 重庆大学学报 ( 社会科学版 )，2019，25(4).

　　与纽约相仿，成都也面临着流动人口多、住房刚性需求旺盛、住房租金高的局面，尤其是在个人人均收入中住房租金所占比例过大。为了向居民提供更多的经济适用房，成都不能仅靠市场的自我调节，还应进一步提高土地利用效率，令低收入人群、流动人口及外来高技术人才能够租得起房，能够安居乐业。

　　纽约也在有限土地资源的限制下，非常重视提升土地利用效率。在土地的实际治理过程中遇到的问题复杂且繁多，有的土地受到工业污染而成为棕地，而有的土地面积过小，无法有效利用。治理这些土地资源需要大量的人力和资金。①成都也可以借鉴这一宝贵经验，发挥智慧并付诸行动，让城市里的每一块土地都发挥其应有的价值，为社区居民提供更多住房和共享空间，提高居民的幸福感和归属感。

### （二）规划合理的交通系统，提高公共交通系统的效率

　　随着经济的增长，不可避免地为交通带来了愈来愈重的压力，这种情况国际大都市尤甚。而解决交通问题的方式不外乎两种：大力发展公共交通系统，提高公共交通系统的运营效率；通过土地和交通的协同规划来改善现有道路系统。

　　之前曾有研究对纽约、伦敦和东京三大国际大都市的公共交通及道路系统进行过对比。该研究发现，在这三个城市中，纽约的公路网络最为发达。②纽约的公路网络呈放射状布局，这带动了纽约市的整体区域交通，成为其城市公共交通系统的有力保障。在此基础上，纽约近年来一直致力于更新城市数字公共交通系统，发展智慧交通，通过大数据提高客运效率，改善公共交通的接驳与可达性。此外，纽约市的地铁覆盖率与地铁站密度都遥遥领先于全球平均水平。而在纽约的总体规划中，纽约还致力于扩大其低速慢行交通网络，计划大力发展自行车交通网络，完善基础设施，在全市内保障无障碍骑行。③

---

① 胡雨涵.纽约社区规划对我国国际性大都市社区治理的启示[J].生产力研究，2019，(11).
② 张晓东，李爽.世界城市交通系统对比研究——以纽约、伦敦和东京为例[J].北京规划建设，2010(6).
③ 纽约市规划局.纽约市为提高公共交通可达性制定新区划计划[J].上海城市规划，2021(5).

在升级交通基础设施方面，成都第十四次党代会报告提出将以交通为城市建设的支柱，全面发展其交通枢纽服务能力。立足于国际双机场协同运营的基础之上，快速打造成都与重庆之间的"七铁四高"通道。计划发展以成都为中心的多层次铁路运输网络，实现成都市内的一小时通勤；连接成都和重庆的双极核城市群，实现成渝都市间两小时交通圈。报告中还承诺将改建和新建一批公路与高速路，改造断头路和瓶颈道路，通过发展铁路网、高速公路网、快递路网，打造泛欧泛亚的多维度国际综合交通枢纽城市。

为了大力发展公共交通系统，提高公共交通系统效率方面，第十四次党代会报告提出优化交通结构，坚持以轨道交通为主导，优先公交，以自行车等慢行交通为辅，构建"轨道、公交、慢行"为一体的绿色交通系统。在满足"双碳"背景下，积极发展可持续型交通，优先公共交通新能源化，为新能源车合理规划、部署供电设施，令绿色出行成为公民的首选。

## 五、纽约完善绿地公园系统，实现碳中和目标

### （一）重视城市绿化，完善绿地公园系统

纽约在其总体规划中提出将打造独特且具备人性化的公共空间。针对公共空间，总体规划提出：首先需要足够便捷，具备可达性，与公交站和道路相连接；需要有充足的照明、光线良好、其中配有足够且舒适的座位；并有独具地域特色的景观设计，细节精细且富于创意，设有足够吸引人的雕塑与花卉景观；注重公共空间的总体设计，满足市民的观赏需求。

总体规划希望通过打造这样的公共空间，最大限度地利用街区空地和道路空间来全面完善其绿色公园体系。针对儿童与青少年，总体规划还计划在公共空间中配置专项教育训练设施。通过均衡地布局公共空间，建设街头袖珍公园，进一步实施慢行道路改造，纽约希望到2030年使8成以上的公共空间实现步行可达。

### （二）节能减排实现碳中和目标

纽约总体规划将节能减排、早日实现碳中和目标，作为国际大都市建设

中的重要一环，并将其视为城市的未来。在规划中提出的具体举措有：建立并不断完善新能源管理体系，从资金与政策方面支持绿色可持续性低能耗建筑的建设，实现基础设施和在其建筑过程中的深度减排；大力扶植光伏、风能等可再生资源，建立碳交易市场，采用灵活的碳汇制度，实施合理的碳补贴政策，早日实现温室气体的 0 排放；确保交通出行向更可持续的模式转变，大力推广绿色交通，发展新能源公共交通网络，加大对环境友好能源基础设施建设的投资力度；提高全市废物回收处理能力，减少建筑垃圾、有机废物对环境的损害，以街头堆肥等创新模式实现废物循环回收利用；加大宣传力度，使更多的纽约市民改变其生活方式，参与到节能减排活动之中。[1]

在节能减排方面，成都提出建设国际大都市的同时，打造新发展理念的公园城市，全生命周期的节能减排。计划到 2025 年建成低碳绿色生产、富有新模式生活方式、具备和谐共生空间格局、全面提升安全韧性水平的新发展理念公园城市。[2]

① 尹智文. 纽约 2050 总体规划评述与启示. 面向高质量发展的空间治理——2020 中国城市规划年会论文集 [C]. 中国城市规划学会，2021-09-25.

② 陈婷婷. 多元共治 实现公园城市可持续发展——战略定位"城市治理现代化的示范区"[J]. 解读先锋，2022，(3).

# 德国低碳城市建设经验及对成都的启示

张　锐　马小小[*]

【摘要】德国的低碳城市建设在全球处于领先地位，动因包括气候变化挑战、民众高度共识、国家战略方向和经济效益追求。本文立足柏林、汉堡、慕尼黑和波恩四座城市的实践，总结了"碳中和"背景下的建设经验：政府制定系统清晰的"碳中和"目标与方案、因地制宜打造清洁能源体系、扩大绿色出行比例、增强城市绿化规模与品质、重视建筑低碳节能改造、开展活跃的市民教育与城市外交。根据德国经验，建议成都加强低碳城市战略的计划性，着力绿色示范项目的前瞻性，塑造和谐宜居城市的包容性，提升市民普遍参与的积极性，深化相关国际合作。

【关键词】德国；低碳城市；碳中和；成都

在世界追求"碳中和"的背景下，建设低碳城市成为各国可持续发展的行动重点。当今世界，超过 50% 的人口生活在城市区域，这一比例到 2050 年预计将增长到 70%，城市制造了全球约七成的二氧化碳排放；同时，城市也是全球经济的引擎，产生了全球 GDP 的八成以上，为加速实现气候目标提供经济支持与技术支撑。[①] 上述因素使城市脱碳成为全球优先事项，对实现各国承诺和目标具有重要意义。

众所周知，德国是全球最积极应对气候变化的国家之一，本文将立足"碳中和"发展趋势，分析德国建设低碳城市的动因；以柏林、汉堡、慕尼黑和波

---

* 张锐，全球能源互联网发展合作组织经济技术研究院研究员；马小小，国网电子商务有限公司经济师。

① IEA, "Empowering Cities for a Net Zero Future," https://www.iea.org/reports/empowering-cities-for-a-net-zero-future, July, 2021.

恩为研究对象，梳理其具体的建设经验[①]；最后探讨德国经验对成都深入实施低碳城市建设的启示。

## 一、德国建设低碳城市的动因

德国地方政府当局积极建设低碳城市，主要基于气候变化挑战、民众高度共识、国家战略方向和经济效益追求。

### （一）气候变化挑战

德国是欧洲区域受气候变化负面影响较大的国家，气候变化的危害性集中体现在多瑙河、易北河流域频繁出现的热浪、风暴和洪水，同时沿海城市面临海平面不断上升的威胁。根据非政府组织"德国观察"（Germanwatch）的评估，2000—2020年，气候变化引发的灾害在德国至少造成10700人死亡、42.7亿美元经济损失。[②] 近年来，极端气候的影响日益严峻。2018年是德国有气象记录138年来最热、最干旱的一年，气温比历年平均水平高2.9℃，降水量比常年平均值低26%；2018年4—11月，8000余名农民因旱灾申请政府紧急救助，全国1万余个农场遭受总计6.8亿欧元的经济损失。[③]2021年7月13日起，德国南部、东部部分地区因普降暴雨出现洪水泛滥，多个城市宣布进入紧急状态。截至7月23日，洪水灾害造成的死亡人数高达180人，另有约150人失踪。

气候变化也势必影响城市的发展前景与生活质量。根据柏林市议会发布的一份研究报告，与1881年水平相比，柏林2020年的平均气温已经上升1.6℃；与1951年相比，2020年高于30℃的天数增加了196%。如果目前气温上升趋势得不到扭转，到21世纪末，柏林气温可能比1971—2000年平均值高5.3℃，市

---

① 以2020年人口规模衡量，柏林（约380万）、汉堡（约190万）、慕尼黑（约150万）为德国前三大城市。波恩为原西德首都，至今仍是德国重要政治中心，现驻有6个联邦部门、20个联合国下属机构，人口为13万人，另外波恩与成都于2009年9月建立了国际友好城市关系。以上为选择四个城市作为研究对象的原因。

② Charlotte Nijhuis, "Germany in top 20 countries most affected by climate change – NGO," https://www.cleanenergywire.org/news/germany-top-20-countries-most-affected-climate-change-ngo, January 25, 2021.

③ 彭大伟：《旱灾致德国农业歉收联邦政府承诺1.7亿欧元赈灾》，http://news.enorth.com.cn/system/2018/08/24/036023928.shtml，2018年8月24日。

民将面对更加持久和猛烈的热浪天气，干旱灾害可造成数十亿欧元的经济损失；到 21 世纪 40 年代，环绕柏林的勃兰登堡州遭遇洪水灾害的人口将是目前水平的 8 倍，柏林各类地下市政基础设施将面临极高且无法承载的内涝风险。[①]

## （二）民众高度共识

德国民众对于应对气候变化和推动国家低碳转型具有高度共识。欧盟委员会 2021 年 7 月发布的一项调查报告显示，28% 的德国受访者将气候变化视为当今全球的最大挑战，这一比例远远高于欧盟 27 国的平均水平（18%）；79% 的德国受访者认为气候变化已经是一个"非常严重的问题"[②]。德国广播电视联合会 (ARD)2021 年 6 月组织的国内民意调查显示，28% 受访者将气候变化列为"最重要的政治问题"，位居首位，选择移民问题、新冠肺炎疫情的受访者分别占 19%。同时，德国公众普遍认为能源转型是应对气候变化的核心手段，愿意实施或参与各类低碳转型的行动。根据非政府组织"可再生能源署"（AEE）持续性的民意调查，2012—2021 年，每年都有 80% 以上的德国受访者认为能源转型"非常重要"或"重要"，希望能够更有力地利用可再生能源。[③] 非政府组织"地球之友"2020 年 12 月发布的德国民意调查显示，在 1000 名受访者中，86% 的人选择"准备做出重大的生活方式改变以保护气候"。[④] 德国公众对市政当局应对气候变化也寄予厚望。贝塔斯曼基金会 2021 年 1 月发布的调查表明，55% 的受访者认为他们所属的市政当局在"应对气候变化"上仅给予了"中等重视"，希望地方一级的政府可以采取更多具体措施。[⑤] 强大的

---

① Elena Matera, "How will climate change impact Berlin?," https://www.berliner-zeitung.de/en/how-will-climate-change-impact-berlin-li.172154, July 21, 2021.

② Julian Wettengel, "Polls reveal citizens' support for climate action and energy transition," https://www.cleanenergywire.org/ factsheets/polls-reveal-citizens-support-energiewende, December 14, 2021.

③ AEE, "Akzeptanzumfrage 2021: Klimapolitik – BürgerinnenwollenmehrErneuerbareEnergien," https://www.unendlich-vi el-energie.de/presse/pressemitteilungen/akzeptanzumfrage-2021-klimapolitik-%e2%80%93-buergerinnen-wollen-mehr-erneuerbare-en ergien, December 13, 2021.

④ Charlotte Nijhuis, "Most Germans willing to make significant lifestyle changes for environment – survey," https://www.cleanenergyire.org/news/most-germans-willing-make-significant-lifestyle-changes-environment-survey, December 22, 2020.

⑤ Charlotte Nijhuis, "Most Germans want more climate action from their municipalities – survey," https://www.cleanenergywire.org/news/most-germans-want-more-climate-action-their-municipalities-survey, January 29, 2021.

社会共识促使政府、公众无须从"是否需要建设低碳城市"这个基本问题开始探讨，把关注点直接聚焦到"如何建设"的行动路径。

### （三）国家战略方向

加速实现"碳中和"是德国的战略发展方向，并通过立法、政治承诺、投资计划等形式加以实施。自 2018 年以来，德国在弃用煤电议题上迅速取得进展，决定在 2038 年前关停国内现有的近 44 吉瓦装机规模的煤电厂。[①]2019 年11 月 15 日，德国联邦议会通过了《联邦气候保护法》（*Climate Action Act*），立法确定德国到 2030 年温室气体排放比 1990 年水平减少 55%，到 2050 年实现净零排放的中长期减排目标，该法成为全球第一部有约束力的气候保护法。2021 年 5 月 6 日，时任总理默克尔宣布德国计划在 2045 年实现碳中和，比原计划提前五年，将 2030 年温室气体减排目标提升至较 1990 年减少 65%。随着整体目标的制定，德国政府出台了《气候行动计划 2030》《德国适应气候变化战略》《气候保护规划 2050》等一系列中长期规划和方案，相关财政投资预计高达数千亿欧元。例如，2020 年 6 月，默克尔政府为了应对疫情冲击，出台了总计 1300 亿欧元的经济刺激方案，在 2020—2021 财年期间执行，其中有400 亿欧元专门用于能源系统的绿色投资，包括氢能研究与开发、电动汽车补贴和降低电力成本，并表示将把碳定价中获得的收益用于各类气候适应措施和补贴居民。显然，各地方政府需要通过成形的、成熟的低碳城市计划，响应国家整体战略，争取中央政府的拨款与支持，从"碳中和"行动中获取更多现实利益与发展动能。

### （四）经济效益追求

低碳城市的建设可以带动低碳经济的发展，尤其促进城市优化空间布局，提升基础设施品质，构建高效低碳的资源能源利用体系、通畅便捷的绿色交通体系和宜居舒适的绿色建筑，加速形成低碳型产业结构，实现碳排放控制与提升经济技术竞争力的双赢。德国地方政府普遍意识到低碳城市的经济潜力，并希望抢占发展上的先机与制高点。例如，柏林市政府发布的《能源与气候保护

---

① 相关研究参见：张锐.能源转型的政治学研究：基于德国弃煤的探讨[J].德国研究，2020(4):20–38.

计划 2030》明确指出：“应对气候变化的贡献会对经济产生影响，通过改造能源及其他基础设施，有望加强和延伸柏林本地的价值链，保障就业机会。此外，当前在保护环境和减缓气候变化方面的投资也将减少未来由环境恶化和相关健康损害造成的费用。”[①] 再如，汉堡市可再生能源行业的公司已有 1500 余家，在该市雇用了约 14500 名员工[②]，低碳城市的建设有利于该市可再生能源产业发展壮大，促进科技成果产业化应用，形成更加完备、本土化的全产业链条，并面向北欧、西欧国家开拓市场。

## 二、德国低碳城市的建设经验

下文将立足柏林、汉堡、慕尼黑和波恩 4 座城市的实践，总结德国低碳城市的主要建设经验。

### （一）“碳中和”目标与方案

各城市政府均制定了地方层面的“碳中和”时间目标，确定了中长期内的行动方向与重点。对当前德国城市而言，其建设目标已经不仅是“低碳城市”，而是通过不懈的低碳化进程，在未来二三十年时间内建成“零碳城市”。当然，不同城市的推进节奏各有不同，如汉堡是德国的工业中心，支柱产业包括冶炼、化工、机械、食品加工、船舶和飞机制造、医药等，重化工业的产能存量较大，低碳转型的压力较大，所以减碳目标相对保守，但这也是符合自身实情的“因地制宜”。

表 1　德国城市“碳中和”目标与方案

| 城市 | “碳中和”目标与方案 |
| --- | --- |
| 柏林 | 2045 年实现“碳中和”，2030 年碳排放量比 1990 年水平至少减少 70%，到 2040 年至少减少 90%。目前已出台《能源与气候保护计划 2030》，确定 2021—2030 年期间的行动重点，提出每五年可更新一次减碳目标 |

① "Berlin Energy and Climate Protection Programme 2030," https://www.berlin.de/sen/uvk/en/climate-action/publications/, 2020.

② One Earth, "Designing a Zero-carbon City of the Future for Hamburg, Germany," https://www.oneearth.org/projects/designing-a-zero-carbon-city-of-the-future-for-hamburg-germany/, 2021.

续表

| 城市 | "碳中和"目标与方案 |
|------|------------------|
| 汉堡 | 2050年实现"碳中和"，2030年碳排放量比1990年水平至少减少55%。目前已出台《气候保护法》《汉堡气候计划》，明确了经济转型、供暖与建筑、交通、气候适应四条主要实施路径 |
| 慕尼黑 | 2035年实现"碳中和"，持续实施以建筑改造和能源转型为重点的"气候保护综合行动计划" |
| 波恩 | 2035年实现"碳中和"，出台了《城市可持续发展综合战略》，重点从适应气候变化、控制二氧化碳排放、交通领域、暴雨防洪、国际合作五方面开展行动 |

资料来源：根据各城市政府官方网站资料整理。

### （二）清洁能源体系

"碳中和"的深层次问题是能源问题，其行动核心是加快淘汰化石能源，建立以可再生能源为主体的清洁能源体系。低碳城市的建设首先须着眼于能源转型的任务，德国各城市均采取了一些具体的政策。

柏林提出了"太阳能城市计划"（Solarcity Masterplan）。由于柏林的闲置土地有限，缺乏建设集中式光伏基地的条件，所以希望充分挖掘屋顶光伏的潜力。2020年3月，该市政府批准了"太阳能城市计划"，目标是到2050年在城市屋顶上安装4.4吉瓦的太阳能，以满足首都四分之一的电力需求，2030年前在所有国有建筑合适的屋顶区域安装太阳能系统。"太阳能城市计划"提出了9个方面的27项具体措施，为企业和市民的参与提供激励，并建立相关监管机制。[1]2021年6月，柏林市议会通过了《太阳能法》，该法律要求从2023年起，屋顶面积超过50平方米的新建筑物必须安装至少覆盖屋顶面积30%的太阳能系统，这一规定也适用于所有既有建筑的屋顶翻修或改造工程。法律对系统性能也设置了量化门槛，柏林市内两居室的住宅必须配备至少3千瓦电力的光伏系统，两居以上的住宅必须配备6千瓦电力的光伏系统，不遵守法规将被处以最高1万欧元的罚款。为了激发民众参与的积极性，政府还配套出台了一些支持政策，如考虑到柏林市的租房家庭比例高达八成以上，[2] 国有银行以

---

① Cecilia Keating, "'Solarcity Masterplan': Berlin eyes 4.4GW of rooftop solar by 2050," https://www.pv-tech.org/berlin-wants-4-4gw-of-rooftop-solar-by-2050/, March 12, 2020.

② 对德国民众而言，租房是一个普遍性选择，根据联邦统计局的数据，2018年，德国全国的租房家庭比例为57.9%，柏林租房家庭的比例高达82.6%。相关信息参见张慧中、屈佩：《柏林的租房家庭比例高达82.6%》，腾讯新闻，https://new.qq.com/omn/20210604/20210604A02E2B00.html，2021年6月4日.

投资补贴和贷款的形式为租户安装光伏系统提供资助，而且屋顶光伏产生的电力还可接入城市电网，产生的收益有助于平衡居民的电力开支。

汉堡充分挖掘城市产业优势，联合市内多家大型企业，打造"汉堡氢能网络"（Hamburg Hydrogen Network），总共9个核心项目，试图为全球氢能开发利用创造样板，带动自身制造产业的用能清洁化（见图1）。该网络的旗舰工程是汉堡绿色氢能中心，这是一座拥有100兆瓦容量电解槽的制氢工厂，由一座已退役的燃煤电厂改造而来，预计投资额达3亿欧元，现已进入项目规划、融资阶段，预计2025年投运生产。汉堡绿色氢能中心产生的绿氢将通过氢能管道输送到企业和市政设施，形成以汉堡港为中心的跨行业、多方位联动的氢能高比例利用场景。到2030年，汉堡港的氢气管网预计为60公里，延伸到港口内的多家大工业天然气用户，提升产能的清洁生产水平。

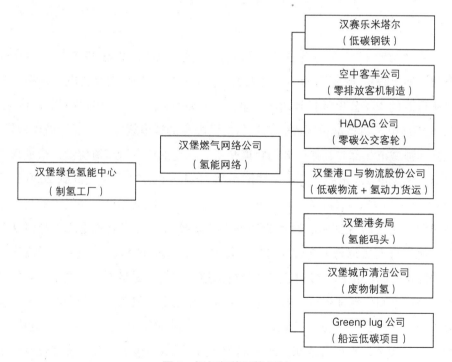

图 1　汉堡氢能网络规划

资料来源："Newly Established Hamburg Hydrogen Network to 'Make Hamburg Greener'," https://hhla.de/en/company/news/detail-view/newly-established-hamburg-hydrogen-network-to-make-hamburg-greener, April 26, 2021.

慕尼黑早在 2008 年制定了扩大可再生能源利用的中长期政策，先于联邦政府和国内其他城市，并启动了弃用煤电的进程。2021 年，该市可再生能源在电力结构中的份额已接近 90%，计划在 2025 年实现 100% 清洁电力供给的目标。政府管理的慕尼黑市政服务公司 (SWM) 在该市及周边地区运营 60 余座可再生能源发电厂，发电量约为 63 亿千瓦时，慕尼黑还鼓励 SWM 在全欧洲范围内建设或收购可再生能源发电设施，市政集团持有大量位于西班牙、北海等地区的太阳能热发电站和风电场等项目的股份。波恩同样重视城市供电的清洁转型，2018 年时可再生能源已占发电结构的 72%。2021 年 12 月，波恩市议会通过决议，加入《化石燃料不扩散条约》(*Fossil Fuel Non-Proliferation Treaty*)，[①] 表示将进一步严格控制城市的化石能源利用规模，波恩成为德国第一个、欧洲第二个加入该条约的城市。

## （三）绿色出行

柏林市政府于 2019 年提出"可持续交通计划"，准备 2035 年前每年在公共交通上投资 18 亿欧元。该计划的重点包括：一是扩大有轨电车规模，长度从目前的 194 公里延长到 267 公里，重点辐射城市人口日渐稠密的新区域，2035 年前电车数量增长四成。二是利用已废弃的铁道线路，改建为城市快铁，尤其加强城市北部与其他区域的轨道联系。三是加快自行车道建设，根据现有规划，将宽度 2.5 米的自行车干线网络从 2021 年的 494 公里提高到 2029 年的 865 公里；2025 年前新建 100 公里、宽度 3 米，与机动车道完全隔离的自行车高速路。扩建将保证所有轨道交通站点、学校与自行车道的距离不超过 2 公里，使骑行人员每公里在红绿灯的等待时间不超过 35 秒，并一定少于汽车司机的等待时间。柏林市政府还强调自行车道的建设将尽量不占用城市现有的绿地和公园空间，保证步行者的权益，这也意味着更多机动车行驶和停车空间将会被压缩。四是升级公共汽车服务体系，计划到 2030 年实现公交车全电动化，增加出车频率，确保各线路实现每隔 10 分钟派出一辆车。对于乘客较少的偏

---

① 《化石燃料不扩散条约》由学者、环保人士、民间组织组成的联盟于 2020 年 9 月发起设立，鼓励各类组织性机构、企业加入，目标是停止新的化石燃料勘探和生产，逐步淘汰现有存量，加快向较贫穷国家转移清洁能源，截至 2022 年 2 月，全球已有洛杉矶、巴塞罗那、悉尼、渥太华等 33 个市级政府签署加入。

远地带，尝试推出"叫车服务"，使民众可以通过软件召唤小型巴士满足通勤需求。

汉堡于 2018 年成为德国第一个实施柴油车禁令的城市，规定未达到"欧 6"排放标准的柴油车无法进入汉堡市中心地带，[①] 在禁令颁布时，汉堡市共有 26.5 万辆柴油车，其中仅 9.6 万辆达到"欧 6"标准，大幅压缩了柴油车的上路空间。汉堡积极推广电动车的使用，在市内已建成 1000 余个公共充电站，截至 2021 年年底，在汉堡注册上路的电动车（含混合动力）为 1.4 万余辆，存量占比为 1.8%，比例超过柏林（1.5%），在德国城市中处于领先地位。[②] 汉堡市政府于 2021 年实施"基于电动汽车的建筑电气化改造"项目，面向市民、企业和各类组织提供资助，承担电动车充电桩设置成本的六成，目标是在 2022 年 9 月前使住宅、商业地产、公司场所的充电点达到 7400 个。另外，考虑到城市租房家庭的比例较高，汉堡市议会专门修改地方法规，规定房东或业主协会无权阻止租户安装充电设施，且租户购买、安装充电桩另可申请 900 欧元的国家补贴。

波恩市希望在短期内将自行车骑行比例由目前的 15% 实现翻倍增长。目前该市已建成 50 条自行车道，并在不断增设自行车停放点、租赁点和指引系统。同时，城市公交系统计划在 2030 年前实现全部电动化，并增强轻轨、电车、公交车和自行车租赁系统之间的相互衔接。

### （四）城市绿化

城市绿化不仅提升人居质量与应对各类灾害的韧性，而且还是减少温室气体浓度的生态碳汇，是"碳中和"行动中基于自然解决方法的必要手段。由于长期、成熟的生态保护观念与行动，德国城市的绿化率普遍较高，本文的四座城市在绿地存量方面已有较好基础（见表 2），因此提出了面向未来的城市绿化政策。

---

① "欧 6"标准即欧盟汽车尾气排放标准第 6 版，该标准适用于 2015 年 1 月 1 日及以后注册的新车，规定柴油车每公里碳烟排放低于 5 毫克，一氧化氮排放低于 80 毫克。仅为欧 4 标准的五分之一和四分之一。

② 汉堡驻中国联络处：《全德国，汉堡的电动汽车市场份额占比最高》，https://www.hamburgshanghai.org/cn/news/elektromobilitat-so-weit-ist-hamburg-vorangekommen/，2021 年 3 月 25 日。

表2 德国城市的绿地情况（2017年数据）

| 城市 | 城市绿地面积（平方公里） | 绿地占比（%） | 占比在德国十万人口以上城市的排名 |
|------|------|------|------|
| 柏林 | 526 | 59 | 63 |
| 汉堡 | 539 | 71 | 39 |
| 慕尼黑 | 155 | 50 | 74 |
| 波恩 | 102 | 72 | 34 |

资料来源：City Mayors Environment, "Germany's greenest cities," http://www.citymayors.com/environment/german-green-cities.html, November, 2017.

柏林市政府提出了由7个子项目组成的"促进城市绿色连通性和生物多样性的计划"，核心目标是形成相互连通的绿化带，同时实现应对气候变化和满足市民休闲需求的目标。[1]7个子项目分别为：一是城市绿化工程，尤其改善"社会问题集中的地区"的绿化状况。二是加强建筑的绿植覆盖，增加建筑的雨水收集利用能力。三是改造闲置的城市地块，增加城市公园或居民健身的范围。四是实施"学校花园"项目，既增加各种校园及其邻近地带的绿化空间，也培养学生的园艺能力。五是"混合森林方案"，柏林市内目前有1.6万公顷的森林，新增森林将以稳定的针阔混交林为主，促进人造森林不受人为干预的"自然化"。六是完善20条已有的、总长度超过500公里的绿色步道，将居民区和城市休闲区紧密连接起来。[2]七是实施"流动园艺"（Nomadic gardening）项目，即政府在人口密集地区向商铺提供可移动的绿植。

汉堡市重点面向基础设施薄弱的郊区实施"智慧城市"（clevercity）的绿化项目，内容包括：建设"绿色走廊"，打造横贯城市东西的步道和自行车道，增强道路两侧的自然景观和生物多样性；推广"绿色屋顶"，打造"海绵城市"；

---

[1] "Berlin - NBS for urban green connectivity and biodiversity," https://oppla.eu/berlin-nbs-urban-green-connectivity-and-biodiversit, 2020.

[2] 柏林的城市绿道建设始于1994年，2004年初步确定20条路线，此后不断完善，构建系统的标识体系，增强步道的延伸和各项服务功能，并将其列为城市旅游观光的重要内容，目前长度从7公里到63公里不等。比较经典的路线包括18号步道（52公里、连接多个内城公园的环形步道）、1号步道（横贯城市东西的、63公里的河岸"狂欢"步道）、5号步道（纵贯城市南北的步道）等。详细情况可参见：Senate Department forthe Environment, Urban Mobility, Consumer Protection and Climate Action, Berlin, "20 Green Walks in Berlin," https://www.berlin.de/sen/uvk/en/nature-and-green/landscape-planning/20-green-walks-in-berlin/, 2021.

建设学校的多功能绿色空间，增强绿化成果的教育功能。

### （五）建筑节能改造

德国各级政府长期重视建筑的低碳节能改造，一方面从国家到地方制定了各种规章制度，引导各类建筑符合一定的能效标准；另一方面设立激励或资助机制，动员公众、组织和企业主动节能改造、兴建节能建筑，如德国联邦政府出台政策，在 2020—2029 年，如果用户更换采暖设备、增加屋顶和外墙保温性能、安装节能窗等，这类改造费用的 20% 可以平摊到未来 3 年的税收减免额度之中。

慕尼黑市建筑局近年不断提高城市建筑节能要求，并对现有建筑采取了改善隔热性能、替换节能照明、改善能源管理、安装热电联产装置、引进供热公司集中供应热水等举措。为了提升建筑自身的可再生能源利用，慕尼黑市特别推出"太阳能优化利用项目"，在建筑规划设计阶段进行前期介入，促使新建楼房以理想的角度朝向太阳，同时与周边建筑实现协调，减少阴影对太阳能发电的负面影响。慕尼黑还是世界著名的足球之城，市政府与拜仁慕尼黑足球俱乐部合作，致力于在 2030 年前将拜仁主场所在的安联球场打造为"零碳球场"，行动包括完善 2006 年起实施的"生态管理和审计计划"，持续跟踪球场运行所产生的碳足迹；在球场范围内安装更多光伏板，满足用能需求，优化各种供热、制冷的能源使用；增加各类消费品的循环利用；促进观赛者绿色出行等。

波恩市要求所有新建建筑必须执行比国家标准更高的节能标准，新建市政建筑则执行一套超低能耗方案，发挥引领示范作用。为了挖掘既有存量的节能潜力，市政府专门成立了由能源专家、建筑专家等组成的"波恩能源署"（Bonn Energy Agency），为城市老旧建筑的节能改造提供咨询服务，优化居民或商业用能的经济性。

### （六）市民教育与城市外交

在建设低碳城市的过程中，德国城市高度重视软实力层面的对内教育与对外交往，凝聚和提升社会共识，加强跨国协作与相互借鉴。

德国高度重视环境教育，早已形成"以学校教育、社会资源以及民间力量共同培养公民环境道德素养的教育特色"，将低碳环保理念渗透到教育各环节，侧重环境教育的实践环节。① 柏林市政府要求各级学校必须开设应对气候变化的课程内容，财政提供相关资助，并且举办"柏林气候学校"的称号评比，授予在这一领域教学效果较好的学校。部分中小学成立了专门的"能源实验中心"，鼓励学生开展与能源转型、新能源利用相关的科学实验。慕尼黑所在的巴伐利亚州在辖区内为学生提供课外可持续发展认知及体验教育的环境站，并与大自然亲密接触。环境站由政府出资建设，在运维及开展活动方面接受社会资金支持，并适当向受教育者收取住宿餐饮等基本费用，保持了良好运行状态。波恩市在每年 5 月或 6 月开展为期 17 天的"可持续发展目标周"，面向公众宣传环保低碳理念和最新技术进展，组织市民论坛探讨城市发展方向。波恩市还面向小学设置了"波恩气候大使"荣誉，鼓励学生参与环保课程或实践，现已有 7000 多名儿童获得该称号。

城市外交是"走出去"与"引进来"相互结合的过程。柏林是 C40 城市气候领导小组的创始成员，该网络由全球 94 个大城市组成，旨在共同推动积极的气候行动。柏林市政府支持各部门参与 C40 机制内的交流研讨，尤其在资源回收小组、清凉城市小组、空气质量小组中组织了多场宣传"柏林经验"的活动，积极签署各类国际宣言（如《清洁空气宣言》《2030 年零排放公交车承诺》等）。柏林市政府还承担了 C40 城市金融机构（CFF）的运行工作，召集成员城市共同商议如何资助发展中国家城市的气候保护、低碳改造项目。波恩积极参与多个多边城市网络，包括国际地方政府环境行动理事会（ICLEI）、城市气候联盟（Climate Alliance of Cities）等。波恩是联合国在欧洲的第三大驻地，驻有联合国下属的 20 个机构，该市政府主动利用联合国开展的各类活动，宣传自身低碳环保进展，尤其是与《联合国气候变化框架公约》秘书处紧密合作，借主场优势与各国地方政府进行交流。根据波恩政府网站的信息，目前该市与乌兹别克斯坦布哈拉、加纳海岸角、白俄罗斯明斯克、玻利维亚拉巴斯、蒙古国乌兰巴托、我国成都建立了以低碳城市为主题的伙伴关系，重点是开展联合市政改善项目和经验交流。

---

① 宋嘉卓，易竞豪等.转变城市发展方式之低碳城市建设——基于德国经验借鉴[J].工程经济，2020(2):78.

## 三、对成都的启示

作为国家批准的低碳试点城市，成都正在加速经济社会转型，深入实施低碳城市建设"636"工程，加快构建绿色低碳的"产业、能源、城市、碳汇、消费和制度能力体系"，2021年人均碳排放位列北上广深等全国十大城市最低，初步建成我国西部地区的低碳发展"引领区"、低碳生产生活"标杆区"、低碳市场化服务"核心区"和低碳发展体制机制建设"示范区"。他山之石，可以攻玉，本文通过对德国建设低碳城市的经验梳理，可以得出以下有益启示。

一是加强低碳城市战略的计划性。低碳城市建设要有详细的、凝聚社会共识的时间表、路线图，德国城市基本完成未来二三十年低碳转型的整体目标制定，成都确定了2025年碳排放达峰目标，也应抓紧制订碳达峰之后的行动计划，稳妥处理长远目标和短期目标的关系，把握好降碳的节奏和力度，循序渐进、持续发力。加快构建形成法制化、市场化、精细化和多元化的低碳治理体系，科学分解目标，既要在城市内部的行政单位之间分摊任务，也要从工业、商业、交通、居民生活各领域进行分解。

二是着力绿色示范项目的前瞻性。德国低碳城市建设的亮点之一是加快先进适用技术的研发和推广应用，打造各类示范性、规模化项目，促进创新成果转化。成都应立足本土产业优势，抓住"碳中和"有利机遇，打造与低碳转型密切相关的电子信息、轨道交通、生物医药等新兴战略产业群，大力发展"清洁能源+"产业，推动以龙泉驿、郫都为核心的氢能全产业链发展，选择条件成熟、基础牢固的行政区、街区、产业园区构建"零碳生活""零碳产业"试验区，发挥先行先试作用。借鉴德国经验，以大型交通枢纽、大型市民集会场所为突破口，尝试打造"碳中和"机场、车站、球场、剧院等，形成示范效应和"橱窗"宣传效应。

三是塑造和谐宜居城市的包容性。德国的一条显著经验是始终关注低碳转型进程中的城市包容性，如在光伏和电动车推广中照顾租房家庭的权益、将当前绿化重点放在发展相对落后的区域等。成都的低碳城市建设需要重视包容性目标，依托城市更新、县域发展和绿色乡村振兴三大支柱，做好中心城区与近远郊区、城市与乡村之间的统筹协调。重点帮助老旧街区、城乡接合部、远郊和偏远乡村部署绿色技术、推广绿色实践，摆脱传统发展模式、实现跨越式发展。优先满足行人和非机动车的路权需求，重视"公交优先"的软能力提升，形成全国领先的运营服务水平。城市绿化空间在面积不断扩大的同时，须注重便民性，充分设置指引、健身、饮水、公厕等人性化设计。

四是提升市民普遍参与的积极性。把"低碳社区"建设作为低碳城市建设的着力点和落脚点，建立"政府推动、社区主体、部门联动、全民参与"的工作机制，探索建立低碳社区标准化体系，以点带面推动全市低碳社区建设。有效利用各种行政和市场手段，实施"屋顶绿化""屋顶光伏""新能源乡村"等项目，强化低碳社区硬件建设，使民众在转型过程中感受到实实在在的多重效益。加强学校教育，面向各级学校开设环境保护、节能减排、绿色出行等方面的实践教育课程，培养青少年的绿色生活习惯。持续推广和完善"蓉城汇""蓉e行"等机制，激发市民对绿色发展成果的参与感、共鸣感与获得感。

五是深化低碳城市建设的国际合作。统筹国内国际两个大局，加强与国外城市在绿色低碳循环发展领域的政策沟通、技术交流、项目合作、人才培训等。通过双边合作框架以及友好城市渠道，与国外先进城市环境保护部门、经济规划部门、市政管理部门建立长期稳定、务实高效的合作关系，不断学习与引进成熟做法。积极派员参与环境领域的多边城市外交机制，塑造成都"国际一流和谐宜居城市"的形象，将自身建设经验作为"讲好中国故事"的一个重要内容。

# 伦敦建设低碳城市的经验及对成都的启示

张　姣*

【摘要】作为工业化进程启动较早的城市，伦敦在推动低碳城市发展方面既有"雾都"的深刻教训，也有痛定思痛后在低碳发展方面的丰富经验，注重发挥政府引领效能、倡导民众低碳生活、推广清洁能源、打造低碳建筑等。未来成都低碳发展中，需要由政府主导转向多元协同、强化核心技术创新和产业带动效能、细化节能减排目标、加强刚性约束等，强化举措的创新和魄力。

【关键词】伦敦；成都；低碳发展；城市治理

建设低碳城市，促其实现碳达峰、碳中和，是全球生态环境治理、实现可持续发展的重要环节。为应对温室效应、能源危机等全球性问题，"低碳""绿色""宜居"逐渐成为各国推动城市发展过程中的共识和目标。相对于发达国家，中国西部城市工业化进程起步较晚、城市发展水平、能源利用效率相对落后。成都作为西部地区重要的经济中心、科技中心、文创中心、对外交往中心，在对标国际大都市发展的同时，也面临着伦敦曾经经历的环境治理、低碳产业发展等问题，虽然，国际上尚无成熟而系统的碳中和经验可以借鉴，但其系统性及改革亮点均可以借鉴。

## 一、伦敦"碳达峰"前的相关教训和治理

包括伦敦在内，诸多欧洲国家已经完成了碳达峰，碳中和的时间多数定在 2050 年，低碳发展并非一蹴而就，伦敦经历了高碳发展时期的雾霾治理，在雾霾治理中吸取的教训和经验，使以降低二氧化碳排放量为目标的理念深入

---

* 张姣，北京市社会科学院国际问题研究所助理研究员，国际关系博士。

到城市治理中。基本上通过雾霾治理，英国从政府到社会形成了高度一致的对抗雾霾社会共识，也奠定了较好的政策推行的社会基础，为实现碳达峰打下了基础。

作为欧洲第一大城市，伦敦的地理位置易受西风和北大西洋暖流影响，其气候条件是较为典型的温带海洋性气候，空气湿润、多雨雾，有"雾都"之称。工业革命以来，煤炭等化石能源广泛应用于工业生产和民众生活，在推动伦敦高速发展的同时，也产生了大量粉尘和烟雾，受其地理位置和气候影响，烟尘和雾叠加混合，在无风时节笼罩城市上空，形成了城市病——"黄黑色"雾霾。为解决雾霾问题进一步推动城市治理，1875年英国政府通过修订后的《公共卫生法案》，形成了一系列的治理举措，经过几十年的努力，煤炭在其工业生产中的使用比例得到控制，大气环境有所改善，但雾霾现象并未得到根治。原因在于，随着伦敦市内汽车的普及，城市尾气排放取代了工业排放，成为新的污染物来源，进一步加剧了雾霾的严重程度。1952年12月5日至9日爆发的"伦敦烟雾"事件，当月即造成约4000人死亡，严重侵害了市民的生活及健康，成为碳污染惨痛的教训。

"伦敦烟雾"事件后，英国政府痛定思痛，开始下大决心"治霾"。1956年，英国国会通过了《清洁空气法案》，这是人类历史上第一部现代意义上的空气污染防治法。《清洁空气法案》要求：一是降低市内煤炭消费、改造居民家用的传统炉灶；二是设立无烟区、搬迁发电厂及重工业工厂至郊区；三是加高工业企业的烟囱以加速大气污染物的疏散。1974年补充出台《空气污染控制法案》，对工业燃料里的含硫上限、各类废气排放进行硬性限制。通过法规制度的刚性约束，污染物排放得到控制，伦敦的空气质量逐渐好转，1975年至1980年，其年均"雾日"从15天降到5天。受伦敦空气治理的带动，英国于1991年实现碳达峰，在此之前，有19个国家早在1990年前就实现了碳排放达峰，包括德国、匈牙利、挪威、俄罗斯等。[①] 80年代至90年代，随着汽车拥有量的上升，汽车尾气取代煤烟成为伦敦的主要大气污染源，政府开始出台政策强制新售出车辆加装催化器以减少污染物的排放，1995年颁布《环境法》，明确了2005年前达到"战雾"的目标。

① 鲁成钢，莫菲菲，陈坤．主要国家碳达峰、碳中和比较分析[J]．环境保护，2021(z2):89-90.

## 二、伦敦城市低碳治理的举措和经验

2003 年，英国政府颁布第一份能源白皮书《我们能源的未来：创建低碳经济》，首次提出"低碳经济"概念，认为"低碳经济"即通过提高能源资源的利用率，开发和利用新能源和清洁能源，降低经济发展过程中的碳排放量，减少对生态环境的负面影响，实现经济和社会的绿色、可持续发展。伦敦作为英国首都，在发展低碳经济方面也处于引领地位。回顾伦敦建设低碳城市的发展历程，梳理其主要举措，可以看出其显著特征体现在实践低碳规划，倡导低碳生活、创新低碳技术、发展循环经济、创新低碳发展服务、管理与制度等方面。①

1. **发挥政府引领效能**。伦敦政府非常注重低碳发展政策规划以及发挥引领效能，2004 年颁布了《给清洁能源的绿灯：市长的能源战略》，初步设定降低碳排放和能源消耗的 2050 年目标；2007 年伦敦市长利文斯顿发表了《今天行动，守候明天》，承诺 2025 年伦敦二氧化碳排放量较 1990 年将减少 40%②；依据英国设定的 2025 年目标，伦敦计划将同期的碳排放总量（2007 年至 2025 年）控制在 6 亿吨以内。③2017 年伦敦市政厅颁布的《伦敦环境战略》进一步明确，争取到 2050 年实现近零排放或者零排放城市（碳中和）的目标④；2021 年颁布的《大伦敦规划 2021》，将 2050 年实现零碳城市的目标融入城市发展愿景中，充分衔接了包括《伦敦环境战略》在内的其他市长战略，并提出了减缓气候变化、适应气候变化、发展循环经济等方面的具体政策措施。⑤

2. **倡导民众低碳生活**。这主要体现在交通和出行方面。一是鼓励低碳出行。2010 年起，伦敦全面布局"电动汽车之都"，向市场上投放 10 万辆电动汽车，加大城市充电网络基础设施建设，启动"电源伦敦"计划，2012 年至 2013 年年底前建成电动汽车充电站 1300 余个。同时，鼓励市民出行使用节能型或新

① 吴向鹏.国际低碳城市发展实践及启示[J].开发研究，2019(5):44–52.
② 钟良，杨明坤，胡紫月，王红梅.国际先锋城市低碳发展规划与经验借鉴[J].中国工程咨询，2019(5):52–55.
③ 胡剑波，任亚运.国外低碳城市发展实践及其启示[J].贵州社会科学，2016(4):127–133.
④ *London Environment Strategy*,Greater London Authority, 2017(8):pp.1–401.
⑤ *The London Plan*,Greater London Authority, 2021(3):pp.1–526.

能源的交通工具。二是倡导公共交通。设计高集成和多模式的公共交通系统，全面实现地铁、市郊铁路和小汽车、路面巴士等交通工具的顺畅接驳。三是制度约束引导与制度引领鼓励。为了鼓励低碳出行，政府发布了《步行行动计划》《零死亡愿景行动计划》《自行车安全行动计划》等文件，完善自行车道、人行步道等基础设施建设，引导居民改变出行方式，采用自行车或步行出行；颁布刚性约束政策，如设立超低排放区、引进碳价格制度、征收二氧化碳税，依据碳排放量向进入市中心的车辆征收费用，用以公交、地铁、自行车道的基础设施改善等。

3. 推广清洁能源。英国非常注重可再生能源的使用，发展低碳及分散的能源供应。2010 年，可再生能源在英国发电结构中的占比仅为 7%。2019 年，核能、太阳能以及海底互联装置进口的能源，所生产的电量在英国全年电力生产总量的占比达到 48.5%，首次超过化石能源。[1] 2020 年 12 月 14 日，英国政府发布题为《推动零碳未来》的能源白皮书，指出：第一，英国清洁能源发电量需较当年增加 4 倍，才能实现碳中和的目标；第二，英国未来的零碳能源系统主要由风能和太阳能组成，但风能和太阳能均属间歇性可再生能源，需要包括核能在内的其他能源对其进行补充，以确保该系统的可靠性；第三，大幅提升电气化水平，将逐步淘汰煤电的日期从 2025 年提前到 2024 年，确保在 21 世纪 30 年代实现压倒性的脱碳电力系统；第四，开发涵盖绿色能源、电动热泵、氢能和区域供热等可选技术的低碳供暖系统，至 21 世纪 30 年代中期，实现新安装供暖系统均为低碳技术的目标；第五，推出氢能战略，投入 2.4 亿英镑基金，力争到 2030 年将氢的产能提高到 5GW。

4. 打造低碳建筑。伦敦市将低碳建筑视为城市碳减排的重要环节。2015 年，伦敦的碳排放量约 76% 来自已建成建筑（家庭占比 36%，工作场所占比 40%）。2018 年 5 月发布的《伦敦环境战略》中指出，2050 年前将伦敦打造为建筑节能、交通清洁和能源清洁的零碳城市；更直接提出打造囊括零碳电力、太阳能板、屋顶绿化、智能家居、能源管家等技术的零碳之家的目标；2019 年，伦敦与纽约、东京等 19 座超大城市共同签署《净零碳建筑宣言》，承诺将分别于 2030 年、2050 年实现新建建筑和所有建筑的净零碳排放目标。2021 年

---

① 英国 2019 年可再生能源发电量占比首超化石能源，https://baijiahao.baidu.com/s?id=165458 5644452091100&wfr=spider&for=pc.

发布的《大伦敦规划 2021》中则将建筑减排的措施进一步细化，提出"全生命周期碳评估原则"，要求评估建筑物在涵盖建造、使用、拆除、处置等环节在内的整个生命周期中所产生的碳排放，具体包含提取原材料、制造和运输建筑材料、建设和维护、修理和更换、拆除和处置最终材料等细节；要求新申请的规划项目必须准确计算建筑物全生命周期的碳排放量，评估建筑物对环境的碳影响，并说明减少碳排放量的措施办法。伦敦西南郊区的萨顿镇，是世界上第一个零二氧化碳排放社区——伦敦贝丁顿"零碳社区"所在地，也是英国最大的生态环保社区，利用废弃的火车站和建筑厂房，对钢材、玻璃等建材就地取材，在制造过程中减少了 10% 以上（约 800 吨）的二氧化碳排放量。[①]

## 三、成都的低碳发展面临的瓶颈与挑战

### （一）成都的低碳实践

成都致力于绿色发展、低碳经济，取得了较为明显的成效。成都方案被世界大都市协会评为绿色基础设施"最佳解决方案"，公园城市建设入选全球 28 个基于自然方案应对气候变化典型案例，人均碳排放位列全国十大城市最低。总结成都低碳实践，主要有以下特征。

1. 积极主动作为。积极申报国家低碳试点城市。2016 年 3 月，成都市编制《成都市低碳城市试点实施方案》，申报第三批国家低碳城市试点，并于 2017 年 1 月获批；国家发改委印发的《关于开展第三批国家低碳试点工作的通知》中明确指出，成都的创新重点为实施"碳惠天府"计划、探索碳排放达峰追踪制度[②]，碳排放峰值年为 2025 年前。另外，成都细化顶层设计及完善制度。2021 年国家明确全国碳达峰、碳中和时限，印发《关于完整准确全面贯彻新发展理念做好碳达峰碳中和工作的意见》[③]之后，成都市紧跟国家以及四

① 话说世界系列：绿色标杆 | 伦敦贝丁顿"零碳社区"，https://baijiahao.baidu.com/s?id=1709108975245300548&wfr=spider&for=pc.

② 发展改革委关于开展第三批国家低碳城市试点工作的通知，http://www.gov.cn/xinwen/2017-01/24/content_5162933.htm.

③ 中共中央国务院关于完整准确全面贯彻新发展理念做好碳达峰碳中和工作的意见，http://www.gov.cn/zhengce/2021-10/24/content_5644613.htm.

川省部署，出台《中共成都市委关于以实现碳达峰碳中和目标为引领优化空间产业交通能源结构促进城市绿色低碳发展的决定》①，提出"生态优先、绿色发展；产业支撑、系统推进；两手发力、创新驱动；人本智慧、共建共享"的总体要求，明确提出至2025年非化石能源消费比重提升至50%以上，2030年前实现碳达峰。

2. **创新思路方法**。为倡导低碳生活，成都积极探索新思路新方法，上线"碳惠天府"平台，首创"公众碳减排积分奖励、项目碳减排量开发运营"双路径碳普惠建设思路②，实行低碳积分制，促使市民采用公共交通出行、低碳消费融入日常生活中。定期编制发布《成都市绿色低碳发展报告》《低碳成都100案例》，汇聚地区代表性强、具有典型性和示范性的绿色低碳发展案例，激发各部门各领域推动低碳城市建设新方案、新路径。

3. **打造公园城市**。成都践行森林固碳、全域增绿的理念，"十三五"以来大力推动公园城市建设，数据显示：2016年至2020年，成都市人工造林40.8万亩，森林覆盖率升至40.20%，经测算，2020年全市森林固定205.31万吨二氧化碳，释放氧气达442.38万吨，固碳释氧效益达68.87亿元③；2020年新建绿道720公里，累计建成绿道4408公里，打造"回家的路""上班的路"社区绿道1018条等。

4. **推动生态产业**。近年来，成都推动产业结构向先进制造业、现代服务业转型，构建现代化开放型的高质量产业体系，生态环境产业产值突破1000亿元。大力推动清洁能源建设，完善相应配套基础设施，加速推动重点领域节能降耗，全域"清零"燃煤锅炉，非化石能源消费占比44.2%。积极布局全市新能源产业，印发《成都市氢能产业发展规划（2019—2023年）》、发布《关于促进氢能产业高质量发展的若干意见》，加速推动氢能产业生态圈构建。《成都市绿色低碳发展报告》显示，成都累计推广氢燃料电池车370辆、建成加氢站2座，氢能

---

① 中共成都市委关于以实现碳达峰碳中和目标为引领优化空间产业交通能源结构促进城市绿色低碳发展的决定，http://www.chengdu.gov.cn/chengdu/home/2022-01/15/content_c02adfb84c074624a452e3e578159a0a.shtml.

② 王越.成都的低碳实践[J].今日中国，2021，70(11):24-26.

③ 成都市公园城市建设管理局成都市农林科学院.2020年成都市森林资源与林业生态状况公告[N].成都日报，2021-08-06(009).

主营业务收入突破 100 亿元，位列中国氢能城市竞争力排行榜第四。[①]

**（二）成都低碳发展面临的瓶颈和挑战**

需要承认的是，从碳达峰到碳中和，发达国家一般经历 30 ~ 60 年的过渡期，中国要在短时间之内达到目标，需要在承担减排义务的同时，大力创新替代能源和挖掘高效能的绿色产业发展，需要克服压力和困难。"十三五"以来，成都全面推动低碳转型，如"全城增绿""以电代煤""以气代煤""锅炉清零"等，传统领域减排空间已经不大，低碳发展逐步步入瓶颈期。主要体现在以下几个方面。

1. 能源结构中化石原料占比较高，未来能源消费结构调整依然是重中之重。虽然成都人均碳排放位列北上广深之后，但"十三五"期间成都年度碳排放量增长依旧保持高位，年均增量达 120 万吨。从能源种类来看，虽然煤炭贡献占比逐年下降，但油品碳排放量却逐年上升，占比达 48.3%，究其原因除工业外，主要体现在城市人口增加带来的生活、交通等领域的刚性需求。近年来，航空业、道路运输等高能耗方式在行业内所占比重持续增加，市民小汽车持有量快速增长，带来的油品消耗持续增加。以汽车领域为例，成都的汽车保有量超过 500 万辆，在全国范围内仅次于北京。受困于地理及气候因素，风能及太阳能大规模利用条件受限，也在一定程度上制约了清洁能源占比的上升空间。

2. 低碳领域核心技术支撑不够，需要强化技术创新和产业带动效能。双碳目标的实现离不开低碳技术的支撑，尤其是在传统减排空间已近瓶颈的情况下。建筑、水泥、电力、钢铁、交通以及石油化工六大部门的 62 种关键技术和通用技术，中国未掌握的达 43 种。[②] 近年来，成都的生态产业虽然取得显著成效，但在相关技术研发、产学研一体化方面距离全球乃至国内先进水平还有一定差距。以新能源为例，成都目前正大力推动氢能源开发利用，但氢能的推广涉及生产、储存、运输等诸多环节，如何加快技术研发，实现核心技术平价化和国产化、进一步健全氢能基础设施，降低氢能源使用成本，仍是当下需

---

① [ 资讯 ] 成都市绿色低碳发展报告（2020）出炉，http://www.chengdu.gov.cn/chengdu/smfw/2021-12/21/content_80e84f01734c4e51ab7c1b04b3ec7412.shtml.
② 贾晋 . 中国低碳技术发展的瓶颈与突围 [N]. 成都日报，2021-12-08(006).

要迫切解决的关键问题。[①] 在核心技术转化为产业方面，成都的新能源产业发展需要政策扶持，在人才、资金、技术方面，需要持续性依靠低碳产业发展的专项政策，需要更多的政策福利，另外，针对城乡一体化进程加快带来的新型环境污染，也需要在生态保护、农产品安全保障、水体土壤污染等方面推广更多的技术，保障生态安全。

3. **产业结构需要调整升级。**2019 年成都三次产业结构之比为 3.6∶30.6∶65.8[②]，但工业内部高耗能产业能耗占比却居高不下，以燃料加工业、非金属矿物制品业、化学原料制造业等为主的产业能耗达到工业全部能耗的 78%，2011 年至 2019 年，成都市高耗能产业能源消费在工业能源消费总量中的占比累计提升 8 个百分点，从 70% 跃升至 78%。诸如石油加工业，热力、电力生产供应业等迫切需要更新生产技术、管理模式。[③] 成都经济增长的结构性矛盾需要调整，对标国际大都市发展经验，产业结构需要完善，第三产业发展仍有很大空间，农业优势产业不突出，存在工业高耗能、高污染等问题。

## 四、伦敦经验对成都实现"双碳"目标的启示

对比伦敦与成都的低碳发展空间与实际手段，有一定相似性。其共同点在于对政府作用的依赖和政策导向的价值较为凸显，在政策规划制定、低碳理念倡导方面发挥政府引领作用，鼓励城市推广清洁能源运用、细化绿色城市建设的方方面面；不同点在于，伦敦是发达国家的首都和国际大都市，其碳中和、碳达峰政策是在其高度工业化之后，针对"城市病"痛定思痛后推行的改革，其低碳城市建设属后工业化的低碳发展，而中国是发展中国家，成都要探索的是一条工业化过程中的低碳发展模式，低碳发展必须兼顾经济发展、不能以牺牲经济发展为代价。目前，成都已出台相关规定，"十四五"期间计划以空间、产业、交通、能源四大结构全方位优化调整为重点突破口，推动低碳和绿色转型。进一步推动低碳城市发展，实现碳中和，伦敦还有诸多经验值得

---

① 徐硕，余碧莹. 中国氢能技术发展现状与未来展望 [J]. 北京理工大学学报（社会科学版），2021(6).1-12.

② 熊勇.2019 年成都市国民经济和社会发展统计公报. 成都年鉴，2020，628-633.

③ 于璐，詹蕾. 碳达峰目标下成都市产业发展研究 [J]. 商展经济，2022(3):125-127.

成都借鉴。

一是多措并举，低碳体系建设由政府主导转向多元协同。成都目前的低碳城市发展中，主要是通过政府主导"自上而下"推动，政府作为规划制订者和制度推动者发挥核心作用，民众的积极性通过"碳惠天府"的实施得到一定鼓舞，但民众、企业参与度与伦敦等城市相比还有一定差距。在伦敦的低碳全民共识中，政府更多的是以低碳消费者和政策提供者的身份参与其中，民众、企业乃至院校、科研机构等多元主体共同参与，形成"协同治理体系"，更多体现出的是"自下而上"的特征。成都在接下来的发展中，应通过相应的政策制定和制度倾斜，进一步刺激民众、企业、科研机构的积极性，营造全民参与的低碳发展氛围。

二是科学规划，细化分解节能减排目标。有挑战的目标有助于更好地推动低碳产业发展。综观伦敦经验，不难发现其在制定规划目标、实施措施方面精细化程度相对较高。第十三届全国人大四次会议明确提出 2030 年碳达峰以来，国家全力推动，2022 年政府工作报告再次指出，有序推进碳达峰碳中和工作，应坚持先立后破、通盘谋划，推进能源低碳转型。[1] 应该说，2030 年实现碳达峰对中国的挑战和压力是存在的。作为低碳城市发展相对领先的城市，成都理应做出表率，提前达峰。成都应借鉴伦敦经验，明确碳达峰时间表，根据目前碳排放结构，在设置减排总量目标的前提下，设置中期和长期减排目标，将减排指标任务细化分解到行业、到年份，在兼顾城市发展的同时，在碳达峰全国一盘棋中展现"成都担当"。

三是完善法规标准，在制度引领的基础上加强刚性约束。以伦敦为例，其低碳城市建设规划、主要措施、参与程序、评价标准等都有相应的标准规范，并且通过征收二氧化碳税、建筑"全生命周期碳评估原则"等制度规定对相关行为主体进行约束和激励，调节各行动主体间责任、权利、义务之间的关系，全面发挥法律约束性和政策应变性，建立覆盖面广的监督体系，增强企业民众对低碳行业的投资信心。与之相比，包括成都在内的国内城市，在低碳发展方面相关的法律体系、标准规范体系还不够完善，迫切需要充分借鉴国外成功经验，建立健全城市低碳制度框架体系。

---

① 李克强谈碳达峰碳中和：坚持先立后破通盘谋划，https://baijiahao.baidu.com/s?id=1726434967683217306&wfr=spider&for=pc.

　　**四是推动技术引进攻关，为低碳建设注入科技引擎。** 伦敦在低碳发展方面非常注重技术创新，与之相比，国内在新能源发展利用、低碳节能技术方面相对滞后。在传统节能减排空间已近瓶颈的情况下，成都迫切需要加强制度引领与科研攻关，为推动碳达峰、碳中和提供技术引擎。一是结合成都实际，加大适应自身低碳产业建设规划的相关成熟技术引进和推广运用，抓住成渝地区双城经济圈建设战略机遇，贯彻新发展理念，以公园城市示范区为统领，推动新兴技术项目落地；同时，要兼顾实现农业、水土资源等基础问题的低碳产业发展，借鉴伦敦经验从改善民用高耗能、高污染现象入手，鼓励企业等行为主体加大新能源、能源综合利用、节能减排等相关技术创新投入等。二是鼓励技术研发，避免"产、学、研"脱节，鼓励企业、院校、科研机构等开展相关技术研发，可通过一个大学机构或者科研平台实现全市的资源汇总（此方案可借鉴东京周边的筑波大学整合科学园区资源的经验），完善资金支持，打造研发、试用、推广相应配套支撑体系，提供技术转化实践项目。三是扶持高新技术产业、现代服务业等相关产业发展，注重对低碳绿色产业和资源深加工产业的支持，鼓励其通过高新技术延伸产业链，在推动低碳发展的同时，兼顾经济增长与社会发展。

## 【参考文献】

［1］成都市人民政府，《成都市绿色低碳发展报告（2020）》，2020 年。

［2］London Environment Strategy，Greater London Authority，August 2017.

［3］The London Plan,Greater London Authority,March 2021.

# 纽约都市圈建设及对成都都市圈建设的启示

武香君*

【摘要】纽约都市圈历经超过半个世纪的发展，形成了包括纽约州、新泽西州、康涅狄格州和宾夕法尼亚州部分地区在内、城市区域面积达到 12093 平方公里的都市圈。纽约都市圈作为全球最负盛名的都市圈之一，综合实力极强，在其建设和发展历程中，始终将纽约市作为核心，结合周边地区的资源禀赋，采取既因地制宜又紧跟时代发展大势的协同发展战略，打造高度立体化的交通网络连接都市圈内外，并重视科技的全方位引领作用，持续提升纽约都市圈的科技竞争力，使纽约都市圈发展动力强劲。纽约都市圈的建设经验主要给成都都市圈建设带来以下启示：一是发挥好成都的"极核"作用，并以区域比较优势助力都市圈协同发展；二是结合地区出行偏好打造更适配都市圈建设与发展的交通系统；三是全方位形成优越的科技发展生态，为成都都市圈发展提供高质量支持。

【关键词】纽约都市圈；成都都市圈；成德眉资；科技生态

作为全球最负盛名的都市圈——纽约都市圈（New York metropolitan area）包括纽约州、新泽西州、康涅狄格州和宾夕法尼亚州部分地区在内的共 31 个郡①，是美国东海岸实力最为强劲的都市带。其发展过程中的诸多经验能够给成都都市圈建设带来有益启示。

---

* 武香君，北京市社会科学院国际问题研究所博士后、助理研究员、博士。

① 美国行政管理与预算局（US Office of Management and Budget）对都市圈的划分与统计标准有两套，按照"都市统计区"（Metropolitan Statistical Area，MSA）标准，纽约都市圈包括纽约州、新泽西州和宾夕法尼亚州的 23 个郡；按照"联合统计区"（Combined Statistical Area, CSA）标准，纽约都市圈则额外增加 8 个郡，包括康涅狄格州的 3 个郡。本文探讨的"纽约都市圈"是 CSA 标准下范围更大的纽约都市圈。

## 一、纽约都市圈的构成与发展

纽约都市圈的全部城市区域面积达到 12093 平方公里，是世界上面积最大、人口密度最高的都市圈，基本达到每 15 个美国人中，就有 1 人居住于该区域[①]，根据美国统计局（US Census Bureau）2019 年的人口预测，纽约都市圈人口总量接近 2259 万。[②] 该都市圈基本被划分为七个次区域（subregions）：纽约；长岛中部和东部；北新泽西；中新泽西；哈得孙河谷（Hudson Valley）；西康涅狄格；波科诺斯南部和东部（Southern and Eastern Poconos）。

在上述七个次区域中，纽约无疑是核心区域。在 17 世纪初，荷兰殖民者将这里命名为"新阿姆斯特丹"；1664 年被英国殖民者占领后，当时的英国国王查尔斯二世将这里赐给其兄长约克公爵（Duke of York），后来被重新命名为"纽约"（New York）。从 1758 年开始，纽约一直是美国的首都，直到 1790 年美国迁都至费城；到 1898 年，布鲁克林区、皇后区、曼哈顿区、布朗克斯区和斯塔顿岛（Staten Island）五个区正式组成了纽约市，这一区划一直延续至今。纽约是美国人口密度最高的大城市，其在商业、金融、科研、教育、艺术等领域的实力和影响力使其成为全球最负盛名的大城市，一直在全球化与世界城市研究网络（GaWC）的《世界城市名册》排名中位列"Alpha++ 城市"，综合实力极强，国际化程度极高，具有非凡的国际影响力。以纽约为核心，在其影响力辐射之下，周边的新泽西州一直与其保持协同发展之势。美国统计局最早在 1950 年开始划分都市区域，称为"标准都市区域"（Standard Metropolitan Areas, SMAs），在这一最早的划分版本中，"纽约 – 东北部新泽西都市区"（New York– Northeastern New Jersey metropolitan area）包括了纽约州和新泽西州的 17 个郡，主要是纽约市 5 个区和 4 个纽约州的郡以及新泽西州的 8 个郡。之后，基本每 10 年左右，美国统计局都对美国的都市区划分进行一定的调整，在

---

① 此处的"城市区域面积"仅指已经实现城市化的区域面积，小于纽约都市圈指涉范围的实际地理面积。数据来源于 *Demographia World Urban Areas 17th* Annual Edition:2021.06, http://www.demographia.com/db–worldua.pdf, p.40.

② "Annual Estimates of the Resident Population for Counties in the United States: April 1, 2010 to July 1, 2019", United States Census Bureau, Population Division. April 2020. Retrieved April 9, 2020.

2018 年将新泽西州和宾夕法尼亚州的 3 个郡移出纽约都市圈之后，形成了现在的以纽约市为核心、包括纽约州—新泽西州—康涅狄格州—宾夕法尼亚州共 31 个郡在内的都市圈。

在纽约都市圈的 7 个次区域中，纽约以无可比拟的综合实力位居核心，长岛则是美国人口密度最高的岛，有丰富的娱乐休闲资源和全美最富裕的社区。哈得孙河谷自然条件优越，一度以农业种植与生产为主，至今其畜牧业依然占主导，也是美国著名的葡萄酒产地，在 20 世纪末，哈得孙河谷的阿尔巴尼地区开始引入高科技产业，意欲增强纽约都市圈在高科技领域与硅谷和波士顿的竞争力。近年来在州政府大力的财税政策支持下，该地区在计算机硬件、纳米技术、数字电子元件设计等方面发展迅速，并有 IBM 沃特森研究中心（IBM Watson Research Center）这类高端科技研究中心入驻，科技实力强劲。北新泽西地区包括了新泽西州最大的四座城市——纽瓦克、泽西城、帕特森市和伊丽莎白市。北新泽西有非常发达和便捷的公共轨道交通系统，并且有纽约都市圈第二繁忙的纽瓦克自由国际机场（Newark Liberty International Airport）。中新泽西地区有新泽西州首府特伦顿市，是纽约都市圈里唯一的首府城市；著名的普林斯顿大学也在中新泽西州的普林斯顿市。西康涅狄格地区包括费尔菲尔德郡、纽黑文郡和利奇菲尔德郡，在费尔菲尔德郡有非常多大型企业，是全美著名的富裕地区；纽黑文郡则有著名的耶鲁大学。波科诺斯南部和东部地区属于宾夕法尼亚州，主要是指派克郡，该郡是宾夕法尼亚州发展速度最快的郡。

## 二、纽约都市圈的建设与发展经验

从 20 世纪 50 年代开始的纽约都市圈建设，始终重视纽约这一世界级大城市的巨大能量，以其为核心，结合周边地区的资源禀赋，采取既因地制宜又紧跟时代发展大势的协同发展战略，逐步成为美国东海岸综合实力极为强劲的都市圈，与伦敦、东京、巴黎等世界著名都市圈齐名。其建设与发展实践形成了一系列值得参考和借鉴的经验。

### （一）以纽约为核心，利用其强大的辐射能力带动区域发展

纽约市是全美经济最发达的城市，也是美国金融工业的中心，拥有全世

界最大的证券交易所——纳斯达克和纽约证券交易所。是众多世界 500 强企业的总部所在地，是名副其实的世界金融中心。美国咨询公司"全球 RCG"（Global RCG）发布的"城市经济实力指数"（Economic Power Index by City）2021 年榜单显示或指出，纽约都市圈排名全球第一。[①] 不仅经济实力强，纽约还是联合国总部所在地，虽然不是首都，但是外事外交活动频繁，聚集了大量的高端国际政治元素；并且拥有丰富的文旅资源，在新闻传媒、高等教育、时尚等领域都极具竞争力。科尔尼（Kearney）每年发布的"全球城市指数"（Global Cities Index, GCI），根据城市的商业活动、人力资本、信息交换、文化体验和政治参与五个维度的表现，对全球城市进行排名，纽约从 2017 年开始一直排名第一，城市的综合实力毋庸置疑（见表 1）。

纽约市凭借自身在经济、金融、贸易、科技等关键领域的突出优势和拥有的众多国际高端元素以及极强的国际交往能力，辐射都市圈内各个次地区，形成差异互补、协同发展的局面。和纽约市紧邻的北新泽西地区，通过便利的公共交通系统与纽约实现极为便利的联结，每日有大量通勤人员通过轨道交通系统往返纽约与新泽西；位于此处的纽瓦克自由国际机场是纽约国际人员往来的重要枢纽。北新泽西地区既疏解了纽约高密度的人口压力，也提升了纽约的国际交往能力，同时也为自身的房地产等相关行业带来巨大市场。在 20 世纪 60 年代末和 70 年代初，曼哈顿的许多企业开始将总部移到康涅狄格州西南部的费尔菲尔德郡，此后，费尔菲尔德郡逐步发展为大型企业的聚集地，仅次于纽约和芝加哥；并且随着投资管理公司在这里的聚集，费尔菲尔德郡成为避险基金聚集区，全球最大的避险基金公司之一——布里奇沃特联合公司（Bridgewater Associates）就位于此。依托纽约的经济和金融辐射，费尔菲尔德郡的经济实力增长迅速，是著名的富人聚集地，纽约都市圈有全美 10 个顶级富裕社区中的 5 个，其中的旧格林威治（Old Greenwich）和达恩（Darien）就在费尔菲尔德郡。

---

① "RCG Global Economic Power Index by City 2021", Global RCG, https://globalrcg.com/economic-power-index-2021/.

表 1　科尔尼全球城市指数排名（2016—2021 年）

| 城市 | 2021 年排名 | 2020 年排名 | 2019 年排名 | 2018 年排名 | 2017 年排名 | 2016 年排名 |
|------|------|------|------|------|------|------|
| 纽约 | 1 | 1 | 1 | 1 | 1 | 2 |
| 伦敦 | 2 | 2 | 2 | 2 | 2 | 1 |
| 巴黎 | 3 | 3 | 3 | 3 | 3 | 3 |
| 东京 | 4 | 4 | 4 | 4 | 4 | 4 |
| 洛杉矶 | 5 | 7 | 7 | 6 | 8 | 6 |
| 北京 | 6 | 5 | 9 | 9 | 9 | 9 |
| 香港 | 7 | 6 | 5 | 5 | 5 | 5 |
| 芝加哥 | 8 | 8 | 8 | 8 | 7 | 7 |
| 新加坡 | 9 | 9 | 6 | 7 | 6 | 8 |
| 上海 | 10 | 12 | 19 | 19 | 19 | 20 |
| 旧金山 | 11 | 13 | 22 | 20 | 23 | 23 |
| 墨尔本 | 12 | 18 | 16 | 17 | 15 | 15 |
| 柏林 | 13 | 15 | 14 | 16 | 14 | 16 |
| 华盛顿特区 | 14 | 10 | 10 | 11 | 10 | 10 |
| 悉尼 | 15 | 11 | 11 | 15 | 17 | 14 |

资料来源：Kearney, "Global Cities: Divergent Prospects and New Imperatives in the Global Recovery-2021 Global Cities Report",https://www.kearney.com/global-cities/2021.

## （二）以多样的交通网络全方位连接都市圈

在都市圈的建设与发展中，便捷、通达性强的交通系统至关重要。纽约都市圈作为全球顶级都市圈，各个区域内的经济联系极为紧密，人员流动频繁，包括高速公路、高速城际公共交通、水运以及空运在内的立体复合式交通网络，高效连接起纽约都市圈的各个区域，不仅满足了纽约都市圈快速、多样的发展需求，也再度促进都市圈内各类生产要素和非生产要素的流动，为纽约都市圈保持强劲的发展势头提供了非常重要的助力。

美国人均汽车保有量居于世界前列，并且公路货运方式在美国非常普遍，所以在纽约都市圈有发达的高速公路网络。纽约都市圈区域内有州际公路（Interstates）16 条，国道（US Routes）12 条，州道（State Routes）21 条；另外还有非常多的专用道、桥梁和隧道将这些高速公路进行了连接，构成了纽约都市圈四通八达的高速公路网络，服务纽约都市圈的人员流动和繁忙的货物运输，为区域内生产、贸易、消费等经济生产和生活环节提供重要支持。

在纽约都市圈中，除了高速公路网络外，公共交通系统也极为重要，纽约都市圈的公共交通系统主要以轨道交通为主，通勤巴士为辅。纽约都市圈人口密度位居全美之最，每天有大量的人流借助公共轨道交通往返穿梭于此，这里是美国私家车通勤率最低的区域，全美三分之二的轨道交通使用者都位于纽约都市圈。纽约都市圈的公共轨道交通系统主要由三个部分组成。第一，纽约市地铁。纽约市地铁历史悠久，在1904年10月就开始运行，共有472个站点，总长度达到1370公里，通达纽约市的曼哈顿、皇后区、布鲁克林和布朗克斯区，是全世界少有的全天24小时运行的地铁。第二，连接纽约与新泽西州的PATH（Port Authority Trans-Hudson）。这是纽约市与新泽西州之间的快速轨道交通，通达新泽西州的纽瓦克、哈里森、霍博肯和泽西城，即北新泽西地区，方便居住在新泽西的居民快速便捷地实现往返纽约。PATH同样全天24小时运行，全年无休。第三，通勤轨道列车。这类轨道交通主要有三条线路——长岛铁路（the Long Island Rail Road），新泽西运输铁路（New Jersey Transit），北部铁路（Metro-North Rail Road），这三条线路进一步连接纽约都市圈的长岛、新泽西北部地区，并且和PATH站点有重合，方便乘客换乘PATH，而且实现与美国铁路公司（Amtrak）的部分线路、站点连通，便利乘客利用Amtrak的列车到达纽约都市圈内的费尔菲尔德郡、纽黑文郡等。纽约都市圈还有多家公司提供的通勤巴士服务，站点分布在纽约的曼哈顿、新泽西和康涅狄格，并且这些站点大多数都设在地铁终点站或者铁路站点，与都市圈内的轨道交通实现连通。

在水运方面，纽约都市圈有纽约和新泽西港区（Port of New York and New Jersey），是以自由女神像为中心的方圆半径约40公里的港区，包括纽约辖区内的引水区和新泽西北部的门户区域。港口的商业贸易功能近年有所衰减，目前主要是旅游观光和通勤港口，主要由私营公司提供渡轮服务，便利乘客在曼哈顿、斯塔顿岛等纽约都市圈内来往和观光。

作为国际交往能力非常突出的纽约都市圈，其空域繁忙程度在全美名列前茅，都市圈内有三座客运量极大的机场：位于纽约的肯尼迪国际机场和拉瓜迪机场、位于新泽西的纽瓦克自由国际机场，基本可以称为"一市三场"。不仅如此，在纽约都市圈还有另外5个规模较小的机场（见表2），进一步增强了都市圈内的航空通达便利性，为都市圈内繁忙的日常商业活动提供极大的便利。

**表2　纽约都市圈机场**

| 机场名称 | 所在郡 | 所在州 |
|---|---|---|
| 约翰·F.肯尼迪国际机场 | 皇后区 | 纽约 |
| 纽瓦克自由国际机场 | 埃塞克斯/联合郡 | 新泽西 |
| 拉瓜迪机场 | 皇后区 | 纽约 |
| 长岛麦克阿瑟机场 | 萨福克郡 | 纽约 |
| 斯图尔特国际机场 | 橙郡 | 纽约 |
| 韦斯切斯特郡机场 | 韦斯切斯特郡 | 纽约 |
| 特伦顿-梅瑟机场 | 梅瑟郡 | 新泽西 |
| 特威德纽黑文地区机场 | 纽黑文 | 康涅狄格 |

### （三）注重科技的作用，增强都市圈科技竞争力

以纽约市为核心的纽约都市圈常年在各大全球城市排行榜单中居于顶尖位置，其成为全球城市的标杆，不仅凭借强劲的经济实力，在其发展过程中，一直非常重视科技的作用，并以多种方式保持并强化都市圈的科技竞争力。

在20世纪90年代中期，纽约市的曼哈顿开始形成一片叫作"硅巷"（Silicon Alley）的高科技公司聚集地，其名称与加州著名的"硅谷"相似。在其早期发展过程中，紧邻哥伦比亚大学和纽约大学的地理位置给其带来极大的助益。这里是互联网科技、金融科技、新媒体、数字媒体、游戏设计、软件开发以及生物科技等聚集地。在纽约都市圈中，位于哈得孙河谷地区的"技术谷"（Tech Valley）同样也是20世纪90年代中后期发展起来的高科技产业聚集区。这一区域高科技产业的发展主要也是借助技术型学术机构的支持，比如，伦斯勒理工学院（Rensselaer Polytechnic Institute），纽约州立理工学院（the State University of New York Polytechnic Institute）等。在政府的财税政策大力支持下，"技术谷"逐渐成为计算机硬件、纳米技术、数字电子元件设计、集成电路制造等科技产业区。在2021年4月，还凭借先进的半导体芯片制造工业将原本设在加州硅谷的半导体企业"全球铸造"（Global Foundries）吸引至此。

纽约都市圈的高科技产业聚集区在高校的支持下，发展势头强劲，是纽约都市圈经济增长最为迅速的领域，科技对经济发展的促进作用非常明显。纽

约都市圈建设与发展中，对科技的重视还体现在有非常优越的科技发展生态，对新兴科技公司的支持让纽约都市圈成为全球知名的创新创业区，对新科技、新业态有着强大的吸引力。纽约有超过 9000 家新兴科技企业，这些企业的总价值预估为 1470 亿美元，是 2020 年全球新兴科技企业预估总价值第二高。在纽约有超过 100 处新型企业孵化基地，给新兴企业的成长提供全方位支持。在纽约的科技发展中，一直都能看到纽约都市圈高校的支持作用，纽约对于教育科技（EDTECH）的投入也极大。纽约市有全美最多的教育科技企业，对教育科技的资助也位列全美第一。[1] 所以，纽约都市圈对于科技的重视不仅体现在重点发展高科技产业聚集区，而且在新兴企业的培育和支持领域也进行大力支持和投资，更对教育科技发展给予重要支持，从源源不断的科技创新角度提升都市圈的科技竞争力，也为都市圈的经济发展带来不竭动力。

## 三、纽约都市圈的发展经验对成都都市圈建设的启示

纽约都市圈能够成为全世界顶级都市圈，既有得天独厚的区位优势，也离不开精心的规划与设计，从都市圈的构成、次区域发展规划、都市圈联通到对科技的重视，使得纽约都市圈在较长时间内保持良好的发展势头，成为世界其他都市圈建设的重要参考。《成都都市圈发展规划》在 2021 年 11 月获得国家发改委正式批复，成为继南京都市圈、福州都市圈后，国家层面批复的第三个都市圈发展规划，也是中西部唯一一个。纽约都市圈的建设与发展实践能够给刚起步的成都都市圈建设带来一些可鉴经验与启示。

### （一）突出核心城市作用，以区域比较优势助力都市圈协同发展

纽约都市圈中的纽约市以自身在经济、金融、科技、文化等领域的绝对优势和极强的国际交往能力，为周边区域发展带来诸多机遇，在纽约市各项优势的辐射下，周边地区结合自身自然禀赋与传统产业结构，调整自身发展路径，有些成为纽约优势产业向外扩散的承接地；有些凭借紧邻纽约的区位成为纽约"腹地"，是纽约市的直接功能延伸区；还有区域则在功能上实现对纽约

---

[1] "NYC Tech Ecosystem Overview", tech: nyc, https://www.technyc.org/nyc-tech-snapshot.

的补充和增强，每一个区域都享受纽约市带来的发展红利，也对纽约市的发展提供差异化的助力，以较为科学合理的协同发展共同打造了纽约都市圈这一世界顶级都市圈。

成都都市圈以成都市为中心，包括周边的德阳市、眉山市与资阳市，整体规划范围包括成都、德阳、眉山和资阳全域的区县。在这一规划范围内，成都是毋庸置疑的中心，发挥重要的核心作用。成都已经是超大城市，是西南地区第一个、全国第三个拥有双国际机场的城市，其科技发展能力突出，国际交往能力显著提升，所以在都市圈建设中，发挥好成都全方位的引领作用至关重要。把成都在各方面取得的积累优势充分辐射德眉资地区，带动德眉资地区新一轮发展。根据德眉资地区的比较优势，结合成都的各项优势，发展好重大装备、汽车制造、电子信息等实力强劲的既有产业，继续完善文体旅游、商业贸易等优势产业，进一步推进数字经济等新产业的发展，打造更加全面的都市圈产业结构。同时，成都作为都市圈的核心，在向德眉资地区疏解相关功能之时，也为德眉资发展提供了新的机遇，德眉资三地可以结合地区实际，有侧重地抓住成都功能疏解以及优势产业布局调整的契机，对自身地区发展进行精细规划，增强成都都市圈的协同联动程度，从更深层次实现都市圈的联结，以每个区域的充分发展促进整个都市圈的优质发展，发挥出都市圈建设独有的优势，实现都市圈核心城市与"圈内"城市相辅相成、互为助益的良性发展局面。

## （二）结合地区出行偏好打造互补、立体的现代都市圈交通系统

每一个都市圈的形成与发展都离不开完备、适配自身发展需求的交通系统。纽约都市圈在长期的发展历程中，逐步建立起符合自身经济发展特点、基本满足都市圈民众出行需求且符合居民出行偏好的立体交通网络；在地面交通方面，实现各种类型轨道交通的融合以及轨道交通与公路交通的连通，辅以水上交通，使得都市圈不仅内部通达性极好，而且与都市圈外部的连接也非常便捷。纽约都市圈聚集了非常多高端国际经济、政治要素，加之纽约都市圈本身具有很高的国际化程度和国际交往能力，因而纽约都市圈的空中交通系统建设也非常完备，以三个大型国际机场服务都市圈的发展需求，另外在都市圈内还有5个机场，满足都市圈内的商务活动和人员流动需求，也符合美国民众以航空方式进行国内中远距离出行的偏好。所以纽约都市圈主要以发达的地面交通

和空中交通构成高度立体化的都市圈交通系统，实现都市圈内外的快速通达；并且用多种轨道交通进行互补，尽最大可能缓解纽约都市圈核心区域的路面交通拥堵，也逐渐塑造了地区内民众出行偏好，使纽约都市圈成为全美轨道交通使用率最高的区域。

在成都都市圈的建设中，构建都市圈内立体的交通系统也是重点。在《成都都市圈发展规划》中，提出了"四网融合"，即实现城市轨道交通与区域轨道交通的衔接；以"两统"推动都市圈统一高效的骨干通道网络建设，打通"断头路"；继续完善"两场一体"的运营，既要巩固成都的国际航空枢纽地位，更要实现机场与铁路、公路等地面交通系统的互通，打造互补、联通与立体化的现代都市圈交通体系。在实施这一规划的过程中，要结合成都都市圈的经济发展需求建设起区域内通达性好、与区域外亦能实现便捷互联互通的交通系统，同时要根据都市圈内民众的出行偏好，对都市圈的交通体系进行精细化的规划与设计，使得成都都市圈未来的交通体系能够更好地适应同城化发展需求。发达、便捷、设计精良的公共轨道交通系统能够在实际的运营过程中，对民众的出行偏好进行塑造，结合推行的绿色出行积分等激励措施，实现对居民出行偏好的改变，让绿色出行真正得到推广，使得都市圈交通体系的建设在服务经济社会建设、密切产业协作等功能之外，还能从更深层面助力成都都市圈茂林修竹、美田弥望的大美城市形态建设，实现都市圈规划建设等多个目标的联动，促进成都都市圈建设的加速提质。

### （三）形成良好的科技发展生态，为都市圈发展提供有力支持

纽约都市圈内存在多个高科技产业聚集区，有哥伦比亚大学、耶鲁大学、普林斯顿大学等世界顶尖大学，并且为新兴科技企业提供了非常优越的发展条件，创业环境好，创新氛围浓厚；对教育科技发展极为重视，教育科技的成果应用几乎涵盖基础教育到高等教育的各个层面，从科技发展的各个维度营造起优越的科技发展生态环境，使得纽约都市圈的科技实力不容小觑，对都市圈的经济发展引领作用非常明显。

成都都市圈同样将科技创新发展摆在重要地位，致力于发挥科技创新对高质量发展的支撑引领作用，通过高水平建设综合科学中心、西部（成都）科学城"一核四区"建设，以及多个国家大科学装置、科技创新中心和实验室

建设等，不断提升成都都市圈的科技实力与竞争力；借助都市圈内高校科研资源，开展"校企双进"活动，提升科技成果转化能力，同时以各类政策支持企业的创新主体地位和对优秀创新人才的吸引。在开展以上举措的同时，要注意各类助力科技发展与创新措施之间的统筹，以打造出科技产业集聚、前沿科技引领、创新人才众多、新兴科创企业蓬勃的优越科技发展生态环境，为创新人才、新兴科创企业提供需要的成长和发展条件，从科技创新能力培养、科技发展硬件完善、科技成果转化等各个层面加强建设，以良好科技发展生态的营造保障成都都市圈科技创新能力的持续涌流，让科技引领发展之势锐不可当，将成都都市圈业已具备的经济发展优势和区域创新优势进一步扩大，更快更好地建设成具有全国影响力的现代化都市圈，为成渝地区双城经济圈建设提供强大动力和坚实支撑。

## 【参考文献】

［1］陆颖.世界级都市圈区域市场一体化发展态势研究［J］.竞争情报，2021(9)。

［2］任博.纽约都市圈协同发展的经验及启示［J］.北京金融评论，2018(4)。

# 加利福尼亚州可再生能源配额制及其经验借鉴

黄建峰*

【摘要】加利福尼亚州通过能源委员会、公用事业委员会等管理机构，加快可再生能源市场供应与消费占比。加州通过可再生能源配额制，可再生能源证书（REC）市场交易制度，保证可再生能源配置额在电力供应中的比重，推动了加州向零碳排放目标迈进。成都作为国家低碳试点城市，为实现碳达峰、碳中和，可借鉴加利福尼亚州可再生能源配额制，推动低碳发展。

【关键词】可再生能源；配额制；碳达峰；碳中和

为实现经济社会的绿色、可持续发展，世界各国都开始寻找新的替代能源，摆脱对煤炭、石油等化石能源的依赖。截至 2021 年年底，全球已有 173 个国家制定了可再生能源发展目标，145 个国家出台了支持政策。[①] 2020 年，全球约有 260 个城市制定了新可再生能源目标或通过了与之相关的新政策。这意味着全球范围内将有超过 870 个城市已开始推进新的能源革命。美国加利福尼亚州可再生能源配额制，对推动成都可再生能源配额制具有一定借鉴意义。

## 一、加利福尼亚州可再生能源利用

首先，明确可再生能源管理机构。加利福尼亚州已经明确了在 2045 年前达到 100% 零碳能源规划目标，要求其不断加大对可再生能源的开发利用。加州电力系统正不断向以太阳能、风能和地热能等清洁能源的系统过渡，加州的清洁能源计划受到全世界的关注。加利福尼亚州能源委员会 (CEC) 在加州可再

---

* 黄建峰，天津电子信息职业技术学院助教。

① 资料来源：REN21 政策数据库；见 GSR 2021 数据包，www.ren21.net/gsr-2021。

生能源的开发和运用上起到了枢纽作用。通过加州能源委员会，在开发可再生能源、改造交通、提高能源效率、投资能源创新、推进州能源政策实施以及应对能源紧急情况等方面，不断推动该州实现 100% 清洁能源的目标。能源委员会联手加利福尼亚州公用事业委员会 (CPUC)，联合管理加州里程碑式的可再生能源配额标准（RPS），为可再生能源的开发提供资金和计划支持，并且跟踪加州朝着其可再生目标努力的进展情况。同时加州独立系统运营商（ISO）、加州空气资源委员会（CARB）等机构参与可再生能源的开发利用与监测，确保加州人获得安全可靠的可再生能源基础设施和服务。

其次，加快能源供应和存储项目建设。面对气候危机加剧带来的不确定性，为了保证可再生能源在使用过程中的可靠性，加利福尼亚州增加了可再生能源机构之间的协调，密切监测电网上的需求变化和压力源，并采取积极措施，应对可能的极端情况。极端天气带来的灾难性野火威胁电力基础设施，极端高温事件带来电力需求猛增给能源输送带来压力等，这些都对建立充足安全可靠的绿色可再生能源供给提出迫切要求。为应对可再生能源在发电和供应上面临的挑战，加快实现 100% 清洁能源的目标。加利福尼亚州增加了其能源机构之间的协调，密切监测电网上的需求和压力源。在州长的带领下，CEC、ISO 和 CPUC 采取行动，制订应急方案，以应对极端情况下的能源短缺。

最后，推动可再生能源市场扩展。加利福尼亚州积极推动可再生能源市场建设，已成为全球太阳能、风能及其他可再生能源项目发展的最大市场，通过在生产端、客户端以及对开发利用可再生能源的追踪，不断完善可再生能源的生产与消费。加大在太阳能、地热能等领域的可再生能源开发与利用。

加州车辆和交通是产生碳排放的主要构成部分，是加州温室气体排放的最大来源，对加州控制温室气体排放产生负面影响。自 1975 年以来，加州不断探索可代替、低碳、可再生燃料在交通运输领域的应用。加州能源委员会通过确保石油燃料和能源的供应、生产、分配，保证在价格稳定的前提下，寻求安全、可靠的新能源汽车项目，并推动新能源交通基础设施建设，加大对电动汽车、插电式混合动力电动汽车和燃料电池电动汽车的投入，推动氢气作为能源在交通运输领域的应用。CEC 将在未来三年内投资 14 亿美元，加速该州的零排放汽车基础设施建设，到 2035 年逐步停止出售汽油动力乘用车。

加州居民建筑是仅次于交通的第二大碳排放来源，主要是天然气供暖和烹饪等。为实现 2050 年的气候目标，能源委员会正在寻找脱碳新建筑和在现有建筑内使用可再生能源。通过与建筑开发商合作，推动太阳能家建设，在新开发的建筑物表面安装太阳能系统，使建筑物能够通过太阳能板发电，实现建筑物能源的自给自足。能源委员会积极推动太阳能家建设，并为建筑开发商提供财政奖励和其他支出，鼓励建筑开发商参与加利福尼亚州太阳能倡议。目前，加州全州即将有一百万个屋顶太阳能系统。

在农业领域推广可再生能源设施。能源委员会的农业可再生能源计划为农业经营单位提供高达 1000 万美元的拨款，用于就地安装可再生能源生产使用等装备，降低农业可再生能源建设成本，减少温室气体排放。加州开始增加在地热能领域的投资，加州能源委员会积极为地热开发与推广进行拨款和贷款，每年提供 7800 万美元资金支持地热能源资源推广。

此外，能源委员会定期更新可再生能源进展情况，帮助消费者了解可再生能源使用信息，帮助消费者树立信心。

## 二、加利福尼亚州可再生能源配额制

新冠肺炎疫情发生后，可再生能源更是各国的重点投资领域。目前国际上成功的经验就是配额制，即消费者每年必须消费一定额度的绿色电力，未能完成的必须向国家支付一定费用。该制度的核心是政府制定强制的可再生能源配额目标，并依赖市场机制降低开发成本，形成可再生能源的高效发展模式，从而改善能源结构和保护环境。目前已经实行配额制的国家有美国、英国、意大利、荷兰、瑞典、澳大利亚、日本、印度等 25 个国家。

加利福尼亚州可再生能源配额制（RPS）实施较早，2002 年加州就承诺，在 2017 年之前购买 20% 的可再生能源，由于在计划日期之前，已经完成该目标，因此加州重新制订计划，要求在 2030 年之前完成购买 60% 的可再生能源，并计划在 2045 年前达到 100% 使用可再生能源的计划。

加利福尼亚州规定可再生能源配额制由州能源委员会和公用事业委员会共同执行和管理，独立系统运营商（ISO）、加州空气资源委员会（CARB）等参与其中。加州公用事业委员会实施和管理加州电力零售卖家的可再生能源配额制合规准则，其中包括大型和小型投资者拥有的公用事业公司（IOUs）、电力服务供应商①（ESPs）和社区选择集合商②（CCAs）。加州能源委员会（CEC）负责认证发电设施为合格的可再生能源资源，并通过法规来执行公有的公用事业公司（IOUs）的可再生能源配置额（RPS）采购要求。③独立系统运营商(ISO)负责管理电力流动为加利福尼亚州 80% 的地区提供服务，加州空气资源委员会 (CARB) 负责监督加州的空气污染控制工作。为保证完成 2030 年目标，加州还明确，将通过公用事业委员会设立具体的惩罚标准，对没有完成 60% 目标的运营商进行处罚。

加州的配额制目前采用比率目标，预计在 2020 年年末达到 33%。美国加州以 2001 年配额比例为基准，以每年递增 1% 的方式确定总量目标，电力企业采用"存量 + 增量"方式承担不同配额指标。此外，加州通过可再生能源证书④（REC）市场交易制度，保证可再生能源配置额电力供应。证书一般由发证机关按照每发电 1MWh 为单位进行发放，不同类型的可再生能源可能会有差异。可再生能源证书的出售方一般为清洁电力生产商，证书的主要采购方为电力服务供应商或销售商。最后，加州还配置一定力度的惩罚措施，以保障制度有效执行，目前规定的罚金标准为 5 美元 /MWh（约合人民币 33.94 元 /MWh）。

截至 2021 年 11 月，加州的配额制方案也遇到了如下挑战：电力服务供应商和社区选择集合商风险评估不足，导致加州公用事业委员会对零售卖家履行可再生能源配置额义务的调控能力受限；采购计划的演变；零售商商业计划与国家目标不一致；生物能源供应链能力不足、运输距离长、运输成本高等一些问题。⑤

---

① 电力服务供应商：英文全称为 Electric Service Providers，即非监管的电力公司以外的服务商。加利福尼亚州目前在直接接入项目中广泛采用这种模式以实现电力零售。
② 社区选择集合商：向其社区提供价格具有竞争力的清洁能源选择，同时将收入重新投资到本地和全州的项目和计划中，以保证可持续性，并改善其当地经济。加利福尼亚州有 23 个社区选择集合商，为超过 1000 万个客户提供服务。
③ 资料来源：美国加利福尼亚州官网，https://www.cpuc.ca.gov/rps/。
④ 可再生能源证书：英文全称为 Renewable Energy Certificates，是在市场上可以进行交易的可再生能源电力证明，也被称作绿色证书、绿色标签、可交易再生证书。
⑤ 资料来源：加州可再生能源配额制 2021 年年度报告，https://www.cpuc.ca.gov/-/media/cpuc-website/industries-and-topics/documents/energy/rps/cpuc-2021-rps-annual-report-to-legislature.pdf。

## 三、加州配额制对成都的启示

实现碳达峰、碳中和是国际社会的共识，中国已全面确立了在2030年前实现碳达峰，在2060年前实现碳中和的目标。成都作为国家批准的低碳试点城市，面临实现碳达峰、碳中和的压力。通过对加利福尼亚州可再生能源配额制的研究，加州的配额制方案和配套措施具有很好的借鉴意义。2019年5月10日，国家发展和改革委员会、国家能源局印发《关于建立健全可再生能源电力消纳保障机制的通知》，正式提出建立可再生能源电力消纳保障机制（可再生能源配额制）。成都为更好地实现碳达峰、碳中和，可借鉴加州可再生能源配额制方案。

首先，加快能源结构调整，加强供给侧可再生能源配额。按照国际惯例，可再生能源分为太阳能、风能、地热能、水能和生物质能五大类。其分布如表1所示，截至2021年年底，中国可再生能源总量为908吉瓦，位居世界第一。美国、巴西、印度、德国和加拿大紧随其后（官网表格中未罗列巴西、加拿大相关数据）。[①]

**表1 截至2021年年底全球可再生能源量**

| 可再生能源 | 世界总量 | 中国 | 美国 | 印度 | 德国 | 日本 | 英国 |
|---|---|---|---|---|---|---|---|
| 生物质能 | 145 | 26.7 | 13.6 | 9.9 | 10.4 | 5 | 8 |
| 地热能 | 14.1 | ~0 | 2.6 | 0 | ~0 | 0.6 | 0 |
| 水能 | 1170 | 339 | 80 | 46 | 5.6 | 22 | 1.9 |
| 海洋能源 | 0.5 | 0 | 0 | 0 | 0 | 0 | ~0 |
| 太阳能 | 760 | 253 | 97 | 47 | 54 | 71 | 13.8 |
| 聚光太阳能 | 6.2 | 0.5 | 1.7 | 0.2 | 0 | 0 | 0 |
| 风能 | 743 | 288 | 122 | 39 | 63 | 4.4 | 24 |
| 可再生能源总量 | 2838 | 908 | 317 | 142 | 133 | 103 | 48 |
| 可再生能源总量（不含水能） | 1668 | 568 | 237 | 96 | 127 | 81 | 46 |
| 人均发电能力（不含水能） | 0.2 | 0.4 | 0.7 | 0.1 | 1.5 | 0.6 | 0.7 |

注：1.单位：吉瓦；2.容量小于50兆瓦的项目（包括试点项目）用"~0"表示。[②]

[①] 资料来源：Ember官网数据，Ember, Global Electricity Review 2021 (London: 2021), https://ember-climate.org/project/global-electricity-review-2021.

[②] 1吉瓦=100万千瓦，1兆瓦=1000千瓦。

表2 加州按燃料类型划分的发电量 (GWh)[①]

| 主要燃料类型 | 2011年 | 2012年 | 2013年 | 2014年 | 2015年 | 2016年 | 2017年 | 2018年 | 2019年 | 2020年 | 2021年 |
|---|---|---|---|---|---|---|---|---|---|---|---|
| 煤炭 | 2096 | 1263 | 824 | 802 | 311 | 324 | 305 | 296 | 250 | 317 | 303 |
| 石油焦 | 1024 | 318 | 194 | 208 | 229 | 207 | 246 | 207 | 191 | 197 | 204 |
| 生物质能 | 6066 | 6211 | 6559 | 6785 | 6367 | 5905 | 5843 | 5919 | 5952 | 5693 | 5439 |
| 地热能 | 12685 | 12733 | 12510 | 12186 | 11994 | 11582 | 11745 | 11528 | 10967 | 11345 | 11116 |
| 核 | 36666 | 18491 | 17860 | 17027 | 18525 | 18931 | 17925 | 18268 | 16163 | 16280 | 16477 |
| 天然气 | 91065 | 121778 | 120866 | 121858 | 117568 | 98886 | 89593 | 90717 | 86157 | 92329 | 97350 |
| 大型水电 | 35682 | 22737 | 20319 | 13739 | 11569 | 24410 | 36920 | 22043 | 33145 | 28938 | 12036 |
| 小水电 | 7055 | 4724 | 3782 | 2742 | 2377 | 4576 | 6383 | 4250 | 5349 | 3476 | 2531 |
| 太阳能光伏 | 223 | 1020 | 3791 | 9143 | 13050 | 17376 | 21886 | 24992 | 26314 | 27728 | 31614 |
| 太阳能热 | 889 | 867 | 686 | 1624 | 2446 | 2548 | 2464 | 2545 | 2303 | 2277 | 2065 |
| 风能 | 7598 | 9242 | 11964 | 13104 | 12191 | 13499 | 12867 | 14087 | 13688 | 13708 | 14216 |
| 余热 | 267 | 217 | 222 | 237 | 177 | 182 | 163 | 223 | 220 | 187 | 178 |
| 油 | 36 | 49 | 39 | 45 | 54 | 37 | 33 | 35 | 36 | 30 | 39 |
| 累计 | 201353 | 199650 | 199616 | 199501 | 196858 | 198464 | 206372 | 195110 | 200735 | 191506 | 193569 |

加州多措并举减少化石能源使用，促进能源结构向可再生能源调整。在发电过程中，加州煤炭所占份额不断减少，而太阳能、风能、地热能等发电量不断提高。成都在"力争2030年前实现碳达峰，2060年前实现碳中和"的目标过程中，需要对能源生产结构进行转型升级，推动可再生能源利用。四川具有丰富的水能资源，水电发电量全国第一，作为水能资源大省，成都要充分借助省内可再生能源优势地位，推动能源结构调整，加大对水能的开发利用。同时，还可以通过完善输配电网建设，减少水电的输送成本以及损耗。同时加大对风能、太阳能等可再生能源的支持力度，提高相应的生产使用配额。加强脱碳技术领域的投入，在天然气等石化能源使用过程中严格落实脱碳技术使用，确保实现可持续的能源转型。

其次，对不同企业类型进行细分，加大对重点领域可再生能源使用配额

① https://www.energy.ca.gov/data-reports/energy-almanac/california-electricity-data/electric-generation-capacity-and-energy.

的分配与投入，解决消费端可再生能源使用问题。根据《成都市"十四五"能源发展规划》的数据，"十三五"以来，成都非化石能源占全市能源消费比重达到44.2%，虽然较"十二五"以来有了较大提升，但依然面临较大压力。成都汽车拥有量仅次于北京，交通运输所产生的二氧化碳等成为主要的碳排放源，成为成都减少碳排放的首要难题。加州自1975年以来不断探索可代替、低碳、可再生燃料在交通运输领域的应用，探索新能源汽车项目，加大并推动新能源交通基础设施建设，加大对电动汽车、插电式混合动力电动汽车和燃料电池电动汽车的投入，推动氢气作为能源在交通运输领域的应用。成都也可以在保障消费者接受的前提下，加大对电动汽车的支持力度，发展新能源交通。同时在不同企业之间，推动可再生能源使用，对按照要求完成比例份额的企业进行奖励，对没有完成使用份额的企业进行惩罚。

最后，还需要配备专业统计团队，对目标达成风险进行跟踪评估，以扩大政府宏观调控的能动性。针对不同的可再生能源，也需有相应的成本估算和效益评估体系，以达到合理分配的目标，在社会层面逐步实现可再生能源的替换方案。

# 上海智慧城市建设经验对成都的启示借鉴

戴维来　李佳其 *

**【摘要】**上海市是我国智慧城市建设的先行者，较早推出智慧城市的建设方案，对智慧城市的建设路径已进行大量探索，积累了相关经验，形成了多样化的智慧城市建设路径。本文结合现有文献分析了智慧城市的概念和内涵，指出智慧城市概念的多重价值；分析上海市智慧城市建设的路径；依据上海智慧城市建设路径的优势和劣势，分析上海智慧城市建设的经验。在总结上海市智慧城市建设经验的基础上，为成都智慧城市建设提供建议和启示。

**【关键词】**智慧城市；城市建设；上海；成都

## 一、智慧城市的概念与内涵

"智慧城市"这一概念最早出现于 1990 年 5 月美国旧金山举行以"智慧城市（smart cities），快速系统（fast systems），全球网络（global networks）"为主题的一次国际会议，该会议探寻了城市通过信息技术聚合"智慧"以形成可持续的城市竞争力的成功经验。随着智慧基础设施的建设完善，以及市民对城市智慧基础设施的进一步需求，智慧城市的概念也处在不断完善和发展之中。智慧城市的概念发展至今，大体上存在"硬件论""软件论""综合论"三种观点。

"硬件论"出现在智慧城市概念产生的初期，其主要观点认为，智慧城市建设就是打造城市的智慧基础设施。以万国商业机器公司（IBM）的观点为例，该公司认为随着城市的发展，各种信息可以在各个不同的离散系统之间自由流

---

* 戴维来，复旦大学中国研究院副研究员、博士；李佳其，同济大学政治与国际关系学院研究生。

动，使得城市信息基础设施面临的信息压力得到提高。为了迎接这种挑战，保证城市和商业的持续繁荣，城市必须采用新技术，实现对有限资源的最大化利用。①城市智慧硬件在智慧城市建设的初期固然重要，但"硬件论"的观点也被认为过于强调智能基础设施的影响力，而忽视了人在智慧城市建设中的作用，因此"硬件论"的观点也遭受了"软件论"的相关批评。

"软件论"认为智慧城市建设需要关注人的需求和人的感受。荷兰兹认为智慧城市是发展的概念，从一开始就应该考虑位于城市中的人和人力资本问题，而不是盲目地相信智能设施本身能够自动地对城市进行改进，将其转化为智慧城市。②荷兰兹进一步指出，智慧城市的建设目标，即在不同的行业和部门之间，例如，商业、政府、社区及普通人之间，对于信息技术的应用强度发生根本性的转变。同时，寻求经济增长与可持续性发展之间的平衡。总之，真正的智慧城市，可以运用信息技术打造基础设施，并提高民主决策水平，最终惠及居住在城市中的人。③智慧城市建设的"软件论"体现了一种以人为本的价值取向，同时也并没有忽视智能基础设施的作用，而是强调智能基础设施的建设最终要惠及城市的市民，并提升城市治理的制度化水平。近年来，随着智能基础设施建设的进一步发展，智慧城市的概念又出现了"综合论"的观点。

"综合论"强调智能基础设施的重要性，而且在智慧城市的建设上存在人本关怀的价值取向，并进一步提出智慧城市建设要助力于推动绿色、高效、可持续的城市治理。从"综合论"的视角出发，楚天骄认为智慧城市至少有三种内涵：首先，信息技术系统是智慧城市必须具备的城市基础设施；其次，智慧城市重视信息技术系统和传统城市基础设施、经济和社会系统之间的融合；最后，各组织系统之间突出跨系统的整合。④"综合论"的视角认为智慧城市建设的主体构成了完整的产业链。裴志扬认为智慧城市的建设主体由政府、运营

---

① "Smarter cities for smarter growth how cities can optimize their systems for the talent-based economy", *IBM*, 2010, https://www.ibm.com/downloads/cas/8NEWPLZ1.

② R. Hollands, "Will the real smart city stand up?", *City*, Vol.12, No.3, 2008, pp.302-320.

③ 马可·迪金：《智慧城市的演化：管理、模型与分析》，徐灵等译，武汉：华中科技大学出版社 2016 年第 1 版，第 14 页。

④ 楚天骄：《上海与伦敦智慧城市建设路径比较研究》，载《世界地理研究》2021 年第 6 期，第 64 页。

商、内容和业务提供商、解决方案提供商、用户等五个方面构成。① 智慧城市建设目标包含智慧产业经济、智慧市民服务、智慧城市运行和智慧政府治理，意味着城市将更加追求创新和低碳的发展模式，更加了解并满足市民需求，拥有更加高效和友好的城市环境，更加公平和科学的政府治理能力。② 上海作为我国较早进行智慧城市建设的城市，其对于智慧城市的概念理解也遵循了"综合论"的视角。《上海智慧城市建设发展报告》认为，智慧城市就是以数字化、网络化和智能化的信息通信技术设施为基础，以社会、环境、管理为核心要素，以广泛、绿色、惠民为主要特征的现代城市可持续发展理念和实践。③

综合上述观点，可以认为智慧城市建设就是为城市打造智慧基础设施，并以此提升市民的便捷生活程度，不断完善城市的智慧基础设施硬件水平，丰富智慧城市的软件构成，综合利用新技术、新机制、新手段，使城市发展与城市环境更加均衡、使城市发展更能满足市民需求、使城市发展成果惠及更多市民。随着城市智慧基础设施的不断完善，市民对智慧城市的需求和要求不断提升，依据智慧城市的综合性视角进行智慧城市建设，已经成为当前世界各国大型城市的智慧城市建设的一种趋势。从我国智慧城市的建设情况看，上海作为我国较早开始进行智慧城市建设的城市，已经形成了硬件建设和软件建设相结合的智慧城市建设路径，拥有丰富的智慧城市建设经验，可以为我国其他城市提供经验借鉴。

## 二、上海智慧城市建设的路径

从世界各国智慧城市的建设路径上看，尽管在智慧城市内涵的理解上，各个城市都强调从硬件和软件两个角度出发进行智慧城市建设，但是在硬件供给和软件需求的建设次序上，不同的城市存在路径差异。因此智慧城市的建设路径大体上可以归纳为三类：第一类以美国纽约智慧城市计划倡议、新加坡智

---

① 裴志扬：《智慧城市》，北京：光明日报出版社 2015 年版，第 116–118 页。
② 高新民，郭为：《中国智慧城市建设指南及优秀实践》，北京：电子工业出版社 2016 年第 1 版，第 14 页。
③ 上海社会科学院信息研究所：《上海智慧城市建设发展报告（2015 年）——智慧社区的建设与发展》，上海：上海社会科学院出版社 2015 年版，第 4 页。

慧国计划、韩国松岛智慧互联城市等为代表，主张"先硬件后软件"建设智慧城市，聚焦智慧基础设施的更新换代，强调建设一流的智慧设施，要求城市方案解决商提供一流的城市问题解决方案。第二类以欧盟智慧城市战略、阿姆斯特丹智慧城市交通计划为代表，以"先软件后硬件"建设智慧城市，主张关注市民的智慧城市需求，强调多利益攸关方相互协调，设置多利益方平台，聚拢和连接各个利益方，促进交流合作。第三类以伦敦智慧交通、曼彻斯特城市走廊、日本低碳智慧城市为代表，强调软件和硬件综合建设，主张在智慧城市建设的综合性路径，既注重构建一流的智慧基础设施，又关注并回应多利益攸关方的需求，强调产城融合，鼓励全民参与，融合市民服务，统筹城市管理，强调数据开放，创新产业经济，主张大局思维，注重顶层设计。

当前智慧城市建设的综合性路径日趋成为主流。主要原因在于智慧城市建设过程中对供给方和需求方的要求不断提升，以及基础设施建设的成本效用比不断降低。从上海智慧城市的建设路径上看，2010年11月，上海市委在《关于制定上海市国民经济和社会发展第十二个五年规划的建议》中，提出了加快建设"智慧城市"的任务，强调加快建设以数字化、网络化、智能化为主要特征的智慧城市。2011年1月，IBM在北京召开以"百年成就光辉历程，智慧共赢无限未来"为主题的中国合作伙伴开年大会，宣布将在中国50个城市共培养100个"智慧的城市"应用集成商，上海在其中位居关键位置。[1]上海市由于智慧城市建设提出时间早，早期智慧城市的建设遵循万国商业机器公司（IBM）的建设理念，在智慧城市的建设上走出了"先硬件后软件"再到综合性发展的道路。在这个过程中，上海市已经形成多样化的智慧城市建设路径。

## （一）供给导向路径

供给导向路径是上海智慧城市建设的基础，供给导向指智慧基础设施的建设与更新，关注智慧城市建设的硬件条件。上海市智慧城市建设早期遵循IBM的建设思路，强调智慧基础设施的重要性。该公司倡导"智慧城市致力

---

① 蒋力群，蒋欣蕾：《上海推进"智慧城市"建设的思考》，载《上海信息化》2011年第3期，第10页。

于令诸核心系统智慧化"①。城市智慧基础设施是智慧城市建设的基础，智慧基础设施为智慧城市的建设提供了平台性的作用，其中城市的智慧中枢又被称为"城市大脑"，"城市大脑"不仅依赖于智慧基础设施的通达度和便捷度，还依赖于控制智慧基础设施的各部门之间的协调沟通。供给导向路径下，上海市目前已经建设成较为完善的智慧基础设施。以信息智慧基础设施为例，2011 年上海市就围绕构建国际水平的信息基础设施体系，推动构建宽带城市、无线城市、通信枢纽、三网融合、功能设施等 5 个专项，全面提升上海信息基础设施服务能级。当前，上海市在新通信技术应用，特别是 5G 技术应用等领域仍然位居全国前列。② 供给导向路径在当前上海智慧城市建设中，仍然位居关键地位，供给导向路径提供了上海智慧城市建设的平台，是上海智慧城市建设的基础路径。

## （二）顶层设计路径

顶层设计路径是上海市智慧城市建设的主要保障，上海市政府是智慧城市建设的负责主体和规划主体，顶层设计路径不仅强调政府在智慧城市建设中的规划作用，还强调政府的路径设计作用。其中智慧城市规划指明智慧城市的建设方向，相关规划的顶层设计指明智慧城市建设的具体路径。上海市作为我国智慧城市建设的先行者，其智慧城市建设的初期面临诸多挑战，涉及政府部门协调、经济发展状况评估、智慧基础设施平台水平评估、社会影响评价等多方面。上海市政府需要利用行政手段做好相关资源的分配工作。此外，供给导向路径的落实需取得地方政府认可和支持。主要原因在于，首先，智慧基础设施存在公共物品的属性，作为城市公共物品需要地方政府的财政政策支持，智慧基础设施的建设需要政府进行大量资金投资。其次，资金投资需要进行合理有效的分配管理，这就需借助行政手段对政府不同部门之间，职能上互相独立的信息系统加以全面整合，因此顶层设计路径是供给导向路径的重要保障。

---

① 岳梅瑛：《智慧城市顶层设计方法论与实践分享》，北京：电子工业出版社 2015 年版，第81 页。

② 新华网，《上海的智慧城市有什么不一样？》，2021，http://sh.xinhuanet.com/2021-05/25/c_139967524.htm.

## （三）需求导向路径

需求导向路径是上海市智慧城市建设的重要形式，需求导向路径倡导人的主导作用和能动作用。从以人为本的导向出发，需求导向路径不仅强调智慧基础设施的可应用性，而且关注智慧基础设施运作过程中个人使用感受，对智慧基础设施的适用性提出了较高的要求。人始终是城市智慧基础设施的使用主体，因此需求导向路径重点在于培育创新群体涌现的环境，借助深厚的城市社会资本，以人的需求为导向布局智慧基础设施的建设。需求导向路径还强调市民参与决策，并关注市民与社区间的关系，提倡通过市民与诸利益相关方之间的紧密合作，推动创新环境形成。简言之，智慧城市应能够激发市民参与城市的决策和建设。[①] 经历了大规模智慧基础设施建设后，上海智慧城市建设越发关注市民的需求，正在从原来智慧城市建设的重硬件建设向重软件建设倾斜。上海市通过举办面向市民的"智慧城市定向赛"增强市民对智慧城市的感受[②]，通过网络问政平台收集市民智慧城市的建议，在智慧社区的建设上充分同市民群众进行沟通交流。需求导向路径关注市民需求，正在日益成为上海智慧城市建设的重要形式。

## （四）市场导向路径

市场导向路径是上海智慧城市建设的活力之源，在城市智慧基础设施已经基本成形的基础上，上海市推行数据要素市场化。已经开始探索数据要素市场化的可行路径并做实践创新，为参与其中的各市场主体提供高水平的增值性服务。上海市在政府服务数据和企业数据的应用上遵循市场化导向。首先，从政府服务性数据看，此类数据具有较强的公共物品属性，并且涉及市民的隐私安全。在对相关敏感数据处理后，相关数据的公益性服务由政府提供，增值性服务进行外包由运营商提供，既能够增加政府财政收入，又能够依托运营商向企业和市民开放，提供增值性服务，真正实现数据要素的市场化。其次，在企

① U. Berardi, "Clarifying the new interpretations of the concept of sustainable building", *Sustainable Cities and Society*, Vol.1, No.8,2013, pp.72-78.

② 中新网，《上海智慧城市定向赛启动》，2019，http://www.sh.chinanews.com.cn/kjjy/2019-12-08/67954.shtml.

业数据的市场化问题上，运营商需要扮演数据交换中心的功能，通过大数据处理为各类公司之间提供数据交易和服务，由于运营商公司的政府背景，还可以此解决数据交易的诚信机制和价格机制问题，并通过基础数据的再加工提供新的增值服务。[①] 最后，上海市已经同华为、腾讯、阿里等公司达成智慧城市建设协议，积极引入优秀的城市运营商，提升了智慧城市建设的市场化水平。由于多元参与主体的存在，市场化路径还成为需求导向路径的重要补充，市场导向路径实现了政府简政放权、市民需求指引、企业多元参与的智慧城市建设格局。

### （五）统筹治理路径

统筹治理路径日益成为上海智慧城市建设的核心路径。统筹治理路径下，智慧城市建设既关注智慧硬件的建设，又关注多元参与主体的需求，既强调硬件建设的软件取向，也关注软件需求的硬件基础。首先，统筹治理路径有鲜明的为民导向，以上海市金山区智慧健康系统建设为例。金山区拥有较好的健康基础设施，建成健康主题公园 17 个、健康一条街 10 条、健康步道 200 余条，域内拥有多所知名医院。[②] 金山区在卫生健康事业基础设施不断完善的基础上，聚焦居民需求，在亭林镇、山阳镇、金山卫镇等社区卫生服务中心试点开展"互联网 +"卫生服务，将智慧基础设施与市民需求相融合，注重便民、为民、安民的基础设施建设取向。其次，统筹治理路径注重为民导向基础上的多元参与，依托智慧基础设施创新社会治理路径，上海市智慧基础设施在"十三五"规划期间就指出，要推动公共数据开放，打造电子政务一体化平台，搭建公共信用信息平台，拓展公共服务渠道。[③] 最后，统筹治理路径聚焦打造示范性工程，注重打造智慧社区、智慧商圈、智慧新城、智慧园区。从城市治理的多层次角度打造示范性工程，建设智慧城市的样板，放大上海智慧城市建设的先行先试经验。

---

[①] 上海智慧城市发展研究院，《城市数字化转型白皮书 2021 》，http://www.sscdi.cn/index. php?id=52, 2021.

[②] 上海市金山区人民政府，《"十三五"回顾：打造智慧健康城市，金山这样做》，2021，https://www.shan-ghai.gov.cn/nw15343/20211028/cba27210f065477b8f488f5603ffafc7.html.

[③] 上海市人民政府，《图解上海智慧城市建设"十三五"规划》，2016，https://www.shanghai. gov.cn/nw42-236/20200823/0001-42236_1211957.html.

## 三、上海智慧城市建设的经验

上海市通过多样化的智慧城市建设路径，在智慧城市建设的诸多指标上取得突出成就，推动了政府引导、市民参与、企业运营的多元互动格局的形成。上海市智慧城市建设起步较早，早期智慧城市建设的路径尽管存在一些劣势，但仍提供了可以借鉴的经验。上海市转变智慧城市的建设路径后，自2016年开始连续多年位居中国智慧城市排行榜前列，依据上海智慧城市的建设路径，可以将上海智慧城市建设的经验进行如下总结。

第一，政府财政支持保障城市智慧基础设施。在上海市智慧城市建设的初期，上海市投入大量财政资源进行智慧基础设施的建设，从早期的光纤化改造项目到近年来的5G建设项目，上海市政府都投入了大量的财政资源。近年来，上海市推行多种智慧平台建设，都需要政府财政支持作为保障。财政支持既可以保证智慧基础设施项目的建设进程，又可以运用财政资金维持相关项目的创新开发，上海市2021年用于科技创新的财政支出占城市GDP的4.5%。[①] 强有力的财政支持力度是上海智慧城市建设取得成就的基础。

第二，坚持整体规划与顶层设计相结合。上海市通过超前智慧基础设施规划，使得其信息化硬件建设水平领先全国，为上海智慧城市发展奠定了坚实基础。此外，上海市还坚持整体规划与顶层设计相结合。在上海市智慧城市建设的初期，在智慧硬件的建设上，按照上海建设信息技术设施的原则，统一规划，集约建设，资源共享，规范管理。按照上述原则，在顶层设计的支持下建设智慧城市的功能性设施，对通信枢纽和信息技术设施也进行了配套规划，并按照规划进行了建设。上海市智慧城市建设的顶层设计还关注需求取向，注重在市民关心的领域强化顶层设计。整体规划与顶层设计相结合确保了智慧基础设施项目的有序推进。

第三，智慧城市建设的初期存在"强供给弱需求"的导向。上海市智慧城市建设的起步时期，存在将智慧城市建设视为政府范围内信息化建设项目的趋向。政府之外的各个参与主体的诉求和意愿没能引起足够的重视，"强供给弱

---

① 上海市人民政府，《2021上海科技进步报告》，2022，https://www.shanghai.gov.cn/nw17239/20220124/1d0003a2a15e446692cb75505c58266a.html。

需求"的问题在智慧城市建设的起步时期普遍存在，尽管智能基础设施的建设为上海智慧城市建设提供了坚实基础，但是也可能面临发展动能衰减的风险。针对过去存在的问题，2020年来，上海市提出智慧城市建设的整体性转变、全方位赋能、革命性重塑的指导思想。新理念的提出为上海城市建设提供了新动能。

第四，市场化导向为指引。上海市智慧城市建设的起步时期，尽管已经有企业参与到政府的信息化项目中，但是存在参与规模小，参与项目不够深入的情况。2020年后，在智慧城市建设新理念的指引下，上海市推进智慧城市建设的特许经营权转让。将政府、市民、运营商有机结合。进一步探索与特许经营权转让相关的新服务、新模式和新运营，有效支撑城市数字化转型和智慧化新发展。市场化导向下，上海市引入优质企业作为城市运营商，既探索了智慧城市建设的边界，又为智慧城市建设提供了动力源泉。

第五，不断完善多元主体参与。在智慧城市建设新理念的指引下，上海市越发重视多元主体对智慧城市建设的参与，越发注重智慧城市建设的政府引领、企业参与、市民回应的多元参与秩序。多元参与的核心价值在于"服务"，上海市城市数字化转型为"根本上是为了人，关键要有体验度"的智慧城市建设取向，越发强调智慧城市建设的硬件和软件相结合。在多元主体参与的基础上强化区域合作，以示范性工程为指引，带动长三角地区智慧城市建设水平。

## 四、上海智慧城市建设对成都的启示

成都市政府也在积极推进智慧城市建设，成都市2020年智慧城市建设的成效在于，城市智慧治理水平明显提升，区域合作取得实质成效，进入全国智慧城市第一方阵，成为全国"数字政府、智慧社会"建设的典范城市。[1]因此，上海的智慧城市建设可以为成都市提供如下启示。

第一，政府财政支持作为智慧城市建设的保障措施。智慧城市建设的财政投入强调可持续性，上海市依托城市财政自2010年开始在城市智慧基础设施

---

[1] 四川省人民政府，《成都印发成都市智慧城市建设行动方案（2020—2022）》，2020，https://www.sc.gov.cn/10462/10464/10465/10595/2020/10/23/38b197fbe4ff4cb18f3e2bd4abd5ec56.shtml，上网时间：2022年3月25日。

的布局建设上耗时十年。成都市已经意识到财政投入的关键性和智慧基础设施建设的基础性作用，组建了智慧城市建设的领导小组，其中成都产业集团、成都城投集团、成都交投集团位列其中。[①] 市属国有投资企业为成都智慧城市建设提供了坚实基础，依据上海经验，智慧城市建设并非财政的短期高强度投入，长期且可持续的财政支持更加重要。依托财政建设完善的城市智慧基础设施是智慧城市建设的关键第一步，成都市智慧城市建设路径需要将财政支持放在第一位。

第二，完善智慧城市建设规划。四川省"十四五"规划指出，要把数字牵引作为高质量发展的强劲动能，激活新要素，推进新治理。[②] 四川省"十四五"规划是成都智慧城市建设的指导性文件，"十四五"规划为成都市智慧城市建设指明了方向。从上海市的经验看，上海不仅在智慧城市建设的整体规划上提前布局，而且在不同政府部门内部还出台具体的建设方案，为智慧城市建设提供意见指引。在智慧城市建设的具体领域，成都市还可在相关层面出台具体的规划举措，完善智慧城市建设规划，为智慧城市建设提供顶层设计。

第三，避免"强供给弱需求"的建设取向，推行供给与需求并重的智慧城市建设路径。从上海智慧城市建设的经验看，上海市智慧城市建设的初期存在"强供给弱需求"的建设取向，虽然大量资金投入打造了完善的智慧基础设施，但是在智慧基础设施的建设中不可避免地存在资金浪费的现象。成都市在智慧城市的建设中需要注意智慧基础设施的供给与市民群体的需求相对接，力求避免智慧基础设施建设中功能重复建设、区域重复建设的问题。

第四，坚持市场化导向为指引，为企业参与智慧城市建设提供机遇。从上海智慧城市建设的经验看，尽管上海市智慧城市建设的初期，已经有相关企业参与到政府信息化项目建设中，积累了大量经验，但是智慧城市建设的中后期，企业对智慧城市建设的作用开始减弱，导致上海市未能出现本地龙头的智慧基础设施企业。企业不仅应当参与建设，而且应当负责相关设施的运营维护。成都市已经设立智慧城市建设机会清单，邀请各地企业参与到成都智慧城市建

---

① 成都市人民政府，《成都市人民政府办公厅关于成立成都市智慧城市建设领导小组的通知》，http://gk.chengdu.gov.cn/govInfo/detail.action?id=101330&tn=6.

② 四川省人民政府，《四川省"十四五"规划和2035年远景目标纲要（全文）》，https://www.sc.gov.cn/10462/10464/10797/2021/3/16/2c8e39641f08499487a9e958384f2278.shtml.

设的项目之中。① 成都市可进一步加强对本地企业的支持和引导，推动在智慧城市建设中形成本地龙头智慧企业。

第五，依托本地优势特色，推动多元主体参与。上海市在智慧城市的建设上经历了"先硬件后软件"再到统筹治理的智慧城市建设路径。统筹治理的内涵即多元主体参与智慧城市的建设。上海市依据其自身特色优势，推动智慧社区的构建。成都市在社区文化、高校智慧资源上也存在相关优势，可以推动校企联合，组织相关智能竞赛活动，电子科技大学成都研究院在 2016 年就承担了"四川省大数据与智慧信息系统协同创新中心"建设任务。成都市可依托智慧城市建设，推动形成社会需求与企业效益相结合、政府治理与企业功能相结合的智慧城市建设产业链，助力于智慧城市建设的可持续性发展。

---

① 人民网，《成都高新：50 余个智慧城市建设机会清单发布》，2021，http://sc.people.com.cn/n2/2021/0108/c379471-34517261.html.

# 广州市发挥国际交往中心优势、
# 推动粤港澳大湾区城市国际化发展的经验及启示 *

鲍　雨　伍　庆 **

【摘要】广州市近年来围绕建设国际交往中心目标，在联络国际组织机构、参与国际会议活动、结交国际友好伙伴、传播国际品牌形象、优化国际交往环境等方面取得多项成就，为加快建设具有经典魅力和时代活力的国际大都市提供有力抓手。作为粤港澳大湾区四大中心城市之一，广州的国际交往实践为推动大湾区其他城市协同提升国际化水平、共建世界级城市群注入强大动力。成都作为我国西部地区的对外交往中心，可参考广州建设国际交往中心带动粤港澳大湾区城市国际化的经验案例，进一步强化成渝两地中心城市辐射引领作用，促进成渝地区双城经济圈国际化水平加快提升，从而不断提高区域国际竞争力、吸引力与影响力。

【关键词】国际交往中心；城市国际化；粤港澳大湾区；成渝地区双城经济圈

自《粤港澳大湾区发展规划纲要》发布以来，大湾区城市积极推动各领域合作，成果颇丰。广州在"十四五"规划纲要中提出要扩大高水平对外开放，引领国际一流湾区和世界级城市群建设，要立足国际交往中心的基础优势，瞄准大湾区建设世界级城市群的战略目标，在推动大湾区城市国际化建设进程中发挥核心引擎作用。成渝地区双城经济圈可吸收借鉴粤港澳大湾区城市国际化的现实经验，激活成都建设国际对外交往中心的引领作用，推动区域国际化水

* 本文为 2021 年度广州市社科规划课题"广州建设国际交往中心的功能定位及指标体系研究"（课题编号：2021GZYB08）的阶段性成果。

** 鲍雨，广州市社会科学院城市国际化研究所助理研究员；伍庆，广州市社会科学院城市国际化研究所所长、研究员、博士。

平整体提升。

## 一、广州建设国际交往中心的基础优势分析

广州是我国的"南大门"、对外开放的前沿阵地，开展国际交往合作始终具有坚实的基础优势。近年来，广州以建设国际交往中心为目标，牢牢把握建设"一带一路"倡议、粤港澳大湾区机遇，在各领域发挥显著优势，为引领带动大湾区城市国际化发展奠定扎实根基。

### （一）国际组织机构联系密切

国际机构数量作为衡量城市国际交往能力的重要指标，是推进城市国际化建设的重要抓手。广州一直踊跃参与国际组织中的各项工作，在依托国际组织开拓城市多边交往、扩大国际政治影响的同时，充分展示自身开放创新发展的成果，在国际舞台上的显示度不断提升。2019年世界城地组织换届后，广州连任世界理事会和执行局城市，2020年成功当选世界大都市协会主席城市，世界大都市协会亚太区办公室落户广州。广州积极参与联合国高端交流活动，与联合国签署合作开展全球试点城市规划设计实践，与世界银行合作开展中国可持续发展城市降温项目试点工作，向联合国提交2030可持续发展目标地方自愿陈述报告等，多措并举彰显城市国际担当。广州还加入世界城市文化论坛、C40城市气候领导联盟、世界旅游城市联合会等多边组织，代表中国城市参与全球城市治理，服务国家总体外交大局。在穗国际机构网络不断拓展，截至2021年年底外国驻穗总领事馆66家，领馆搭建起各国与穗合作发展的桥梁。

### （二）高端国际会议活动频繁

高端国际会议活动是广州开启对外交流、连接世界资源的首要平台。长期以来，借助举办国际会议展览这一契机，广州实现了自身对外开放程度和国际交往水平的持续提升。近五年，广州成功举办《财富》全球论坛、世界航线大会、世界港口大会、"读懂中国"国际会议（广州）、中国法治国际论坛、从都国际论坛、全球市长论坛等重大国际会议，搭建起本地与国际对话合作的高层次平台。广州联合国际组织创办的广州国际城市创新奖（简称"广州奖"）已

成功举办五届，积累来自全球各地的 1000 多个城市创新案例，成为国际城市创新领域最高奖项。被誉为"中国第一展"的中国进出口商品交易会（简称广交会）自 1957 年创立以来就在广州长期举办，至今已成功举办 130 届，是中国历史最长、层次最高、规模最大、商品种类最全、到会采购商最多的综合性国际贸易盛会。2020 年以来，广州通过线上与线下相结合的方式，创新广交会、金交会、家博会、汽博会等传统品牌展会"云"举办模式，打造疫情期间中国与全球贸易相连接的窗口。广州还倾力打造了中国广州国际投资年会、国际金融论坛全球年会、广州文化产业交易会等本地知名会议会展平台，塑造国际专业交往新空间。

### （三）国际合作伙伴网络广泛

通过广泛开展城市间交流合作，持续拓展交往渠道与网络，广州的国际交往格局日趋完善，国际"朋友圈"不断扩大。广州开展友城工作 40 多年以来，友好城市数量持续增加，截至 2021 年年底已与 66 个国家的 100 个城市建立了友好关系，达成"百城计划"目标。广州的结好对象广泛分布在世界六大洲，其中以欧洲和亚洲城市数量居多。友城交流平台和机制建设取得显著进展，国际友城文化艺术团、国际友城大学联盟、国际友城足球交流活动、中外友人运动会等活动形成品牌，广州—法兰克福—里昂、广州—奥克兰—洛杉矶三城合作机制取得突破。除友好城市外，广州还构建了友好城市—友好城区—友好港口—友好机构"四位一体"格局，全方位拓展国际友好伙伴。广州密集铺开驻外机构网络，设立美国硅谷、以色列特拉维夫、德国柏林、白俄罗斯明斯克四大招商引资、引才引智海外办事处，"联点成网"规模初步彰显。

### （四）国际形象传播广泛深远

广州积极借助重大活动和时代主题加强对外宣传，塑造城市国际形象，成功打造了一系列文化品牌活动，推动广州故事、广州声音传向世界。主动融入国家大外宣格局，积极提升国际传播能力，成功彰显"世界花城""千年商都""美食之都"等城市品牌影响力。广州借助 APEC 峰会、G20 峰会、金砖国家峰会等元首外交活动，嵌入世界经济论坛、博鳌亚洲论坛、中国发展高层论坛等重大平台，推介城市各领域发展成就，提升国际显示度。2018 年以来，广州先后开展与巴拿马、巴布亚新几内亚、文莱、韩国、日本、意大利、希腊、西班牙等多国友好交流故事会，实现用国际语言讲好中国故事，传唱友谊之歌。"广州文化周"活动足迹踏遍 20 多个国家和地区，"丝路花语——海上丝绸之路文化之旅"形成宣传体系，促进"一带一路"沿线文化交流与合作。

### （五）国际交往环境友好便利

广州注重发挥区位优势，着眼打造国内大循环中心节点城市和国内国际双循环战略链接城市，系统提升枢纽门户城市能级。持续推进《广州综合交通枢纽总体规划（2018—2035）》落实，加快推进国际航空枢纽、国际航运枢纽、国际铁路物流枢纽建设，逐步实现现代化陆海空立体交通体系，世界级交通枢纽地位不断巩固提升。广州白云国际机场打好疫情防控与复工复产"组合拳"，2020 年旅客吞吐量跃居全球第 1，2021 年全年航班起降 36.2 万架次，运输旅客 4025.7 万人次，年旅客吞吐量继续蝉联国内机场第 1。广州港已成为大湾区通往非洲、地中海和亚洲地区的重要枢纽港，港口货物、集装箱吞吐量在"十三五"期间分别由全球第 6、第 7 位提升到第 4、第 5 位。广州中欧班列自 2016 年开行以来已开通中欧、中亚班列线路共 6 条，2020—2021 年年均运营列数均在 100 列以上。广州的国际化服务水平在全国走在前列，涉外便民服务不断创新，有效增强了国际人士融入感。

## 二、粤港澳大湾区城市国际化发展现状

粤港澳大湾区是我国开放程度最高、经济活力最强的区域之一，在城市综合实力、交通设施、科技创新、产业经济和人文交流等方面发展势头良好，近年来在城市国际化方面取得了丰硕成果，为增强区域协同性、凝聚性注入不竭动力。

### （一）城市群协同发展良好

《粤港澳大湾区发展规划纲要》落地三年多以来，湾区城市群国际化功能发展能级逐步提升，逐渐形成以广州、深圳、香港和澳门为第一层级核心，佛山和东莞为次级发展核心的"4+2+5"大湾区发展格局。大湾区内各城市合理

分工、合作互补，城市群协同、耦合发展程度持续提升。2021 年 9 月，《横琴粤澳深度合作区建设总体方案》《全面深化前海深港现代服务业合作区改革开放方案》正式出台，为新时期粤港澳合作按下"加速键"。香港、澳门、广州、深圳四大中心城市各自从经贸、交通、文化、交往和服务等方面发力，推动区域内部国际化功能发展能级迅速提升。在 2021 年科尔尼全球城市综合排名中，入选的 31 座中国城市中有 5 座大湾区城市，包括香港（第 7 名）、广州（第 61 名）、深圳（第 72 名）、佛山（第 148 名）、东莞（第 150 名），其中深圳、广州的排名分别比上一年提高 3 名和 2 名。这 5 座城市也同时入选了 2021 年全球城市潜力排名，表明大湾区不仅在现阶段拥有着强劲的发展动力和竞争力，更有着广阔的发展前景。

### （二）形成多个综合交通枢纽

粤港澳大湾区全力推进构建现代化的综合交通运输体系，优化提升信息基础设施，强化大湾区交通运输体系的安全保障。目前粤港澳大湾区拥有世界上最大的机场群，其中香港、广州、深圳、珠海机场均已达成千万级年旅客吞吐量，广州白云国际机场成为疫情发生以来全球复苏最快、客流量最大的机场。粤港澳大湾区港口群是世界上通过能力最大、水深条件最好的区域性港口群之一，区域港口吞吐量位居世界各湾区之首，拥有广州、深圳、香港、东莞、珠海 5 个亿吨大港，香港港、深圳港、广州港的集装箱吞吐量均位居全球前十。粤港澳大湾区还以连通内地与港澳以及珠江口东西两岸为重点，构建以高速铁路、城际铁路和高等级公路为主体的城际快速交通网络，助力实现大湾区 1 小时通勤圈，"轨道上的大湾区"加速从蓝图驶向现实。

### （三）区域创新能力不断提升

粤港澳大湾区内科技创新要素高度集聚，研发和成果转化能力突出，是推动国家科技发展的重要高地。粤港澳三地携手创新科技合作管理体制，加强重大科技成果转化应用力度，促进创新链、产业链、信息链、资金链、人才链对接连通，大力推动国际科技创新中心建设。当前，以广深港、广珠澳科创走廊（两廊）和深圳河套、珠海横琴创新极点（两点）为主体的大湾区国际科技创新中心框架基本建立，河套、南沙、前海、横琴等重大合作平台积极发挥创新引领作用，城市间人才和创新资源流动不断加强。根据世界知识产权组织发布的 2021 年全球创新指数，深圳—香港—广州创新集群创新表现突出，连续两年位居全球第二，且在国际专利申请量指标上显示出亮眼优势。以 2021 年举办的首届大湾区科学论坛为新起点，湾区建设全球创新资源集聚高地将日趋提速。

### （四）现代化产业集群协同升级

粤港澳三地的产业集群优势逐渐凸显，湾区城市经济互补性日益增强，已初步形成规模庞大、结构完整的产业体系。为满足国内国际双循环发展的需要，大湾区产业布局注重集群战略和产业链稳定，城市群产业分工协作格局逐渐形成，产业共建和对外开放程度持续提高，转型升级步伐不断加快。区域内先进制造业和高技术制造业的主导作用越发突出，现代服务业发展成效显著，港澳产业发展尤其呈现出高端服务业导向。大湾区新产业、新业态增长显著，其中信息服务业、互联网及相关服务业等行业的增长最为明显。新建立的横琴、前海两大合作区释放出强大引力。截至 2021 年 12 月，横琴合作区实有澳资企业 4761 户，高端制造、中医药、文旅会展商贸、现代金融等重点产业迅猛发展；前海累计注册港资企业 1.19 万家，深港现代金融、科技创新、会展经济、海洋经济、专业服务等领域合作持续深化，充分释放出利好叠加的"化学反应"。

### （五）地缘纽带促进人文往来

由于香港、澳门实行着与内地不同的社会制度，加强港澳在文化层面与内地的交流、碰撞和融合，对于湾区长远发展具有深远持久的关键性影响。粤港澳大湾区地缘相近、人缘相亲、文化同源，有着不可分割的血脉羁绊，在促进文化交流合作方面具有天然优势。2020 年 12 月，文化和旅游部、粤港澳大湾区建设领导小组办公室、广东省人民政府联合印发《粤港澳大湾区文化和旅游发展规划》，明确推动大湾区文旅合作与协调发展的前进方向，为建设具有国际影响力的人文湾区和休闲湾区提供指引。在教育合作方面，香港中文大学（深圳）已开始招生工作，香港科技大学（广州）获批正式设立，香港大学（深圳）、香港理工大学（佛山）、香港城市大学（东莞）、澳门科技大学（珠海）等高校有望加速落地。在文化品牌方面，粤港澳大湾区文化艺术节、华侨华人粤港澳大湾区大会、粤港澳大湾区购物节、"湾区升明月"大湾区中秋电影音乐晚会等活动相继举办，进一步巩固了大湾区居民情感联系和文化纽带。

## 三、粤港澳大湾区城市国际化发展对于成渝地区双城经济圈的经验启示

培育发展现代化都市圈是提升城市群一体化发展水平的重要抓手，也是推动超大、特大城市及省会城市等发挥辐射带动作用的重要着力点。党中央、国务院高度重视成渝地区发展，2021年10月印发的《成渝地区双城经济圈建设规划纲要》为未来一段时期成渝地区发展提供了根本遵循和重要指引，推动中西部地区城市建设进入"快车道"。参考粤港澳大湾区城市携手共建世界级城市群的特色实践，成渝地区双城经济圈可以把国际化建设作为重点发力方向，增强中心城市辐射功能，引领都市圈国际竞争力不断提升。

### （一）充分发挥中心城市带动作用

粤港澳大湾区以打造开放新高地为引领，高度重视广、深、港、澳四大中心城市引领功能，整合资源带动区域城市共同发展，充分释放"一个国家、两种制度、三种货币"特色优势。其中，广州和深圳在区位连通、要素互补以及开放协同等方面发挥的"双城联动"示范效应对于成渝双城有着重要的借鉴价值。成渝地区双城经济圈要巩固提升成都和重庆作为中心城市的功能布局和发展能级，将成都打造为区域经济中心、科技中心、世界文化名城，将重庆打造为国家重要先进制造业中心、西部金融中心、西部国际综合交通枢纽，强化两市国际门户枢纽地位，提高城市国际地位与国际影响力。同时围绕推动形成优势互补、高质量发展的区域经济布局，增强一体化发展理念与中心城市辐射带动作用，实现"双城引领、双圈互动、两翼协同"，打造我国中西部区域协作的高水平样板。

### （二）重点搭建关键领域合作载体

科技是第一生产力，要充分认识到创新在现代化建设全局中占据的核心地位。粤港澳大湾区积极构建创新要素跨境流动与融通机制，大力推进科技人

员、科研物资往来，加强粤港澳知名高校、科研机构合作，建设粤港澳联合实验室等平台载体，打造全球科技创新和高水平人才高地。成渝地区是我国西部产业基础最雄厚、创新能力最强、开放程度最高的区域，但在科创资源向一线城市加速集聚的背景下，成渝相较于京津冀、长三角、粤港澳地区尚存在科技创新支撑力与国际人才吸引力相对薄弱的问题。成渝地区双城经济圈应坚定实施创新驱动发展战略，瞄准突破共性关键技术，聚焦核能、航空航天、智能制造和电子信息等重点领域强化战略科技力量，增强协同创新发展能力，为构建现代产业体系提供科技支撑。实施有较强吸引力的国际人才"引、用、留"政策，培育高水平创新人才队伍，为其营造鼓励创新、自主创业的良好环境。

### （三）共塑文商旅融合发展纽带

粤港澳大湾区基于区域内城市的不同文化基础，充分发掘粤港澳三地优秀传统文化元素，开发特色人文、旅游和商业资源，筑牢"人文湾区"的精神根基，强化湾区的价值认同、情感认同与时代认同。成渝两地地缘相近、巴蜀文化同根同源，存在天然的地域文化认同性，同时共享三国历史、川菜美食、旅游休闲、时尚购物等特色文化标签，具有开展文商旅合作的扎实基础。2021年12月，成渝两地共同签订《携手共促巴蜀文化旅游走廊建设合作协议》，将充分发挥两市比较优势，携手推进文化旅游业融合发展、合作共赢。除了发挥成渝"极核"作用，还要注重盘活巴蜀文化圈内其他城市的优势文化资源，发展富有巴蜀特色的多元消费业态，合力打造具有区域竞争力和国际影响力的文旅品牌。加强区域文化创造力、沟通力和传播力，推动川剧、彩灯等优秀文化"走出去"，擦亮独具魅力的国际文化交流高地名片。

### （四）提升交通设施互联互通水平

交通设施互联互通是区域协调发展的必备条件和硬件支撑。2021年2月，中共中央和国务院印发《国家综合立体交通网规划纲要》，明确建设面向世界的京津冀、长三角、粤港澳大湾区、成渝地区双城经济圈四大国际性综合交通枢纽集群，加快建设包括成都、重庆等在内的20余个国际性综合交通枢纽城市。2022年2月公布的160个川渝共建重大项目清单中有35个涉及交通建设，充分表明两地共同提升交通枢纽能级的决心。以连接国际、通欧达海为着眼点，成渝地区双城经济圈要立足内陆区位特点，加快构建一体化综合交通运输体系，打造国际航空门户枢纽，共建"四网融合"多层次轨道交通网络，畅通双城经济圈公路通道，协同打造长江中上游航运中心，实现基础设施网络、运输服务网络和协同治理体系"三个一体化"，共同打造为具有全球辐射力的立体开放通道和国际枢纽中心。

### （五）优化宜居宜业生活品质保障

生活品质是居民幸福感、获得感、安全感的重要来源，营造便利的生活环境、提升城市服务品质是满足人民群众需要的客观条件和内在要求。粤港澳大湾区从教育、医疗、社会保障等领域强化合作，对标国际高品质公共管理服务，提升三地居民跨境生活便利化水平，增强居民归属感和认同感。成都素有良好的生态环境和丰富的人文底蕴，连续13年被评为"中国最具幸福感城市"冠军，正在以建成践行新发展理念的公园城市示范区为统领，推进"幸福美好生活十大工程"，厚植高品质宜居优势。未来应以提高社会治理体系与治理能力为目标，深入落实成渝地区双城经济圈便捷生活行动方案，提升公共服务便利共享程度，促进人口和生产要素自由流动，加大生态文明建设力度，改善城乡融合人居环境，全面提高设施承载力和生活吸引力，共建包容和谐、美丽宜居、智慧发展的高品质城市群。

## 【参考文献】

［1］鲍雨，伍庆.广州建设国际交往中心营造"十四五"发展良好环境//.广州城市国际化发展报告（2021）[M].北京：社会科学文献出版社，2021年.

［2］广州市社会科学院课题组.全面开放新格局背景下广州建设国际交往中心研究//.广州城市国际化发展报告（2019）[M].北京：社会科学文献出版社，2019年.

［3］李晓莉，申明浩.新一轮对外开放背景下粤港澳大湾区发展战略和建设路径探讨[J].国际经贸探索，2017(9).

［4］蔡赤萌.粤港澳大湾区城市群建设的战略意义和现实挑战[J].广东社会科学，2017(4).

［5］黄晓慧，邹开敏."一带一路"战略背景下的粤港澳大湾区文商旅融合发展[J].华南师范大学学报（社会科学版），2016(4).